व्यक्तित्व निर्माण

व्यक्तित्व निर्माण

रवीन्द्रनाथ प्रसाद सिंह

राधाकृष्ण प्रकाशन

ISBN : 978-81-8361-932-5

व्यक्तित्व निर्माण

पहला संस्करण : 2019

This book is printed on **Print on Demand** Technology : 2025

मूल्य : ₹299

प्रकाशक

राधाकृष्ण प्रकाशन प्राइवेट लिमिटेड
जी-17, जगतपुरी, दिल्ली-110 051
शाखाएँ : अशोक राजपथ, साइंस कॉलेज के सामने, पटना-800 006
पहली मंजिल, दरबारी बिल्डिंग, महात्मा गांधी मार्ग, प्रयागराज-211 001
1, अनमोल सोराबजी संतुक लेन, धोबी तलाव, मरीन लाइंस, मुम्बई-400 002
वेबसाइट : www.radhakrishnaprakashan.com
ई-मेल : info@radhakrishnaprakashan.com

VAYAKTITVA NIRMAN
by Ravindranath Prasad Singh

माँ जानकी के चरण कमलों में समर्पित

दो शब्द

दोस्तो! मेरा मानना है कि बेहतर जीवन जीने तथा जीवन का औचित्य साकार करने के लिए सुन्दर व्यक्तित्व का निर्माण आवश्यक है। व्यक्तित्व निर्माण में शिक्षा की भूमिका महत्त्वपूर्ण है, परन्तु प्राय: व्यक्ति शिक्षा का अर्थ एवं औचित्य नहीं समझते। उनकी नजर में शिक्षा का अर्थ अधिक से अधिक पैसा कमाना तथा उच्च पद पर आसीन होना है। शिक्षा का एक उद्देश्य यह हो सकता है। पर मेरे विचार से शिक्षा का अर्थ सर्वांगीण विकास से है। शारीरिक एवं मानसिक विकास के साथ-साथ नैतिक विकास, बौद्धिक विकास, सांस्कृतिक विकास, व्यावसायिक विकास तथा मूल्यों का विकास जरूरी है ताकि व्यक्ति यह समझ सके कि इस जीवन का औचित्य क्या है? जीवन के औचित्य को साकार करने तथा इस अनमोल जीवन की सार्थकता साबित करने के लिए व्यक्तित्व निर्माण एक महत्त्वपूर्ण तत्त्व है, जिसके बिना हम खुद की विशिष्ट पहचान नहीं बना पाएँगे।

सही मायने में व्यक्तित्व जीवन का दर्पण है जो हमारे कृत्य, आचरण एवं व्यवहार से परिलक्षित होता है। व्यक्तित्व का अर्थ विभिन्न व्यक्तियों की नजर में अलग-अलग है। कुछ लोगों ने बाहरी रूप-रंग, आकार-प्रकार को, कुछ ने आन्तरिक गुणों को व्यक्तित्व माना है। मनोवैज्ञानिकों ने सम्पूर्ण व्यक्तित्व को दो भागों में बाँटा है—सामान्य व्यक्तित्व एवं असामान्य व्यक्तित्व। मेरा भी मानना है कि व्यक्तित्व हमारा आचरण, व्यवहार, कृत्य एवं गुण है। जैसा हमारा आचरण, व्यवहार, सोच, कृत्य एवं गुण होंगे, वैसा ही हमारा व्यक्तित्व। अत: व्यक्तित्व निर्माण पर शुरू से ही सजग एवं सतर्क रहने की जरूरत है। बाल्यावस्था से लेकर आजीवन अपने अन्दर अच्छे गुणों को निखारने की जरूरत है। यह एक दिन की प्रक्रिया नहीं है, बल्कि यह नियमित, गत्यात्मक एवं निरन्तर

प्रक्रिया है। हम अपने व्यक्तित्व में कभी भी अच्छे गुणों को समाहित कर तथा बुरे गुणों को त्याग कर सुन्दर व्यक्तित्व का निर्माण कर सकते हैं।

व्यक्तित्व निर्माण का सबसे महत्त्वपूर्ण सूत्र है—खुद का माइनस प्वाइंट जानना और उसे दूर करना। जो व्यक्ति अपने अन्दर की खामियों को जान लेता है वही सुन्दर व्यक्तित्व का निर्माण कर पाता है। यह सही है कि किसी व्यक्ति का व्यक्तित्व किसी एक ही कारक से प्रभावित नहीं होता, यह बहुत से कारकों से प्रभावित होता है। जो व्यक्ति उन कारकों के साथ जितना बेहतर समायोजन स्थापित कर पाता है, वह उतने ही अच्छे व्यक्तित्व का मालिक बनता है। व्यक्तित्व को प्रभावित करने वाले मुख्य कारक हैं—आनुवंशिकता, मनोवैज्ञानिक, सामाजिक, सांस्कृतिक कारक, पर्यावरण। इन कारकों के आधार पर व्यक्तित्व को निम्न प्रकार से विभाजित किया जाता है—अनुपालक व्यक्तित्व, आक्रामक व्यक्तित्व, तटस्थ व्यक्तित्व, अन्तर्मुखी व्यक्तित्व, बहिर्मुखी व्यक्तित्व, ऊँचा व्यक्तित्व, निम्न व्यक्तित्व इत्यादि। आप कैसे व्यक्तित्व के मालिक बनना चाहते हैं यह आपके सोच, संगत, परिवेश, परिस्थिति, जैविक एवं संस्कृति कारक पर निर्भर करता है। अगर आप अच्छे व्यक्तित्व का मालिक बनना चाहते हैं तो अपने अन्दर अच्छे गुणों को निखारें, अच्छी आदतें ग्रहण करें, सोच को व्यापक बनाएँ, अच्छे लोगों की संगत करें, मूल्यों को समझें और खुद की समीक्षा करें।

व्यक्तित्व निर्माण से हमारा तात्पर्य सुन्दर व्यक्तित्व, आकर्षक व्यक्तित्व, सौम्य व्यक्तित्व, सहनशील व्यक्तित्व से है। ऐसे व्यक्तित्व का मालिक बनने के लिए आपको गुणवान एवं मूल्यवान होना होगा। उत्कृष्ट कर्म, सकारात्मक सोच एवं मूल्यों की महत्ता समझनी होगी। क्या आपको मालूम है—

- आपकी सोच ही आपके व्यक्तित्व का प्रतिबिम्ब है?
- आपका कृत्य ही आपके व्यक्तित्व का मूर्त रूप है?
- आपके उत्कृष्ट कर्म ही आपको महान बनाते हैं?
- व्यवहारकुशलता ही व्यक्तित्व का दर्पण है?
- सहनशीलता, विनम्रता, समझदारी व्यक्तित्व के गहने हैं?

अगर हम जीवन के विभिन्न पैरामीटर की बात करें तो मेरे विचार से व्यक्तित्व निर्माण सबसे महत्त्वपूर्ण पैरामीटर है। बेहतर

जीवन, हसीन जीवन एवं रंगीन जीवन जीने तथा जीवन के औचित्य को साकार करने में सुन्दर व्यक्तित्व की भूमिका महत्त्वपूर्ण है। उपरोक्त समस्त बातों को ध्यान में रखकर इस पुस्तक को लिखने का प्रयास किया गया है, जिसकी प्रासंगिकता हर व्यक्ति, हर उम्र, हर जाति, धर्म, वर्ग के लिए है। इस दुनिया में ऐसा कोई भी व्यक्ति नहीं होगा जो सुन्दर व्यक्तित्व का मालिक नहीं बनना चाहता हो। हर व्यक्ति खुद अच्छा बनना चाहता है और अपने बच्चे को भी अच्छा बनाना चाहता है। हर व्यक्ति मूल्यवान एवं गुणवान बनना चाहता है। आप भी ऐसा चाहते हैं तो सकारात्मक सोचें, रचनात्मक करें। खुद बेहतर बनें और दूसरों को भी बेहतर बनने में मदद करें। जीवन का औचित्य साकार करते हुए हर क्षेत्र में प्रगति का इतिहास रचें। विनम्रता से दोस्ती करें और मूल्यों से परे कोई कार्य न करें, इसके लिए व्यक्तित्व निर्माण आवश्यक है।

मुझे आशा ही नहीं पूर्ण विश्वास है कि पुस्तक में उल्लिखित बातें सुन्दर व्यक्तित्व निर्माण में सहायक होंगी। आप उपरोक्त बातों को जीवन में आत्मसात् करके ही अच्छे व्यक्तित्व के मालिक बन पाएँगे। पुस्तक को और रचनात्मक बनाने के सन्दर्भ पर आपका कोई सुझाव हो तो सम्प्रेषित करने की कृपा करें, इसके लिए मैं आपका आभारी रहूँगा।

शुभकामनाओं सहित

—रवीन्द्रनाथ प्रसाद सिंह

आभार

सर्वप्रथम मैं विद्यादायिनी माँ शारदे के चरणों में कोटि–कोटि नमन करता हूँ, जिनकी असीम कृपा व आशीष से मैं इस पुस्तक को लिपिबद्ध कर पाया। माँ की प्रेरणा से ही सकारात्मक सोचने एवं रचनात्मक करने की प्रेरणा प्राप्त हुई। माँ की अद्वितीय शक्ति, गुण एवं आशीष ही मेरे लिए सर्वस्व है। उनकी कृपा के बिना कुछ भी सम्भव नहीं है।

मैं अपने गुरुदेव श्री राधा मोहन प्रसाद, अवकाश प्राप्त विशेष सचिव तथा पूज्य पिताश्री का हृदय से आभारी हूँ, जिनकी प्रेरणा एवं आशीष से ही यह पुस्तक ससमय लिख पाया।

मैं उत्तम व्यक्तित्व की मालकिन आरती उर्फ लभी का शुक्रगुजार हूँ जिन्हें अपनी प्रेयसी के रूप में पाकर धन्य हो गया। उनके व्यक्तित्व में निहित गुणों से सीख लेकर मैंने भी अपने व्यक्तित्व को सजाया–सँवारा।

इस पुस्तक को बेहतरीन ढंग से सजाने एवं सँवारने में अमूल्य योगदान देने हेतु डॉ. प्रो. कामता प्रसाद यादव, बेतिया, डॉ. प्रो. परमेश्वर भक्त, बेतिया, डॉ. ओ. पी. राय, प्राचार्य लंगट सिंह कॉलेज, मुजफ्फरपुर, डॉ. कमाल, प्राचार्य एस. एन. आर्या, कॉलेज, कसवा, डॉ. संजीव कुमार, प्राचार्य पूर्णिया कॉलेज, पूर्णिया, डॉ. ए. एन. यादव, कुलपति बी. बी. ए. विश्वविद्यालय, मुजफ्फरपुर का आभारी हूँ जिनके कुशल निर्देशन में इसे मूर्त रूप दिया।

मैं सुश्री टी.एन. विन्देश्वरी, भा.प्र.से., श्री पंकज पाल, भा.प्र.से., श्री अतीशचन्द्रा, भा.प्र.से., श्री प्रदीप कुमार झा, भा.प्र.से. का आभारी हूँ जिन्होंने सदैव लेखनी को जारी रखने की शक्ति प्रदान की।

मैं अपनी सेवा के उन तमाम पदाधिकारियों के प्रति आभार व्यक्त करता हूँ, जिन्होंने हमेशा लिखते रहने के लिए प्रेरित किया।

मैं अपने तमाम मित्रों एवं पाठकों के प्रति भी आभार व्यक्त करता हूँ जिन्होंने मुझे पढ़ा, सराहा एवं रचनात्मक लिखने के लिए प्रेरित किया।

अन्त में मैं श्री मनीश कुमार शुक्ला, कम्प्यूटर ऑपरेटर के प्रति आभार प्रकट करता हूँ जिन्होंने इसे कम्प्यूटराइज्ड करने में दिन-रात एक कर दिया। मैं अपने प्रकाशक महोदय को धन्यवाद देना चाहता हूँ कि इस पुस्तक को ससमय प्रकाशन करने में महती भूमिका का निर्वहन किया।

—रवीन्द्रनाथ प्रसाद सिंह

व्यक्तित्व निर्माण

अनुक्रम

अध्याय-1

व्यक्तित्व क्या है

(What is personality)

परिभाषा व विश्लेषण

व्यक्तित्व एक प्रचलित एवं महत्त्वपूर्ण शब्द है, जिसका प्रयोग पसन्द-नापसन्द, आकर्षण-विकर्षण, व्यवहारकुशलता, सौम्यता, शालीनता, ईमानदारी, बेईमानी, दयालुता, क्रूरता आदि विशेषताओं की अभिव्यक्ति के लिए किया जाता है। व्यक्तित्व की उत्पत्ति लैटिन भाषा के शब्द 'पर्सोना' से हुई है, जिसका अर्थ है : बाहरी रूप अथवा कल्पित रूप। आम बोलचाल की भाषा में पर्सोना को मुखौटा भी कहते हैं। प्राय: मुखौटा का प्रयोग व्यक्ति किसी विशेष भूमिका के निर्वहन हेतु या अभिनेतागण चलचित्र या नाटक में विशिष्ट चरित्र की भूमिका का अभिनय प्रस्तुत करने में करते हैं। इसका अभिप्राय यह नहीं है कि किसी व्यक्ति के विशेष चरित्र की भूमिका को जो व्यक्ति अभिव्यक्त कर रहा है, वह वास्तविक रूप में उन गुणों को रखता है। अत: कल्पित रूप को हम व्यक्तित्व की संज्ञा में नहीं रख सकते हैं। प्रथम दृष्टया हम किसी व्यक्ति के व्यक्तित्व की चर्चा उसके बाहरी रंग-रूप से करते हैं, जिसे वह बाह्य जगत के सम्मुख प्रस्तुत व प्रदर्शित करता है। सामान्यत: रूप-रंग, आकार-प्रकार के आधार पर ही कहा जाता है कि अमुक व्यक्ति सुन्दर है और अमुक व्यक्ति कुरूप है। अमुक व्यक्ति तगड़े व्यक्तित्व का है और अमुक व्यक्ति दब्बू व्यक्तित्व का है। जिस व्यक्ति का शरीर सुडौल एवं पुष्ट होता है, उसे शक्तिशाली व्यक्तित्व का तथा जो पतला दुबला होता है उसे कमजोर व्यक्तित्व का कहा जाता है। किसी व्यक्ति के चेहरे की चमक एवं होंठों की मुस्कान से उसका व्यक्तित्व प्रभावशाली और सुन्दर माना जाता है।

कहने का आशय यह है कि अधिकांश लोगों के नजरिये में व्यक्तित्व का अर्थ उनका बाह्य रंग-रूप, शक्ल-सूरत, चाल-चलन, आचार-व्यवहार है और वे उसी के अनुरूप व्यक्तित्व का बखान करते हैं। जबकि मनोवैज्ञानिकों की दृष्टि में व्यक्तित्व का अर्थ भिन्न है। ये व्यक्तित्व के आन्तरिक व वास्तविक पक्ष को अधिक बल देते हैं

और तदनुरूप व्यक्तित्व की चर्चा करते हैं। इनका मानना है कि सही मायने में व्यक्तित्व अंतर्मन की सुन्दरता है, निहित शीलगुण है। शीलगुण के आधार पर ही व्यक्तित्व की चर्चा करना ज्यादा उचित है। कहा भी गया है—व्यक्ति रूप से नहीं, गुण से सुन्दर होता है। आप किसी सार्वजनिक सभा या कार्यक्रम में चले जाएँ, जहाँ बहुत से लोग एकत्र होते हैं। उनमें कुछ ऐसे व्यक्ति मिलेंगे, जो अपने आकर्षक व्यक्तित्व के कारण अन्य लोगों का ध्यान अपनी ओर आकर्षित करते हैं। यही आकर्षण उस व्यक्ति का विशिष्ट व्यक्तित्व है। जो उस व्यक्ति में निहित शीलगुण हो सकते हैं। व्यक्ति में निहित विभिन्न शीलगुणों के आधार पर ही विभिन्न विद्वानों ने व्यक्तित्व की परिभाषा को अपने-अपने ढंग से परिभाषित किया है। कुछ मनोवैज्ञानिकों ने व्यक्तित्व के बाहरी पक्ष जैसे शारीरिक रचना, रूप-रेखा, रंग-रूप आदि को ध्यान में रखकर अपने मत प्रतिपादित किए हैं, जबकि कुछ विद्वानों ने व्यक्ति के आन्तरिक शीलगुण पक्ष, स्वभाव, बौद्धिक पक्ष एवं नैतिक पक्ष को ध्यान में रखकर परिभाषित किया है।

डौशियल ने व्यक्तित्व की व्याख्या करते हुए कहा है :

> *किसी व्यक्ति का व्यक्तित्व उसके संगठित व्यवहार का सम्पूर्ण चित्रण है, जैसा कि उनके सहयोगी उसके सम्बन्ध में स्थायी रूप से चित्रगत करते रहते हैं।*

वुडवर्थ के शब्दों में :

> *व्यक्तित्व एक व्यक्ति के सम्पूर्ण व्यवहार की विशिष्टता को व्यक्त करता है।*

आलपोर्ट के अनुसार :

> *व्यक्तित्व किसी व्यक्ति के शारीरिक तंत्रों का एक ऐसा गत्यात्मक संगठन है, जिनके द्वारा उसके विशिष्ट व्यवहार तथा विचार का निर्धारण होता है।*
>
> *(Personality is the dynamic organization within the individual of those psycho-physical system that determine his character is the behavior & thought)*

मॉर्टन प्रिन्स के शब्दों में :

> *व्यक्तित्व व्यक्ति की समस्त जैविक, जन्मजात विन्यास, उद्वेग, रुझान, क्षुधाएँ, मूल प्रवृत्तियाँ तथा अर्जित विन्यासों एवं प्रवृत्तियों का समूह है।*

यदि आप उपर्युक्त परिभाषाओं का सूक्ष्मतापूर्वक अध्ययन करें तो पाएँगे कि कोई भी परिभाषा पूर्ण नहीं है। किसी परिभाषा में व्यक्तित्व के किसी खास पहलू पर और किसी में दूसरे पहलू पर प्रकाश डाला गया है।

सही मायने में—व्यक्तित्व मनोविज्ञान की एक प्रमुख प्रक्रिया है, जो व्यक्ति के सम्पूर्ण क्रियाकलापों के आलोक में व्यक्ति के व्यवहार का अध्ययन क्यों, क्या और कैसे के आधार पर करते हुए मानव व्यवहार के संचालन, नियंत्रण व भविष्य की बात करता है।

(Personality is important phenomena of psychology that studies the behavior of an individual on the basis of what, how & why in the light of the total functioning of the whole person in order to regulate, control and predict the human behavior)

सेनफोर्ड के अनुसार :

व्यक्तित्व व्यक्ति के विशिष्ट एवं स्थायी गुणों का संगठन है। आर. वी. कैटल के अनुसार–व्यक्तित्व व्यक्ति की सम्पूर्ण मनोवैज्ञानिक विशेषताओं का योग है। मैक्ली लैण्ड का मानना है कि व्यक्ति की व्यक्तिगत विशेषताओं को ही व्यक्तित्व कहते हैं।

जेम्स के अनुसार व्यक्तित्व के चार सोपान होते हैं। व्यक्तित्व का पहला सोपान भौतिक है, जिसके अन्तर्गत व्यक्ति के शरीर की बनावट तथा आनुवंशिकता से प्राप्त विशेषताएँ सम्मिलित हैं। दूसरा सोपान सामाजिक है। समाज में रहकर ही व्यक्ति बहुत सी बातों को सीखता है और सामाजिक परम्पराओं एवं रीति-रिवाज के अनुसार व्यक्तित्व का विकास विभिन्न प्रकार के सामाजिक सम्बन्धों के द्वारा ही होता है। तीसरा सोपान आध्यात्मिक है। जैसे-जैसे व्यक्ति की उम्र बढ़ती जाती है और वह अपने सामाजिक सम्बन्धों से ज्यादा महत्त्व ईश्वर के प्रति निष्ठा को देता है। तब उसके अन्दर आध्यात्मिक व्यक्तित्व का विकास होने लगता है। चौथा सोपान आत्मिक है। जब व्यक्ति अपने आत्म-स्वरूप के बारे में जानने लगता है, उसके बारे में ज्ञान प्राप्त करता है तथा सभी वस्तुओं में अपनी आत्मा का दर्शन करता है, तब उसमें आत्मिक व्यक्तित्व का विकास होता है। भारतीय दार्शनिक अरविन्द ने भी व्यक्तित्व विकास के क्रम में भौतिक, भावात्मक, बौद्धिक, आध्यात्मिक एवं अतिमानसिक (Supramental) सोपानों का उल्लेख किया है। ज्यों-ज्यों व्यक्ति स्वयं को जानने लगता है और अपनी आत्मा को पहचानता है, उसकी चेतना इसी क्रम से ऊपर की ओर बढ़ती है, त्यों-त्यों उसके व्यक्तित्व में परिवर्तन आता है।

इस प्रकार हम देखते है कि किसी भी व्यक्ति का व्यक्तित्व केवल बाहरी रूप-रंग या आचार-व्यवहार नहीं है, बल्कि यह बाह्य आचरण के साथ-साथ आंतरिक

आचरण एवं विभिन्न अच्छे गुणों का मिश्रण है। हम खुद के अन्दर विभिन्न प्रकार के शीलगुणों यथा—मानवीय एवं जीवन-मूल्यों को कितने बेहतर ढंग से निखार पाते हैं। इन मूल्यों पर कितने खरे उतर पाते हैं, वही व्यक्तित्व है। हम अपने व्यक्तित्व में किन गुणों और अवगुणों को शामिल करते हैं तथा अपने कार्यों को कितने सुरुचिपूर्ण एवं उत्कृष्ट ढंग से निष्पादित कर पाते हैं। हम दूसरों के लिए कितना बेहतर प्रदर्शन कर पाते हैं। हम दूसरों के कितना काम आ सकते हैं। ये समस्त क्रियाएँ व्यक्तित्व के अन्दर आती हैं।

व्यक्तित्व के प्रति पुरातन दृष्टिकोण अतिसंकीर्ण, संकुचित तथा सीमित है। इसके अनुसार व्यक्तित्व में जो विकार अथवा विकृतियाँ एक बार घर कर लेती हैं, उनमें सुधार या संशोधन सम्भव नहीं है। जबकि आधुनिक दृष्टिकोण अधिक नम्य, विकसित, व्यापक तथा वैज्ञानिक है। आधुनिक विचारकों का मानना है कि व्यक्ति अपने व्यक्तित्व में निहित किसी भी विकार अथवा विकृतियों में कभी भी सुधार ला सकता है। कभी भी अपने व्यक्तित्व में निखार ला सकता है और अपने व्यक्तित्व को कभी भी सुन्दर एवं आकर्षक बना सकता है। हमें सिर्फ व्यक्तित्व का सही अर्थ एवं औचित्य समझ पाने तथा सोच बदलने की जरूरत है। सकारात्मक सोचने एवं रचनात्मक करने की जरूरत है, अपने अन्दर की खामियों को दूर कर अच्छे गुणों को आत्मसात् करने तथा मानवीय मूल्यों को साकार करने की जरूरत है।

उपर्युक्त बातों को जीवन में आत्मसात् करके ही हम अपने व्यक्तित्व को सुन्दर एवं आकर्षक बना सकते हैं। सामान्यत: किसी व्यक्ति का व्यक्तित्व मनोगत्यात्मक (Psychodynamic) दृष्टिकोण पर आधारित होता है और उसी के अनुरूप व्यक्ति अपने व्यक्तित्व को ढाल पाता है। यदि कोई व्यक्ति मानता है कि व्यक्तित्व ईश्वरीय देन है तो यह उसकी भूल है। ऐसा वही व्यक्ति समझता है, जो इस अनमोल जीवन का मूल्य नहीं समझ पाता है। सही मायने में किसी व्यक्ति का व्यक्तित्व ईश्वरीय देन नहीं, बल्कि बहुत से कारकों यथा—आनुवंशिकता (heredity), सांस्कृतिक-सामाजिक परिवेश, पर्यावरण, सोच, संगत की निरन्तर पारस्परिक अन्त:क्रियाओं का प्रतिफल होता है। इन क्रियाओं के द्वारा हम अपने व्यक्तित्व में कभी भी सुधार ला सकते हैं। इसलिए किसी व्यक्ति के व्यक्तित्व में परिवर्तन व सुधार सम्भव है। हम जैसा चाहें, वैसा अपना व्यक्तित्व गढ़ सकते हैं। इसी सन्दर्भ में विभिन्न मनोवैज्ञानिकों ने व्यक्तित्व संरचना को निम्न प्रकार से परिभाषित किया है।

हॉल तथा लिन्जे के अनुसार :

> *व्यक्तित्व विभिन्न गतिशील परन्तु अनन्य प्रयासों की संरचना है, जिनका उपयोग एक व्यक्ति समायोजन के लिए करता है।*
> *(Personality consists of the varied & typical efforts at adjustment which are carried out by an individual.)*

जे.एफ. ब्राउन के अनुसार :

व्यक्तित्व की उत्पत्ति से उस कार्य-पद्धति का बोध होता है, जिसके द्वारा विशिष्ट जैविक गठन का व्यक्ति अपने मनोवैज्ञानिक क्षेत्र में आनेवाली बाधाओं का सामना करता है।

कुछ मनोवैज्ञानिकों का मानना है कि प्रत्येक व्यक्ति के व्यक्तित्व का अपना ही एक विशिष्ट रूप होता है, जिस आधार पर वह अपने भौतिक व मनोवैज्ञानिक पर्यावरण के प्रति अपने विशिष्ट गत्यात्मक मन, शारीरिक गठन के परिप्रेक्ष्य में प्रतिक्रिया करते देखा जाता है। उसकी प्रतिक्रिया का विशिष्ट स्वरूप ही उसके व्यक्तित्व की अद्वितीयता का परिचायक होता है। अद्वितीयता का तात्पर्य है कि विश्व में प्रत्येक व्यक्ति का अपना ही एक विशिष्ट व्यक्तित्व होता है और यही कारण है कि कोई भी व्यक्ति किसी अन्य व्यक्ति के व्यक्तित्व से पूर्णत: समरूप नहीं होता। यहाँ तक कि जुड़वाँ बच्चों के व्यक्तित्व में भी समानता दृष्टिगोचर नहीं होती, उनमें भी विभिन्नता पाई जाती है। यदि कोई व्यक्ति समरूपता को मानता है तो इसका मतलब यह है कि उसे समानता (Similarity) तथा एकरूपता (Uniformity) का अन्तर मालूम नहीं है या इस अन्तर को गहनतापूर्वक नहीं देखा है। गहन अध्ययन करने पर शारीरिक संरचना, सामाजिकता, बुद्धिलब्धि, इच्छाशक्ति, समायोजन शक्ति व संवेगात्मक अभिव्यक्ति में कुछ-न-कुछ अन्तर आपको अवश्य ही दृष्टिगोचर होंगे। यही कारण है कि हर व्यक्ति का व्यक्तित्व अलग-अलग होता है।

दूसरे शब्दों में हम कह सकते हैं कि प्रत्येक व्यक्ति के व्यक्तित्व की अपनी ही विलक्षणता अथवा वैयक्तिकता (Indididuality) होती है और पूर्णत: उसके समानान्तर एवं समरूप अन्य किसी के व्यक्तित्व का होना एक प्रकार से असम्भव ही है। जैसी स्थितियों एवं परिस्थितियों से मनुष्य गुजरता है, वैसा ही उसका व्यक्तित्व निर्मित होता चला जाता है। परिस्थितियों के प्रति जैसी हमारी मन:स्थिति होती है, उसी मन:स्थिति से उत्पन्न क्रिया और प्रतिक्रिया के अनुरूप हमारा व्यक्तित्व निर्माण होता है। आज हमारे समाज में मन की दृढ़ता एवं व्यक्तित्व निर्माण के लिए कोई विशेष साधन या प्रक्रियाएँ नहीं हैं, जबकि शरीर निर्माण के लिए जिम, व्यायामशालाएँ, योग कक्षाएँ आदि उपलब्ध हैं। इससे हमारे शरीर का निर्माण तो हो जाता है, लेकिन हमारा मन व अंत:चेतना वहीं की वहीं रह जाती है। हम शरीर की क्रिया विधि को तो समझ पाते हैं लेकिन मन को नहीं समझ पाते, जबकि संसार में जो भी दुख, कष्ट, पीड़ा आदि हैं, वे सब मन के कारण ही हैं। कहा भी गया है—'मन के हारे हार है, मन के जीते जीत', 'मन चंगा तो कठौती में गंगा।' निर्मल मन में ही सुन्दर आत्मा निवास करती है। इसलिए दोस्तो ! तन सुन्दर हो या न हो, मन को सुन्दर बनाएँ। जैसा मन-वैसा रंग, जैसा मन-वैसा विचार और जैसा विचार-वैसा व्यक्तित्व।

दोस्तो! आप गौर करेंगे तो पाएँगे कि हर व्यक्ति सुन्दर दीखना चाहता है परन्तु वह सुन्दरता का अर्थ शरीर की सुन्दरता से लेता है, मन की सुन्दरता से नहीं। यही कारण है कि प्राय: लोग शुरू से शरीर विकास पर ध्यान देते हैं और शरीर को सुन्दर बनाने का प्रयास करते हैं। वे मन को सुन्दर बनाने पर ध्यान नहीं देते हैं। अगर हम शरीर विकास के साथ-साथ मन को स्वस्थ्य एवं सुन्दर बनाने पर ध्यान दें तो हमारा व्यक्तित्व भी सुन्दर होगा। अत: तन की सुन्दरता के साथ-साथ मन की सुन्दरता पर ध्यान दें। आपने देखा होगा कि जंगल में खर-पतवार, पेड़-पौधे आसानी से उग आते हैं और वे बेतरतीब तरीके से बड़े हो जाते हैं। वहाँ कोई खास सुन्दरता नहीं होती, उनमें सौन्दर्य का अभाव होता है। यही कारण है कि जंगल घने व डरावने लगते हैं, जबकि बगीचा या उद्यान, जिसे माली अपने हाथों से लगाता और सँवारता है, सुन्दर दीखता है। इसका कारण है कि माली उस बगीचे की समुचित देखभाल करता है और अनावश्यक खर-पतवार को बाहर निकालता रहता है। पौधों के समुचित विकास हेतु समय पर खाद-पानी देता है। समय पर निराई-गुड़ाई कर अनावश्यक खर-पतवार को निकालता है और वांछित पौधों को बढ़ने के लिए स्थान व माहौल देता है। तब जाकर सुन्दर उपवन तैयार हो पाता है। धीरे-धीरे जब उपवन के पौधों में फूल खिलते हैं तो उनकी सुन्दरता व महक से बगीचा और खूबसूरत लगने लगता है। उसकी सुन्दरता को देखने के लिए मन बरबस उस ओर चला जाता है। हम उसकी सुन्दरता की प्रशंसा करते हैं। ठीक इसी तरह सुन्दर व्यक्तित्व निर्माण हेतु सतर्कता व सावधानी बरतने की जरूरत है। मन से अवांछित विचारों को बाहर निकलना होगा। सुन्दर विचारों को ग्राह्य करना होगा। खुद के व्यक्तित्व को पग-पग पर तराशने की जरूरत है। मन में बैठे अवांछनीय विचारों को बाहर निकालने एवं गलत कृत्यों को स्वीकार कर उन्हें दूर करने की जरूरत है। मन को साधने एवं सुदृढ़ बनाने की जरूरत है। मन को उन्नत विचारों से सिंचित करने की जरूरत है। सकारात्मक व रचनात्मक भाव को विकसित करने की जरूरत है। जो व्यक्ति ऐसा करता है, उस व्यक्ति का व्यक्तित्व जगमगा उठता है। उसका व्यक्तित्व सुन्दर, सौम्य, आकर्षक बन जाता है। दूसरी तरफ जो लोग व्यक्तित्व का अर्थ नहीं समझते, वे मन की सुन्दरता पर ध्यान नहीं देते और मन को यों ही छोड़ देते हैं। मन को यों ही छोड़ देने से व्यक्ति बाबला हो जाता है तथा व्यक्तित्व अव्यवस्थित हो जाता है। मन में बुरे विचारों का प्रादुर्भाव होने लगता है और अच्छे विचार दब जाते हैं। कहने का आशय है कि व्यक्तित्व निर्माण पर भलीभाँति ध्यान न देने से व्यक्ति का विकास रुक जाता है तथा व्यक्तित्व कुंठित हो जाता है। वह उद्दंड, अव्यावहारिक बन जाता है और संकीर्ण व्यक्तित्व से बाहर नहीं निकल पाता है।

दोस्तो! हमें अपने व्यक्तित्व को सुन्दर, आकर्षक एवं प्रभावशाली बनाने के लिए व्यक्तित्व के मायने समझने होंगे और मन को साफ करना होगा। मन में बैठी बेकार की बातों एवं कुविचारों को बाहर निकाल फेंकना होगा। खुद को नियमित

एवं संयमित रखना होगा। समय, अनुशासन एवं मूल्यों का महत्त्व समझना होगा। इड, ईगो, सुपर ईगो के मायने समझने होंगे। सही मायने में हमारा व्यक्तित्व उस उपवन की तरह सुन्दर व समृद्ध होना चाहिए, जिसकी प्रशंसा हर व्यक्ति करे। अगर हमारा व्यक्तित्व सुन्दर एवं समृद्ध नहीं है तो फिर इस अनमोल जीवन का क्या औचित्य ? यह बात सही है कि आज हमने विभिन्न क्षेत्रों में प्रगति का इतिहास रचा है, विकास की मिसाल कायम की है, आर्थिक प्रगति की है, लेकिन व्यक्तित्व समृद्धता की दृष्टि से मनुष्य जहाँ खड़ा था, वहीं है। उसमें कोई विशेष व नई बात उभरकर नहीं आई है। इसका कारण है कि हमने अपने व्यक्तित्व विकास पर ध्यान नहीं दिया है, सुन्दर व्यक्तित्व के निर्माण की दिशा में कार्य नहीं किया है। व्यक्तित्व का अर्थ नहीं समझा। मेरा मानना है कि वर्तमान समय में व्यक्तित्व विकास एवं मूल्यों का ह्रास हुआ है। मन की दृष्टि से, मूल्यों की दृष्टि से मनुष्य का व्यक्तित्व अविकसित है। मन स्वस्थ्य एवं सुन्दर नहीं हो पा रहा है। जगह-जगह पर ऐसे व्यक्तित्व उभरकर सामने आते हैं, जो जीवन-मूल्यों के विरुद्ध, मानवता के विरुद्ध काम करते हैं। अपराध एवं आतंक का तांडव रचते हैं। उनके कृत्य एवं हिंसा की स्थिति को देखकर या सुनकर मन सिहर उठता है। हमारा ध्यान व्यक्तित्व विकास पर कम और पैसा कमाने पर ज्यादा है। ध्यान रखें—

> *किसी भी व्यक्ति का व्यक्तित्व एक दिन के कार्यों, क्रियाओं व प्रतिक्रियाओं की परिणति नहीं होता है, बल्कि इसके लिए लगातार प्रयास करने होते हैं।*

सचमुच व्यक्तित्व निर्माण एक लगातार प्रतिक्रिया है, जिसके अन्तर्गत हमारी मन:स्थिति, संगत, परिवेश और परिस्थितियाँ आती हैं। इन कारकों से हमारा व्यक्तित्व इस तरह बनता है कि हम इन कारकों के साथ अपना समायोजन कैसे करते हैं। इस प्रक्रम में हम स्वयं के अन्दर अच्छे विचारों को ग्राह्य कर, अच्छे गुणों को निखारकर, अवगुणों को त्यागकर, अच्छे लोगों की संगत कर तथा दूसरों में निहित गुणों को आत्मसात् कर अपने व्यक्तित्व में निखार ला सकते हैं। हम अपनी सोच की दिशा सकारात्मक एवं व्यवहार में सुधार लाकर, कृत्य को रचनात्मक बनाकर और खामियों को खूबियों में बदलकर अच्छे व्यक्तित्व के मालिक बन सकते हैं।

सही मायने में व्यक्तित्व है—हमारा आचरण, व्यवहार, रचनात्मक कृत्य एवं निहित गुण। हमारा आचरण, व्यवहार, कृत एवं गुण जैसा होगा, वैसा ही हमारा व्यक्तित्व होगा। कहने का आशय है कि मृदुल व्यवहार, कुशल व्यवहार, सहनशील व्यवहार—अच्छा व्यक्तित्व। अच्छा कृत्य, रचनात्मक कृत्य, उत्कृष्ट कृत्य, दूरदर्शी कृत्य—ऊँचा व्यक्तित्व। सकारात्मक सोच, रचनात्मक सोच, व्यापक सोच, दूरदर्शी सोच—ऊँचा व्यक्तित्व। सकारात्मक गुण, रचनात्मक गुण, अच्छी आदतें—ऊँचा

व्यक्तित्व। ठीक इसके विपरीत नकारात्मक कृत्य बुरा कृत्य, निष्कृष्ट कृत्य, अदूरदर्शी कृत्य—निम्न व्यक्तित्व। नकारात्मक सोच, संकीर्ण सोच, अदूरदर्शी सोच—निम्न व्यक्तित्व। गलत आदत, गलत संगत, गलत सोच—निम्न व्यक्तित्व। खरा व्यवहार, कटु व्यवहार, कर्कश व्यवहार, विवेकहीन व्यवहार—निम्न व्यक्तित्व। कहने का आशय है कि आप अपने व्यक्तित्व को किस प्रकार के साँचे में ढलना चाहते हैं और व्यक्तित्व का अर्थ एवं औचित्य क्या समझते हैं। यह आपके सोच, संगत, कृत्य एवं अर्जित गुणों पर निर्भर करता है। आप कब क्या सोचते हैं और सोच की दृष्टि कितनी व्यापक है? आप कैसे लोगों से संगत करते हैं, कैसे कृत्य करते हैं और किन-किन गुणों को ग्रहण करते हैं। आप जिस प्रकार के गुणों को आत्मसात् करेंगे, वैसे व्यक्तित्व के मालिक बनेंगे। कहने का आशय है व्यक्तित्व क्या है इसका अर्थ व औचित्य समझें तथा सोच-समझकर सुन्दर व्यक्तित्व का निर्माण करें।

उपरोक्त तथ्यों से स्पष्ट है कि व्यक्तित्व के दो पक्ष हैं—सकारात्मक (उजाला) पक्ष और नकारात्मक (अंधेरा) पक्ष। सकारात्मक पक्ष से हमारा तात्पर्य अच्छे गुणों की पहचान कर उसे अर्जन करना है। अच्छे गुणों को आत्मसात् कर रचनात्मक कार्य करना है। व्यवहारकुशल होना एवं दूसरों का कल्याण करना है। अच्छे लोगों की संगत कर व्यक्तित्व में निखार लाना है, मन से कुविचारों एवं बुराइयों को निकालकर अच्छे विचारों को संगृहीत करना है। अच्छी आदतों को ग्रहण कर अच्छे व्यक्तित्व का मालिक बनना है। याद रखें—

> *आप नकारात्मक पक्ष को दूर किए बिना अच्छे गुणों को ग्रहण नहीं कर सकते और अच्छे गुणों को ग्राह्य किए बिना अच्छे व्यक्तित्व का मालिक नहीं बन सकते।*

अच्छे व्यक्तित्व का मालिक बनने के लिए नकारात्मक पक्ष को त्यागें एवं सकारात्मक पक्ष को ग्रहण करें, परन्तु दुख की बात यह है कि प्राय: व्यक्ति अपने अन्दर निहित नकारात्मक पक्ष को स्वीकार करने को तैयार नहीं होते और उस पर पर्दा डाल छुपाने का प्रयास करते हैं। ऐसी गलती कदापि न करें, अन्यथा आप अपने व्यक्तित्व को सुन्दर नहीं बना पाएँगे। आप अपने अन्दर निहित नकारात्मक पक्ष को स्वीकार करें और उन खामियों को दूर करें। सकारात्मकता को बनाए रखने के लिए नकारात्मकता को बाहर करना होगा। जब तक आपके अन्दर नकारात्मक भाव रहेगा, तब तक आप सकारात्मक नहीं सोच सकते। दुखद पहलू यह है कि प्राय: व्यक्ति डार्कसाइट को स्वीकार नहीं करता और दुनिया की चकाचौंध में खो जाना चाहता है। वह चकाचौंध की दुनिया में इस कदर खो जाता है कि वह मूल्यों को भी भूल जाता है।

दोस्तो! याद रखो,

"बेहतर इनसान वही है, जो अपने भीतर छुपे नकारात्मक पक्ष को स्वीकार कर उसे सकारात्मक रूप देने की कोशिश करता है।"

हर व्यक्ति के अन्दर सकारात्मक गुण एवं नकारात्मक अवगुण होता है। कोई भी व्यक्ति नकारात्मक व सकारात्मक पक्ष से अछूता नहीं होता। हाँ, यह बात सही है कि जो व्यक्ति व्यक्तित्व निर्माण के मायने समझता है, वह अपने अन्दर से नकारात्मक पक्ष को स्वीकार करता है और उसे बाहर निकाल, सकारात्मक पक्ष को बढ़ावा देता है। व्यक्तित्व निर्माण के लिए महत्त्वपूर्ण भी यही है कि आप अपने अन्दर की नकारात्मकता को सकारात्मकता में बदलें। सकारात्मक सोचें एवं रचनात्मक करें। कदापि बेकार की बातों में अपना समय एवं निरर्थक कार्यों में ऊर्जा बर्बाद न करें। व्यक्तित्व को सजाने व सँवारने के प्रति सजग रहें और निहित खामियों को दूर कर सुन्दर व्यक्तित्व का निर्माण करें। आपका व्यक्तित्व ही आपको पहचान एवं ख्याति दिलाता है। आप गौर करेंगे तो पाएँगे कि जिन व्यक्तियों की सोच सकारात्मक होती है, वे शुरू से ही व्यक्तित्व निर्माण के प्रति सजग रहते हैं और अच्छे गुणों को ग्रहण कर अच्छे व्यक्तित्व के मालिक बनते हैं।

याद रखें—कोई भी व्यक्ति सम्पूर्ण नहीं होता, हर व्यक्ति में कुछ न कुछ खामियाँ होती हैं। महत्त्वपूर्ण यह है कि हम अपनी खामियों को स्वीकार करें और उन खामियों को दूर करने की दिशा में तत्पर रहें। मन में बैठे अवांछनीय विचारों को निकाल फेंकें तथा सकारात्मक एवं उत्तम विचारों को ग्रहण करें। निर्णय आपके हाथ में है कि आप क्या सोचते और क्या करते हैं। किन गुणों को अपने व्यक्तित्व में शामिल करना चाहते हैं। आप व्यक्तित्व के मायने क्या समझते हैं? इन सारी बातों पर आप निर्णय लेने के लिए स्वतंत्र भी हैं। मेरी सलाह होगी कि इन बिन्दुओं पर निर्णय लेने के पहले आप एक बार नहीं, हजार बार सोचें-समझें कि व्यक्तित्व का अर्थ क्या है? आप अपने अन्दर किस प्रकार के व्यक्तित्व का विकास करना चाहते हैं? आप कैसे व्यक्तित्व का मालिक बनना चाहते हैं—अच्छे या बुरे? सब कुछ आपकी सोच, संगत एवं विवेक पर निर्भर करता है। दोस्तो! आप उपर्युक्त तथ्यों पर गौर करेंगे तो पाएँगे कि सही मायने में :

व्यक्तित्व वह आईना है, जिसमें आपकी एक झलक देखकर दूसरा आपके बारे में बहुत कुछ कह जाता है।

मैं तो सिर्फ इतना कहूँगा कि आप व्यक्तित्व का अर्थ एवं औचित्य समझें और सुन्दर व्यक्तित्व के मालिक बनें। आपका हर कृत्य एवं आचरण आपके व्यक्तित्व को प्रदर्शित करता है। इसलिए आप जो भी कृत एवं आचरण करें, सोच-समझकर करें। आप अपने कृत एवं आचरण से ही, सुन्दर व्यक्तित्व की पहचान बना पाएँगे और आम से खास बन पाएँगे। सचमुच आप चाहते हैं कि आपका व्यक्तित्व सुन्दर

हो और आपके व्यक्तित्व की लोग प्रशंसा करें तो अपने व्यक्तित्व में छिपे दुर्गुणों को बाहर निकाल फेंकें और व्यक्तित्व रूपी आईने को हमेशा साफ करते रहें। यही वह आईना है, जिसमें आपकी तस्वीर दूसरे देखते हैं। आप इस आईने को जितना स्वच्छ रखेंगे, आपके व्यक्तित्व में उतना ही निखार आएगा। अत: अपने मन में कदापि बुरे विचारों को पनपने न दें और न ही व्यक्तित्व में गलत गुणों व आदतों को शामिल करें। याद रखें—

> *आपका व्यक्तित्व ही आपके जीवन का आभूषण है, जिस आभूषण से सुसज्जित होने वाला व्यक्ति न केवल जीवन काल में, बल्कि मृत्यु के उपरान्त भी स्मरणीय होता है।*

शायद आपको नहीं मालूम—व्यक्तित्व एक ऐसा आईना है, जिस आईने में आपकी तसवीर दूसरे देखते हैं और आप के बारे में बहुत कुछ कह जाते हैं। आप चाहते हैं कि आपका व्यक्तित्व रूपी आईना हमेशा सितारों की तरह चमचमाता रहे तो प्रतिदिन खुद का आत्म-मंथन करें।

व्यक्तित्व विकास
Personality Development

हम क्या और कैसा बनना चाहते हैं, हम खुद और दुनिया की नजरों में कैसा प्रदर्शन करना चाहते हैं, ये बातें हमारे व्यक्तित्व के अन्तर्गत आती हैं। मेरा मानना है कि मानव जीवन का प्रत्येक तत्त्व व्यक्तित्व में ही शामिल है जो हमारे व्यवहार एवं हर क्रिया-कलाप से परिलक्षित होता है। सही मायने में यह हमारे व्यवहार का दर्पण है।

ई. डब्लू वर्गेस का कहना है—

> *व्यक्तित्व में वे सभी विशेषताएँ सम्मिलित हैं, जो समाज में व्यक्ति की भूमिका और स्थिति को निश्चित करती हैं।*
> *(Personality is the integration of all traits which determine the role and status of person in the society. Personality, might be therefore as social effectiveness.)*

परन्तु ऐसा नहीं है कि व्यक्तित्व का विकास एक दिन में हो जाता है, यह एक ऐसी प्रक्रिया है, जो गर्भावस्था से प्रारम्भ होकर जीवन के अन्तिम समय तक चलती रहती है। जिस प्रकार धरती से मिट्टी प्राप्त कर कुम्हार कच्ची मिट्टी को भिन्न-भिन्न साँचे में ढालकर विभिन्न प्रकार की कलाकृतियाँ बनाता है और उन कलाकृतियों को विविध रंगों से रँगकर उसे आकर्षक एवं सुन्दर बनाता है। उन कलाकृतियों को देख लोग प्रशंसा करते नहीं थकते। किसी-किसी कलाकार की मूर्तियाँ तो इतनी सुन्दर

होती हैं कि लगता है वे सजीव हैं और बोल उठेंगी। इसी प्रकार हमें अपने व्यक्तित्व को सजाने एवं सँवारने की जरूरत है।

हमारा व्यक्तित्व शुरू में कोरे कागज की तरह होता है। हम अपने व्यक्तित्व को किस साँचे में ढालना चाहते हैं? किन-किन गुणों से सँवारना चाहते हैं? किन-किन रंगों में रँगना चाहते हैं? उसे कितना सुन्दर एवं अनमोल बनना चाहते हैं? ये सारी बातें हमारे आनुवंशिक गुण, सोच, संगत, परिवेश एवं अन्य कारकों पर निर्भर करती हैं। हम भी अपने व्यक्तित्व को उस कलाकार की कला तथा जीवन की विभिन्न अवस्थाओं में किए गए कृत एवं अनुभव से सीख लेकर सुन्दर एवं अनमोल बना सकते हैं। यह प्रक्रिया हमें जीवन की हर अवस्था में करनी होगी, ताकि हमारे व्यक्तित्व का विकास बेहतर हो सके। व्यक्तित्व विकास एक निरन्तर और परिवर्तनशील प्रक्रिया है और इसमें कभी भी बदलाव लाया जा सकता है। ऐसा नहीं है कि आप व्यक्तित्व विकास पर बाल्यावस्था में ध्यान दें और अन्य अवस्थाओं में ध्यान न दें तो आपका व्यक्तित्व विकास बेहतर होगा। व्यक्तित्व विकास हेतु सदैव तत्पर रहने की जरूरत है। ऐसा नहीं है कि आप व्यक्तित्व विकास के सन्दर्भ में बाल्यावस्था में ध्यान देते हैं और किशोरावस्था में ध्यान नहीं देते तो अच्छे व्यक्तित्व के मालिक बने रहेंगे। ऐसा भी नहीं है कि आप शुरू में व्यक्तित्व विकास पर ध्यान देते हैं और बाद के दिनों में ध्यान नहीं देते हैं, तो आपका व्यक्तित्व विकास रुक जाएगा।

शायद आपको नहीं मालूम कि हर अवस्था की समस्या एवं कृत्य कार्य का अनुभव अलग-अलग होता है, और हर अवस्था में हमारे समक्ष विविध प्रकार की समस्याएँ आती हैं। आगत समस्याओं का समाधान हम वातावरण में अभियोजन तथा बेहतर जीवन जीने के लिए जिस प्रकार करते हैं, उसी के अनुरूप हमारे व्यक्तित्व का विकास होता है। यही कारण है कि एक ही माता-पिता के बच्चे एक खानदान के होते हुए भी विभिन्न व्यक्तित्व के हो जाते हैं, क्योंकि जैसा वे अपनी क्षमता एवं शक्ति का उपयोग समस्या समाधान में करते हैं, उसी अनुरूप उनके व्यक्तित्व का विकास होता है।

सही मायने में व्यक्तित्व विकास एक नियमित प्रक्रिया है, जिसकी उत्पत्ति और विकास की प्रक्रिया जन्म से आरम्भ होकर पूरे जीवन काल तक चलती रहती है। व्यक्तित्व विकास एक गत्यात्मक प्रक्रिया है, और हम अपने व्यक्तित्व में कभी भी सुधार ला सकते हैं। अत: व्यक्तित्व विकास के मामले में हमेशा सतर्क एवं सावधान रहने की जरूरत है। व्यक्तित्व ही जीवन का दर्पण और जीने का औचित्य है, क्योंकि इसका महत्त्व हर जगह और हर क्षेत्र में है। आप कहीं भी जाएँगे, वहाँ आपके व्यक्तित्व की चर्चा जरूर होगी। अत: व्यक्तित्व विकास के प्रति हमेशा संवेदनशील रहने की जरूरत है। कुछ मनोवैज्ञानिकों का मानना है कि व्यक्तित्व विश्लेषण में समायोजन की भूमिका महत्त्वपूर्ण है। अन्य विशेषज्ञों ने भी व्यक्तित्व विकास में

समायोजन पर बल दिया है।

जी. डब्लू. आलपोर्ट के अनुसार—

> *व्यक्तित्व व्यक्ति की उन मनोशारीरिक पद्धतियों का आन्तरिक गत्यात्मक संगठ्न है, जो कि पर्यावरण में उसके अनन्य समायोजन को निर्धारित करता है।*

किसी व्यक्ति के व्यक्तित्व में इतनी क्षमता पाई जाती है कि वह परिस्थितियों में परिवर्तन ला देता है और विकट परिस्थिति को भी अपने अनुकूल बना लेता है। कुछ मनोवैज्ञानिकों ने चरित्र को व्यक्तित्व कहा है। आलपोर्ट ने भी अपनी पुस्तक में चरित्र के विभिन्न पक्षों का उल्लेख किया है और बताया है कि किसी व्यक्ति का चरित्र उसके व्यक्तित्व में समाहित होता है। कुछ मनोवैज्ञानिकों एवं समाजशास्त्रियों ने भी चरित्र की व्याख्या करते हुए नैतिक पक्ष पर बल दिया है। वास्तव में सामान्य रूप से जब चरित्र संप्रत्यय का उल्लेख होता है, तब उससे हमारा तात्पर्य व्यक्ति के नैतिक आधार एवं विचार से होता है। दूसरे शब्दों में व्यक्तित्व व्यक्ति के चरित्र का एक सामाजिक तथा नैतिक पक्ष है, जिस आधार पर व्यक्ति का मूल्यांकन किया जाता है।

आलपोर्ट के अनुसार—

> *मूल्य प्रधान व्यक्तित्व चरित्र है तथा अवमूल्यित चरित्र व्यक्तित्व है। (Character is personality evaluated & personality is character devaluted.)*

आइए हम विभिन्न अवस्थाओं में व्यक्तित्व विकास की चर्चा करें। जैसे-जैसे हमारी उम्र बढ़ती है, हमारे व्यक्तित्व में अच्छे एवं बुरे गुणों का समावेश होता है। अत: महत्त्वपूर्ण यह है कि हम अपने व्यक्तित्व में अच्छे गुणों को कैसे शामिल करें। इसके लिए हमें हर उम्र में सतर्क रहने की जरूरत है ताकि हमारे अन्दर बुरे गुणों का समावेशन न हो। हमें उन बातों पर मनन करने कि जरूरत है कि व्यक्तित्व विकास हेतु विभिन्न अवस्थाओं में किन-किन बातों पर ध्यान देने की जरूरत है। हमें किन बातों को आत्मसात् करने की जरूरत है और किन बातों को छोड़ने की जरूरत है, ताकि हमारे व्यक्तित्व में अच्छे गुणों का समावेश हो सके।

प्रारम्भिक बाल्यावस्था एवं व्यक्तित्व विकास

प्रारम्भिक बाल्यावस्था या नवजात अवस्था की अवधि जीरो से 5 वर्ष तक मानी जाती है। माँ के गर्भ में 9 माह रहने के बाद गर्भस्थ शिशु का जन्म होता है। बच्चा जन्म के बाद गर्भ के सीमित वातावरण से निकल कर असीमित वातावरण में आता है, जहाँ उसे विभिन्न प्रकार के संघर्ष एवं दबाव का सामना करना पड़ता है। पृथ्वी

के वातावरण की गर्मी, ठंड, तेज प्रकाश एवं रहने की जगह और माहौल का स्वरूप पूर्णत: भिन्न होता है। फलत: बच्चा इस वातावरण में आकर घबड़ाता है और नए वातावरण के साथ समायोजन करने में उसे कठिनाई का अनुभव होता है, जिसकी अभिव्यक्ति वह अपने रुदन के द्वारा करता है। वह खाँसता एवं छींकता है, जम्भाई की क्रिया करता है, पेशाब और पैखाना भी करता है। कुछ घंटों के बाद बच्चा प्रकाश के प्रति प्रतिक्रिया करता है। उपर्युक्त सभी प्रक्रियाओं को करने तथा सीखने में नवजात शिशु (Neonate Child) को अनेक प्रकार की कठिनाइयों का सामना करना पड़ता है। यदि बच्चा इन कठिनाइयों का सामना धैर्य के साथ सफलतापूर्वक करता है तो उसमें सामान्य व्यक्तित्व का विकास होता है। और बच्चा कठिनाइयों का सामना धैर्यपूर्वक नहीं कर पाता है तो व्यक्तित्व विकास असामान्य रूप से होता है। बच्चे की उम्र जैसे-जैसे बढ़ती है वह बोलना, चलना सीखता है। 4-5 वर्ष की उम्र में वह स्कूल भी जाने लगता है, इसलिए इसे प्राकस्कूल की अवस्था भी कहते हैं।

ओटो रैक का मानना है कि बच्चा जब माँ के गर्भ में रहता है तो वह बिना माँगे अपनी सभी इच्छाओं की प्राप्ति करता रहता है, लेकिन जन्म के बाद उसे लगता है कि वह स्वर्ग के सुखों से निकलकर दुख रूपी जहाँ में आ गया, जहाँ उसे कठिनाई, चिन्ता तथा दुख ही दुख मिल रहा है। ऐसी स्थिति में उत्पन्न हालात का मुकाबला बच्चा जैसे करता है, उसी अनुरूप उसके व्यक्तित्व का विकास होता है।

फ्रायड का मानना है कि जब बच्चा कुछ बड़ा होता है तो उसकी माँ का दूध छुड़ाया जाता है, उस समय उसे बहुत दुख होता है। यह उसके जीवन की दूसरी दुखद घटना है और पहली दुखद घटना जन्म लेना है। अन्य मनोवैज्ञानिकों जैसे एडलर, युंग, एनाफ्रायड ने भी व्यक्तित्व विकास में प्रथम पाँच वर्ष के अनुभव को महत्त्वपूर्ण माना है तथा व्यक्तित्व विकास की आधारशिला माना है।

प्रारम्भिक बाल्यकाल की अवस्था में व्यक्तित्व की उत्पत्ति तथा विकास का गहरा सम्बन्ध शारीरिक आवश्यकताओं की पूर्ति एवं सन्तुष्टि से होता है। इस अवस्था में बच्चा भूख, प्यास तथा लगाव की सन्तुष्टि चाहता है। वह प्यार एवं मधुर व्यवहार की चाह रखता है। वह प्रचंड गर्मी, ठंड तथा तेज रोशनी से बचना चहता है। बच्चों की इन समस्त आवश्यकताओं एवं इच्छाओं की पूर्ति हर परिवार में एक समान नहीं हो पाती है। जिन बच्चों की आवश्यकताओं की पूर्ति उचित समय में उचित रूप से होती है, उसमें सामान्य व्यक्तित्व तथा जिन बच्चों की आवश्यकताओं की पूर्ति उचित समय एवं उचित रूप में नहीं हो पाती है तो बच्चे में असामान्य व्यक्तित्व की उत्पत्ति एवं विकास होता है। इस प्रकार हम देखते हैं कि पालन-पोषण की प्रक्रिया में विविधता के कारण बच्चों का व्यक्तित्व विकास अलग-अलग होता है।

- प्रत्येक माता-पिता अपने बच्चों को योग्य तथा महान नागरिक बनाने के

लिए एक खास प्रकार के सिद्धान्त अपने मन में पाले रहते हैं, और इन्हीं सिद्धान्तों पर बच्चे का पालन-पोषण करते हैं। यदि सिद्धान्त उचित तथा व्यावहारिक रहा तो बच्चों में सामान्य व्यक्तित्व तथा अव्यावहारिक सिद्धान्त होने पर असामान्य व्यक्तित्व का विकास होता है।

- परिवार में बच्चों की अधिक संख्या भी बच्चों की समुचित आवश्यकताओं की पूर्ति में बाधा उपस्थित करती है, जिस कारण बच्चों में असामान्य व्यक्तित्व का विकास होता है। जबकि छोटा परिवार सुखी परिवार होता है और सुखी परिवार में बच्चों की आवश्यकता की पूर्ति समुचित ढंग से हो पाती है। अतः ऐसे परिवार के बच्चों का व्यक्तित्व विकास अच्छा होता है।
- जिन बच्चों के माता-पिता नौकरीपेशा होते हैं या दोनों में से कोई एक या दोनों स्वर्गीय होते हैं तो ऐसे बच्चे का लालन-पालन उचित रीति से नहीं होता है। फलतः इनमें असामान्य व्यक्तित्व का विकास होता है, लेकिन जिस बच्चे की माता गृहिणी एवं पिता नौकरीधारी होते हैं, उन्हें समुचित प्यार, स्नेह, दुलार तथा लगाव मिलता है।
- जिन बच्चों का लालन-पालन नौकर-दाई के द्वारा होता है तथा जिन बच्चों के माता-पिता गरीबी के कारण दिन भर मेहनत-मजदूरी में लगे रहते हैं, वैसे बच्चों की भी उचित देखभाल नहीं हो पाती है। फलतः ऐसे बच्चों में असामान्य व्यक्तित्व का विकास होता है।
- वैसे माता-पिता जो शारीरिक तथा मानसिक तनाव में रहते हैं, वे अपने बच्चों के प्रति अपना कर्तव्य सही रूप से निभा नहीं पाते हैं। ऐसे माता-पिता के बच्चे असामान्य तथा अपराधी हो जाते हैं।
- जिन माता-पिता के शारीरिक एवं मानसिक सम्बन्ध प्रेमपूर्ण होते हैं, वे अपने बच्चों का पालन-पोषण प्रेमपूर्वक समुचित ढंग से करते हैं, जिसके कारण उनके बच्चों का व्यक्तित्व निर्माण सामान्य होता है।
- माता-पिता के बाल्यकाल का अपना अनुभव भी बच्चों के लालन-पालन की क्रिया को प्रभावित करता है। प्रेमपूर्ण एवं खुशमय माहौल सामान्य व्यक्तित्व तथा नकारात्मक माहौल असामान्य व्यक्तित्व को उत्पन्न करता है।
- गर्भावस्था का अनुभव भी माँ द्वारा पालन-पोषण की प्रक्रिया को प्रभावित करता है। इस अवस्था में माँ को प्यार, स्नेह तथा मान पति एवं परिवार से मिलता है तो माँ को प्रसन्नता होती है। फलतः माँ अपने बच्चों का पालन-पोषण प्रेम से करती है, जिसका प्रभाव बच्चों के व्यक्तित्व विकास पर पड़ता है।
- गर्भावस्था में माँ का स्वास्थ्य भी बच्चों के पालन-पोषण की प्रक्रिया को प्रभावित करता है। सुखी और स्वस्थ माँ स्वस्थ बच्चा जन्म देती है और

उसका पालन–पोषण प्रेम से करती है। फलतः बच्चे के व्यक्तित्व का विकास सामान्य रूप से होता है।

- पिता का व्यक्तित्व भी पालन–पोषण की प्रक्रिया को प्रभावित करता है। यदि पिता जिद्दी, स्वार्थी, क्रोधी एवं चिड़चिड़े स्वभाव का है तो बच्चे का व्यक्तित्व प्रभावित होता है। मानसिक रोग से ग्रसित माँ भी अपने बच्चों का पालन–पोषण अनिच्छा तथा उपेक्षापूर्ण तरीकों से करती है।

उपर्युक्त तथ्यों से स्पष्ट है कि माता–पिता का व्यक्तित्व, सोच, बच्चों के व्यक्तित्व विकास में महत्त्वपूर्ण भूमिका अदा करता है।

बाल्यावस्था

बाल्यावस्था (child hood) एक ऐसी अवस्था है, जो नवजात अवस्था से किशोरावस्था के बीच की अवस्था है। यह अवस्था भी व्यक्तित्व के विकास में कम महत्त्वपूर्ण नहीं होती है। ऐडलर जैसे मनोवैज्ञानिक का मानना है कि जन्म से लेकर पाँच या छः वर्ष की उम्र में बालक की जीवन–शैली का स्वरूप निर्धारित हो जाता है। जीवन–शैली के स्वरूप का निर्धारण सचमुच व्यक्तित्व विकास का अंग है और जीवन–शैली से ही व्यक्ति की क्रियाओं व व्यवहारों को समझने में सहायता मिलती है। व्यक्ति की जीवन शैली और व्यक्तित्व पर प्राकृतिक, मनोवैज्ञानिक व सामाजिक परिस्थितियों का प्रभाव पड़ता है। प्राकृतिक एवं शारीरिक प्रभाव का सम्बन्ध आनुवंशिकता से है और आनुवंशिकता से जैविक एवं शारीरिक गुण प्राप्त होते हैं। उनकी मनोवैज्ञानिक योग्यताएँ एवं क्षमताएँ भी बहुत कुछ आनुवंशिकता से प्रभावित होती हैं। आनुवंशिकता से प्राप्त योग्यताएँ व क्षमताएँ व्यक्तित्व निर्माण में महत्त्वपूर्ण भूमिका अदा करती हैं। परन्तु सामाजिक प्रभावों का भी व्यक्तित्व विकास में कम महत्त्व नहीं है। बच्चे को परिवार में किस प्रकार रखा जाता है और उसका पालन–पोषण कैसे किया जाता है? अपने भाई–बहनों के बीच उसकी स्थिति क्या है, और उसे कैसे संस्कार दिए जाते हैं, इन सबका प्रभाव व्यक्तित्व विकास पर पड़ता है। इन कारकों से हम आनुवंशिक प्रभाव के कारण उत्पन्न खामियों को भी दूर कर अच्छे व्यक्तित्व का निर्माण कर सकते हैं। बाल्यकाल की अवधि 6 वर्ष से 12 वर्ष के बीच की होती है। इस अवधि में बालक बड़ों की नकल करता है, और नकल से बोलने, उठने–बैठने, खाने एवं अन्य क्रियाओं को सीखता है। इसी उम्र में वह मित्र भी बनाता है और मित्रों की संगत से भी बहुत कुछ सीखता है। इस अवस्था में बच्चे को गलत कार्य या गलत व्यवहार को लेकर डाँट भी पड़ती है। उसकी सभी इच्छाओं की पूर्ति नहीं होने पर बच्चे को लगता है कि उसके अपने उसके विरुद्ध हैं। उसकी बातों को कोई नहीं सुनता है। ऐसी स्थिति में उसके अन्दर हीन भावना एवं गलत सोच विकसित होने का डर बना रहता है। अतः इस उम्र में बच्चों के हर क्रिया–कलाप

एवं व्यवहार पर बहुत ही सावधानी बरतने की जरूरत होती है। इसी अवस्था में बच्चे को सांस्कृतिक जीवन की शिक्षा मिलती है और वह अच्छे-बुरे, अपने-पराये, उचित-अनुचित जैसी महत्त्वपूर्ण बातों को समझने लगता है। 5 वर्ष की अवधि में बच्चे विद्यालय जाना प्रारम्भ कर देते हैं, जिससे वे अन्य बालकों के सम्पर्क में आते हैं। वे अपने मनोनुकूल मित्र का चुनाव करते हैं। इस अवधि में समवयस्क बालक परस्पर सम्बन्धों के द्वारा एक-दूसरे के व्यक्तित्व विकास में सहायक सिद्ध होते हैं। इस अवस्था में बालक समाजीकरण प्रक्रिया, सहयोग, सद्‌भाव एवं प्रतियोगिता का महत्त्व समझने लगता है।

इस अवस्था में बच्चों के व्यक्तित्व विकास पर उनके माता-पिता के आदर्श एवं निहित गुणों का प्रभाव अधिक पड़ता है। इस अवस्था में माता-पिता को इस बात पर विशेष ध्यान देने की जरूरत होती है कि बच्चों के अन्दर व्यक्तित्व विकास कैसे हो ? इस अवस्था में बच्चों की क्रिया-प्रतिक्रिया, रुचि एवं स्वभाव को ध्यान में रखते हुए उनके व्यक्तित्व विकास पर ध्यान दिया जाना चाहिए ताकि उनके अन्दर अच्छे व्यक्तित्व का विकास हो सके। इसी अवस्था में बच्चे को स्कूल भेजा जाता है, इसीलिए इसे पाठशालीय अवस्था भी कहा जाता है। प्रारम्भिक बाल्यावस्था में बच्चा स्वतंत्र होकर खेलता-कूदता है और जो मन में आता है वह करता है।

लेकिन बाल्यावस्था में बच्चा जब पाठशाला जाने लगता है तो उसे एक नियम के तहत कार्य करना पड़ता है। उसे स्कूल शिक्षक के निर्देशों का पालन करना पड़ता है। फलतः उसकी इच्छाओं पर नियंत्रण शुरू हो जाता है, जिस कारण उसके मन में अनेक प्रकार की बातें एवं समस्याएँ उत्पन्न होती हैं। वह घर से बाहर अन्य लोगों के सम्पर्क में एवं स्कूल में अन्य बच्चों के सम्पर्क में आता है और उनकी क्रियाओं व प्रतिक्रियाओं से अवगत होता है। फलतः बच्चे में अलग-अलग तरह के गुण एवं जिज्ञासा विकसित होती है, जिसका प्रभाव व्यक्तित्व विकास पर पड़ता है। जैसे लोगों एवं बच्चों के सम्पर्क में वह आता है, उसके अनुरूप उसके अन्दर गुणों का विकास होता है। इसी अवस्था में बच्चे खेल-खेल में भी बहुत-सी बातें सीखते हैं, जिस कारण उनके अन्दर अच्छी या बुरी आदतें, अनुशासन, साहस, भय इत्यादि जैसे गुण या अवगुण विकसित हो जाते हैं।

इस प्रकार हम देखते हैं कि बच्चा इस अवस्था में विभिन्न लोगों एवं भिन्न-भिन्न समस्याओं तथा अच्छी एवं बुरी बातों से अवगत होता है। ऐसी स्थिति में वह आगत समस्याओं का समाधान कैसे करता है यह बहुत ही महत्त्वपूर्ण है। बच्चा आगत समस्या का समाधान जैसा करता है, उसी अनुरूप उसका व्यक्तित्व विकास होता है। बच्चे के व्यक्तित्व विकास में परिवार के माहौल एवं सदस्यों के आचरण का बहुत प्रभाव पड़ता है। परिवार का जैसा माहौल रहता है, उसी अनुरूप वह बहुत कुछ सीखता है जो उसके व्यक्तित्व विकास में सहायक होता है। अतः इस उम्र में

बच्चों के व्यक्तित्व विकास में माता-पिता एवं अन्य बड़ों की महती भूमिका है। अगर इस अवस्था में बच्चे के व्यक्तित्व विकास पर शुरू से ध्यान न दिया जाए तो बच्चे के अन्दर अवगुणों का समावेश हो जाएगा। ठीक इसके विपरीत यदि बच्चे के व्यक्तित्व विकास पर शुरू से ध्यान दिया जाए, तो उसके अन्दर अच्छे गुणों का विकास होगा और अच्छे व्यक्तित्व का निर्माण हो पाएगा।

किशोरावस्था (Adolescence)

इस अवस्था की अवधि प्राय: 13 से 18 साल तक मानी जाती है। पूर्व किशोर काल की अवधि लगभग बारह वर्ष से तेरह वर्ष की मानी जाती है और इस आयु में काम सम्बन्धी चेतना धीरे-धीरे विकसित होने लगती है। वाक्य विन्यास की क्षमता का पर्याप्त विकास हो जाता है। इस अवधि में समलिंगी साथियों का महत्त्व अधिक होता है। फलत: एक बालक दूसरे बालक से तथा एक बालिका समआयु की दूसरी बालिका से मित्रता करती है। बहुत से मनोवैज्ञानिकों का मानना है कि इसी काल में विशुद्ध मानवीय सम्बन्धों की बुनियाद पड़ती है। इसी काल में व्यक्तित्व के सामाजिक एवं सांस्कृतिक पक्ष का सम्यक् विकास होता है, और बालक के मन में बाह्य जगत एवं अन्य के प्रति एक निश्चित धारणा बनने लगती है। 13 से 18 वर्ष की अवधि में बच्चों का शारीरिक विकास तेजी से होता है और काम सम्बन्धी चेतना विकसित हो जाती है। इस उम्र में बच्चों को सुन्दर दिखने, सजने एवं सँवरने की इच्छा जागृत हो जाती है। विपरीत लिंग के प्रति आकर्षण बढ़ जाता है तथा प्रेमभाव की अनुभूति होने लगती है। अत: एक किशोर बालक किशोर बालिका की ओर ज्यादा आकर्षित होता है। इस उम्र में एक-दूसरे के साथ कैसा व्यवहार करें, इसका निरूपण परिवार और समाज के लोगों के माध्यम से होना चाहिए। बच्चों को सही सलाह एवं उचित मार्ग-दर्शन मिलना चाहिए, अन्यथा उचित मार्गदर्शन के अभाव में वे गुमराह हो सकते हैं। ध्यान रखें कि वे अपने लक्ष्य से विचलित हो सकते हैं। इसी उम्र में बच्चों में कर्तव्य एवं उत्तरदायित्व का विकास होता है, जब सामाजिक व सांस्कृतिक आवश्यकताओं को ध्यान में रखकर शिक्षा की व्यवस्था की जाती है। उन्हें मूल्यों से अवगत कराया जाता है। अत: बच्चों को उनके कर्तव्य एवं उत्तरदायित्व से अवगत कराना हम बड़ों की जिम्मेवारी बनती है। मेरे विचार से व्यक्तित्व-निर्माण में किशोरावस्था की भूमिका महत्त्वपूर्ण है। इसी अवस्था में व्यक्ति जीवन जीने का गुर सीखता है। जीवन के विभिन्न आयामों को जानता है। नए-नए सपने देखता है और नए-नए लक्ष्य बनाता है। सपनों को पूरा करने और निर्णय लेने के योग्य बनता है। सपनों को पूरा करने हेतु कार्य योजना बनाता है। इस अवस्था की उम्र के सन्दर्भ में मनोवैज्ञानिकों की अलग-अलग राय है। कुछ मनोवैज्ञानिकों का मानना है कि यह अवस्था 13 वर्ष से प्रारम्भ होकर 18 वर्ष तक की है और कुछ मनोवैज्ञानिकों ने इसे 21 वर्ष का माना

है। इस अवस्था में व्यक्ति का शारीरिक और मानसिक विकास पूर्णरूप से हो जाता है। मनोवैज्ञानिकों का मानना है कि लड़कियाँ 14 साल में और लड़के 16 साल की आयु में शारीरिक परिपक्वता प्राप्त कर लेते हैं। कुछ लोग इसे 18 साल तक मानते हैं। यह एक ऐसी अवस्था है, जिसे न तो बालक कहा जा सकता है और न ही युवक। यह अवस्था तूफानी नदी की तरह होती है, जिसका पहला किनारा बचपना (Childhood) तथा दूसरा किनारा प्रौढ़ावस्था (Adulthood) का होता है। इन दोनों किनारों के बीच से यह अवस्था पूर्ण परिपक्व होने के लिए तूफानी नदी की तरह अपनी शक्ति के आधार पर आगे बढ़ना चाहती है। इस अवस्था में उसके अन्दर गजब की उमंग, उत्साह एवं कुछ कर दिखाने का जज्बा होता है जिसे सँवारकर एक बेहतर व्यक्तित्व का निर्माण किया जा सकता है। अगर इस उमंग, उत्साह एवं ऊर्जा को एक निश्चित दिशा नहीं दी जाए तो वह बिखर जाता है। बच्चे बिखरें नहीं, इसके लिए सतर्क रहने की जरूरत है।

इस अवस्था में विचारणीय बिन्दु यह है कि बच्चा अपने माता-पिता के नियंत्रण से आजाद होना चाहता है। वह अनुशासन को बेड़ी मानता है और बड़ों के नियंत्रण से आजाद होकर अपनी इच्छानुसार कार्य करना चाहता है, लेकिन उसे इस बात का भी डर होता है कि आजाद होने पर माता-पिता द्वारा प्रदत्त सुविधाओं से वंचित होना पड़ेगा। इसलिए वह अपनी इच्छा तथा आगत समस्या के भय के कारण तीव्र मानसिक संघर्ष का शिकार हो जाता है। इस अवस्था में बच्चे को अनुशासन तथा पठन-पाठन की शिक्षा दी जाती है, ताकि वह स्वतंत्रता का अर्थ समझ सके। इन बातों की समझ न होने पर उसे लगता है कि उसकी आजादी पर अंकुश लगाया जा रहा है, जिस कारण वह माता-पिता से नाखुश हो जाता है। वह बड़ों से बगावत करना चाहता है लेकिन बगावत के परिणाम से भयभीत रहता है। फलतः वह मानसिक संघर्ष का शिकार हो जाता है, जिसका प्रभाव व्यक्तित्व विकास पर पड़ता है। इस अवस्था में बच्चों तथा बच्चियों को अपने लिंग के अनुसार पोशाक धारण करने की शिक्षा दी जाती है। लिंग के अनुसार बने खेल को खेलने की सलाह दी जाती है। इन्हें अच्छे कामों के लिए प्रोत्साहन तथा इनाम और गलत कार्यों के लिए दंड दिया जाता है। इन सभी बातों का प्रभाव बच्चों के व्यक्तित्व विकास पर पड़ता है। इस प्रकार हम देखते हैं कि नवजात अवस्था में बच्चों का व्यक्तित्व निर्माण सुन्दर कैसे हो, इसमें माता-पिता की भूमिका महत्त्वपूर्ण है।

इसी अवस्था में बच्चा समाज में रह रहे लोगों से परिचित होता है और समाज के रीति-रिवाज से अवगत होता है। हर समाज के अपने रीति-रिवाज एवं संस्कृति होती है और बच्चा जिस समाज में रहता है, उस समाज के रीति-रिवाज के अनुसार बहुत-सी बातों को सीखता है। हर रिवाज एक जीवन सिद्धान्त होता है और प्रत्येक रिवाज में कुछ खूबी तो कुछ खराबी होती है। बच्चा किस जीवन सिद्धान्त को

अपनावे, इसी उधेड़-बुन में क्रियाशील रहता है। सुस्पष्ट निर्णय नहीं ले पाने तथा सही मार्गदर्शन नहीं मिल पाने पर विचलन का डर ज्यादा होता है। अतः इस अवस्था में माता-पिता तथा बड़ों को बहुत ही सावधान रहने की जरूरत है क्योंकि बच्चों के अच्छा या बुरा बनने की उम्र यही होती है। इसी उम्र में व्यक्ति के अन्दर अगर गलत आदत लग जाती है तो उसे छुड़ाना कठिन हो जाता है। इस उम्र में बच्चे स्वावलम्बी होना चाहते हैं और जीवन यापन के लिये किस क्षेत्र का चुनाव करें, कौन सा व्यवसाय शुरू करें या किस क्षेत्र में नौकरी प्राप्त करें, इसका चुनाव करने के लिए चिन्तित तथा व्यग्र रहते हैं। चुनाव के बाद भी वे चिन्ता-मुक्त नहीं हो पाते, क्योंकि इसकी प्राप्ति हेतु कठिन प्रतियोगिता का सामना करना पड़ता है। यह अवस्था संवेगात्मक अस्थिरता की अवस्था है, जिसमें अनुभवहीनता के कारण व्यक्ति हमेशा तनाव में रहता है। इच्छा के विरुद्ध कार्य होने पर व्यक्ति आक्रमणकारी रूप ले लेता है और असफलता हाथ लगने पर तनाव में आ जाता है। इस अवस्था में किशोर और किशोरियाँ माता-पिता के विचारों तथा व्यवहारों के प्रबल विरोधी होते हैं, विशेषकर किशोर पिता के तथा किशोरियाँ माता की। इसका कारण यह है कि माता-पिता बच्चों की हर बात को मानने को तैयार नहीं होते। उनकी इच्छाएँ पूर्ण नहीं होतीं, इस स्थिति में बच्चे अपनी बात मनवाने हेतु विभिन्न प्रकार के हथकंडे अपनाते हैं। फलतः और गलत होने की सम्भावना बढ़ जाती है। इस अवस्था में व्यक्ति का सामाजिक दायरा बढ़ जाता है और मित्रों की संख्या भी बढ़ जाती है। उनमें से कुछ मित्र नजदीक होते हैं, जिन्हें अपने प्रेम की कहानी सुनाते और सुनते हैं। इस अवस्था में बच्चे अधिकतर प्रेम सम्बन्धी तथा सेक्स सम्बन्धी बातों की चर्चा अपनी मित्र मण्डली में करते हैं। ऐसी संगत में उनके भटकने का डर ज्यादा रहता है।

किशोरावस्था में व्यक्ति अनेक प्रकार की समस्याओं की उलझन तथा संवेगात्मक अस्थिरता के कारण बहुत जल्द दुखी और उदास हो जाता है। फलतः उसके व्यक्तित्व में विकृति आने की सम्भावना बढ़ जाती है। इस उम्र में बच्चों के अन्दर अच्छे व्यक्तित्व का विकास हो सके, इसके लिए उनके साथ भावनात्मक जुड़ाव बनाए रखें। उनकी बातों को गम्भीरता के साथ प्रेमपूर्वक सुनें एवं उचित सलाह दें। अगर उनकी बात औचित्यपूर्ण नहीं है तो उन्हें डाँटें नहीं बल्कि तर्कपूर्ण ढंग से समझाएँ। उन्हें उनकी क्षमता से तथा अपनी वास्तविक स्थिति से अवगत कराएँ।

इस अवस्था में व्यक्ति के अन्दर क्रान्तिकारी परिवर्तन यथा शारीरिक, मानसिक तथा संवेगात्मक परिवर्तन होते रहते हैं, जिसकी अस्थिरता से उत्पन्न व्यवहार के लिए कभी-कभी वह दंड भी पाता है। इस अवस्था में व्यक्ति दिवा- स्वप्न तथा कल्पना में ज्यादा विचरण करता है, जिसका मुख्य कारण तनाव से मुक्ति तथा आनन्द की प्राप्ति है। मनोवैज्ञानिकों का मानना है कि किशोरावस्था में आनेवाली समस्याओं, कठिनाइयों तथा परिवर्तनों का सम्बन्ध व्यक्तित्व निर्माण से है। यदि

व्यक्ति समस्याओं का समाधान कुशलतापूर्वक करता है, कठिनाइयों से मुँह नहीं मोड़ता, आगत परिवर्तनों से घबड़ाता नहीं है बल्कि समस्याओं के साथ समायोजन बेहतर ढंग से करता है तो वह सफल व्यक्तित्व का स्वामी बनता है। अगर माता-पिता और बड़े भी उसकी समस्याओं के निराकरण में सहयोग करते हैं तो वह अच्छे व्यक्तित्व के मालिक बनता है। ठीक इसके विपरीत यदि माता-पिता और बड़े उसके साथ कड़े रुख अख्तियार करते हैं, उसकी भावनाओं को नहीं समझते, तो वह किशोरावस्था में आगत समस्याओं से घबड़ा जाता है और लक्ष्य से विचलित हो जाता है। इससे उसकी तकलीफें बढ़ जाती हैं तथा वह तनावग्रस्त रहता है। नतीजा, उसका व्यक्तित्व कुंठित हो जाता है और वह निम्न व्यक्तित्व का मालिक बन बैठता है।

प्रौढ़ावस्था

जब व्यक्ति प्रौढ़ावस्था में प्रवेश करता है तो उसकी विभिन्न प्रवृत्तियाँ परिपक्व हो जाती हैं, और इस प्रक्रिया में अधिगम और संस्कृति की महत्त्वपूर्ण भूमिका होती है। आलपोर्ट का मानना है कि एक प्रौढ़ व्यक्ति अपने कार्यों और व्यवहारों के बारे में समुचित जानकारी रखता है, और प्राप्त होने वाले परिणामों को भी समझता है। फिर भी हम किसी प्रौढ़ व्यक्ति के जीवन के लक्षण और आकांक्षाओं से तब तक परिचित नहीं होते जब तक उसके कार्य और व्यवहार की सम्यक् जानकारी हमें नहीं हो जाती। अत: व्यक्तित्व विकास का अध्ययन करते समय हमें व्यक्ति द्वारा निर्धारित जीवन के लक्ष्यों, उद्देश्यों एवं प्राप्ति की ओर भी ध्यान देना होगा। जिस व्यक्ति का व्यक्तित्व परिपक्व होता है, वह अपने जीवन का लक्ष्य व उद्देश्य सुस्पष्ट, सार्थक, वास्तविक निर्धारित करता है, और अपने उद्देश्यों की प्राप्ति हेतु प्रत्येक कार्य और व्यवहार को एक निश्चित दिशा देता है।

यह अवस्था पूर्व अवस्था में अर्जित व्यक्तित्व को सार्थक बनाने की अवस्था है। अगर आपके व्यक्तित्व में अच्छे गुण हैं तो उन गुणों में और निखार लाने तथा खामियों को दूर करने की जरूरत है। हम किशोरावस्था में जिन गुणों को अर्जित करते हैं और जो सपने देखते हैं, उन सपनों को इसी अवस्था में साकार करने का प्रयास करते हैं। अगर आपके व्यक्तित्व में जीवन-मूल्य, कर्म-मूल्य का समावेश है तो आपका सोच सकारात्मक एवं कार्य करने का ढंग रचनात्मक होता है। ऐसे व्यक्ति अपना हर कार्य-मूल्यों की कसौटी पर तौलकर निष्पादित करते हैं। वे श्रम का महत्त्व समझते हैं, और मेहनत से जी नहीं चुराते हैं। उन्हें समय का मूल्य एवं समय प्रबंधन की कला मालूम होती है। उनके अन्दर सपने को पूरा करने का जज्बा होता है। नतीजा, वे अपने सपने को यथार्थ में बदलने में कामयाब होते हैं और अपनी जिन्दगी मजे में जीते हैं। वे खुद बेहतर करते हुए दूसरों को भी बेहतर करने की सलाह देते हैं। इस अवस्था में व्यक्ति खुद के बारे में, दूसरों के बारे में, जीवन-मूल्य, कार्य-मूल्य एवं

समय-मूल्य के बारे में बेहतर समझते हैं। किसी विषय-वस्तु के सन्दर्भ पर बेहतर सोच रखते हैं। यही कारण है कि ऐसे व्यक्ति इस अवस्था में बेहतर करते है और बेहतर पाते है तथा जीवन का आनन्द लेते हैं। ऐसे व्यक्तित्व का धनी व्यक्ति जीवन को सुन्दर, अनमोल एवं बेहतर बनाने में सफल होता है। ठीक इसके विपरीत जो व्यक्ति बाल्यावस्था व किशोरावस्था में व्यक्तित्व विकास पर ध्यान नहीं देते, और गुणों की जगह अवगुणों को पाल लेते हैं वे गलत आदतों के शिकार हो जाते हैं। ऐसे व्यक्ति आजीवन पछताते रहते हैं और कहते हैं कि काश मैंने पूर्व की अवस्था में व्यक्तित्व विकास पर ध्यान दिया होता तो आज हमें ये दिन देखने को नहीं मिलते। हमने बहुत बड़ी गलती की है कि अपने माता-पिता, गुरुजनों की बातें नहीं मानीं। व्यर्थ के कार्यों में अपना समय बर्बाद करते रहे। काश! यदि इन बातों की समझ समय पर हो जाती कि व्यक्तित्व निर्माण की भूमिका जीवन को सुखद एवं सफल बनाने के लिए कितना महत्त्वपूर्ण है, तो आज हमें पश्चात्ताप नहीं करना पड़ता।

सही मायने में यह अवस्था व्यक्तित्व निर्माण की नहीं, बल्कि निर्मित व्यक्तित्व की सार्थकता साबित करने की होती है। अपने व्यक्तित्व के सहारे नाम, धन, यश अर्जित करने की होती है। जो व्यक्ति अच्छे व्यक्तित्व के मालिक होते हैं, वे सफलता की सीढ़ी-दर-सीढ़ी चढ़ते हुए नाम, धन, यश अर्जित कर जीवन का औचित्य साकार करते हैं। ठीक इसके विपरीत जिस व्यक्ति के व्यक्तित्व में बुरे गुणों का समावेश होता है, वैसे व्यक्ति के पास जो भी कुछ होता है वह उसे भी डुबो देता है। इसलिए दोस्तो! मेरा सुझाव है कि यदि आपके व्यक्तित्व में बुरे गुण समाहित हैं तो परेशान होने के बजाय, उन अवगुणों से बाहर निकलने की बात सोचें। उन अवगुणों को स्वीकार करें और उन्हें दूर करने की दिशा में सच्चे मन से प्रयास करें। अभी भी आपके पास समय है। 'जब जागा तभी सबेरा' की उक्ति चरितार्थ करें। व्यक्तित्व में कभी भी परिवर्तन लाया जा सकता है और अच्छे गुणों का समावेश कर व्यक्तित्व को निखारा जा सकता है। अत: व्यक्तित्व विकास हेतु अच्छे लोगों की संगत करें, सोच बदलें, रचनात्मक करें तथा इस अनमोल जीवन एवं समय का मूल्य समझें। अगर आप व्यक्तित्व विकास पर इस समय भी ध्यान नहीं देंगे तो बाद के दिनों में रोने के सिवा कुछ नहीं मिलेगा।

वृद्धावस्था (Old age)

सैद्धान्तिक और व्यावहारिक दृष्टिकोण से वृद्धावस्था का महत्त्व किसी अन्य अवस्थाओं से कम नहीं है। यह ऐसी अवस्था है, जिस अवस्था में व्यक्ति अपने उमंग, उल्लास एवं जज्बे को बनाए रखते हुए समाज को नई राह दिखा सकता है। परन्तु दुख की बात है कि अधिकांश व्यक्ति बढ़ती उम्र को बाधा मान लेते हैं। अपने को कमजोर मानने लगते हैं और नकारात्मक सोच पाल लेते हैं। इस अवस्था में व्यक्ति जीवन

जीने की चाह का न तो परित्याग करना चाहता है, और न बचपन एवं जवानी की तरंगें इसे अपनाने देती हैं। इस अवस्था में व्यक्ति की इच्छाएँ मृत नहीं होतीं, बल्कि इस उम्र में भी समस्त प्रकार की इच्छाएँ जाग्रत रहती हैं, परन्तु वे अपनी इच्छाओं को हकीकत में बदलने का जज्बा नहीं रखते, क्योंकि वे खुद को असहाय मानने लगते हैं। आप इस सोच को बदलें। शरीर से भले ही आप कमजोर हो गए हों, मन को युवा बनाए रखें। गौर करें तो पाएँगे कि इस अवस्था में मुख्यत: तीन प्रकार की समस्याएँ आती हैं—जैविक समस्या (Biological Problem), मनोवैज्ञानिक समस्या (Psychological Problem) और सामाजिक समस्या (Sociological Problem)।

जैविक समस्या के अन्तर्गत इस उम्र में निम्न समस्याएँ आती हैं—वृद्धावस्था में व्यक्ति का शारीरिक सन्तुलन कमजोर पड़ जाता है। हाथ-पैर-काँपने लगते हैं, हड्डियाँ कमजोर पड़ जाती हैं। जोड़ों की गति में कमी आ जाती है। इस उम्र में थोड़ा भी ज्यादा कार्य करने से आदमी थक जाता है। ज्यादा कार्य करने, अधिक गर्मी एवं ठंड में जल्द बीमार पड़ जाने की सम्भावना रहती है। बीमार पड़ जाने पर वे देर से रोग मुक्त होते हैं, क्योंकि उनके अन्दर रोग प्रतिरोधक क्षमता क्षीण पड़ जाती है। पाचन-क्रिया कमजोर पड़ जाती है। आँखों की रोशनी मंद हो जाती है। शारीरिक आकर्षण में परिवर्तन आ जाता है। चमड़ी सिकुड़ने लगती है और झुर्रियाँ आ जाती हैं। थकान ज्यादा और नींद की कमी हो जाती है। स्मरण शक्ति क्षीण होने लगती है। स्नायुतंत्र में गड़बड़ी आ जाती है। इस प्रकार की अनेक समस्याएँ दैनिक जीवन में आती हैं, जो विभिन्न प्रकार के दुख का कारण बनती हैं। जब ये समस्याएँ ज्यादा बढ़ जाती हैं, तो जीवन दुखदायी हो जाता है। ऐसी स्थिति में व्यक्ति बार-बार मरने की कामना करने लगता है और मृत्यु प्राप्त नहीं होने पर आत्महत्या तक का प्रयास करता है। बुढ़ापे में अनेक मनोवैज्ञानिक समस्याएँ भी देखने को मिलती हैं। वे खुद और दूसरों की बातों को जल्द ही भूल जाते हैं। वृद्ध व्यक्ति तात्कालिक घटनाओं को स्मरण कर पाने में असमर्थ होते हैं लेकिन युवावस्था और बाल्यावस्था की घटनाओं, अपने स्वर्णिम समय, सुखद क्षण और बहादुरीपूर्ण युवावस्था और बाल्यावस्था की घटनाओं तथा कार्यों को बार-बार कहते तथा दोहराते रहते हैं। इनके अन्दर सीखने की योग्यता में कमी आ जाती है। उन्हें इस उम्र में कुछ बताया जाए, तो सीखने के लिए तैयार नहीं होते और कहते हैं कि इस उम्र में सीखकर क्या करेंगे ? वे मानते हैं कि—जिस प्रकार पुराना कुत्ता नई ट्रिक सीखने में असमर्थ होता है (Old dog can not learn the new trick) या बूढ़ा तोता पोस नहीं मानता। उसी प्रकार इस उम्र में सीखना बेकार है। इनके अन्दर साहस एवं उत्साह की कमी के कारण सृजनात्मक क्षमता में कमी आ जाती है, परन्तु इनके अन्दर परिपक्वता और अनुभूति में वृद्धि हो जाती है। ज्ञान शक्ति बढ़ जाती है। अगर वे चाहें तो, अपने ज्ञान एवं अनुभव से दूसरे व्यक्ति के व्यक्तित्व में निखार ला सकते हैं। दूसरों को सही रास्ता दिखा सकते हैं।

किशोरावस्था एवं युवावस्था में रह रहे लोगों को वृद्ध लोगों के अनुभव एवं ज्ञान का लाभ उठाना चाहिए। प्राय: लोग उनका लाभ नहीं उठाते। इस उम्र में एक और समस्या उत्पन्न हो जाती है वह है 'मृत्यु से भय'। उन्हें मरने का डर तथा अपने कुकर्मों का भय सताने लगता है। उन्हें लगता है मैंने जो गलती पूर्व में की है, उसके बारे में भगवान के पास जाएँगे तो क्या कहेंगे?

बुढ़ापे में कुछ सामाजिक समस्याएँ भी आती हैं। समाज और परिवार में इनका महत्त्व कुछ कम हो जाता है। परिवार एवं समाज के लोग उनकी बातें एवं समस्याएँ सुनने को तैयार नहीं होते हैं। उनकी अच्छी बातें भी खराब लगती हैं। इस उम्र में उनके पास कोई रोजगार भी नहीं होता और नौकरी-पेशावाले लोग भी सेवानिवृत्त हो चुके होते हैं। उनके पास पैसे की कमी हो जाती है और पैसा भी रहता है तो खर्च करने के योग्य नहीं होते हैं। उनके बच्चे अन्यत्र रहते हैं, जिस कारण उनकी समुचित देखभाल करनेवाला कोई नहीं होता। फलत: उनकी समस्या और बढ़ जाती है। यह समस्या और विकराल हो जाती है, यदि पति-पत्नी में से कोई एक स्वर्गीय हो गया होता है। उस स्थिति में उनकी परेशानी और बढ़ जाती है। आगत समस्याओं में से कुछ समस्याएँ सकारात्मक और कुछ नकारात्मक मूल्य की होती हैं लेकिन उनकी बातें कोई सुनने वाला नहीं होता है। इस उम्र में विभिन्न प्रकार की जैविक, मनोवैज्ञानिक तथा सामाजिक समस्याओं के कारण होने वाले परिवर्तन के साथ समायोजन नहीं होने के कारण विकराल समस्या उत्पन्न हो जाती है। फलत: वे जीवन से हताश एवं निराश होने लगते हैं। उन्हें यह अनमोल जीवन बेकार लगने लगता है। मनोवैज्ञानिकों का मानना है कि यदि व्यक्ति समस्याओं के साथ सही ढंग से अभियोजन स्थापित कर लेता है तो उसका सामान्य व्यक्तित्व बना रहता है। यदि अभियोजन सही ढंग से नहीं कर पाता है तो कई प्रकार की मानसिक बीमारियों का शिकार हो जाता है, जिसे वृद्धावस्था मनोविकृति (Old age Psychosis) कहते हैं। यह बीमारी दो प्रकार की होती है—एक को सेनाइल साइकोसिस (Senil psychosis) और दूसरे को वृहत मस्तिष्क धमनी काठिन्य मनोविकृति (Cerebral Arteriosclerosis Psychosis) कहते हैं। सोनाइल साइकोसिस वाले व्यक्तियों के अन्दर निम्न लक्षण पाए जाते हैं :

- ये अपने आप में खोये रहते हैं।
- ये अपनी समस्या और अपनी दुनिया में लीन रहते हैं।
- इनकी रुचि सामाजिक कार्यों तथा सम्बन्धों के प्रति कम होती है।
- इनमें अभियोजन की योग्यता का अभाव होता है।
- इनमें सहनशीलता का अभाव पाया जाता है।
- ये शंका के शिकार होते हैं।
- इनकी हड्डियाँ कमजोर हो जाती हैं और जल्द थकावट के शिकार हो जाते हैं।

- इनके तर्क-वितर्क करने की क्षमता में विकृति आ जाती है।
- विषाद (Depression) के लक्षण सामान्य तौर पर दिखाई देते हैं।
- इनकी वाणी असंगत और अनियमित हो जाती है।
- ये विभ्रम (Hallucination) के शिकार होते हैं।
- इनमें व्यामोह (Delusion) के लक्षण पाए जाते हैं।

वृद्धावस्था में आनेवाली दूसरे प्रकार की समस्याएँ ऑर्गेनिक मनोविकृति (Organic Psychosis) की होती हैं। इस प्रकार की समस्या में व्यक्ति की मानसिक क्षमता नष्ट हो जाती है एवं स्वभाव चिड़चिड़ा हो जाता है। व्यक्ति का व्यक्तित्व विकृत हो जाता है और रोगी लकवा का शिकार हो जाता है। ऐसे रोगी में कमजोरी, अनावश्यक थकान, खिन्नता, सिर-दर्द, स्मरण शक्ति में गिरावट तथा कार्य-कुशलता में कमी पाई जाती है। इस रोग में संवेगात्मक अस्थिरता के भी लक्षण पाए जाते हैं।

इस प्रकार हम देखते हैं कि व्यक्तित्व का विकास विभिन्न अवस्थाओं में होता है और हर अवस्था में निर्मित व्यक्तित्व विकास का अपना महत्त्व है। जीवन की विभिन्न अवस्थाओं में व्यक्तित्व निर्माण में किशोरावस्था की भूमिका अतिमहत्त्वपूर्ण है। यदि इस अवस्था में भी व्यक्ति वृद्धावस्था में उत्पन्न होनेवाली समस्याओं के साथ बेहतर रूप से अभियोजन कर लेता है तो उसका व्यक्तित्व सामान्य बना रहता है। मैं तो सिर्फ इतना कहूँगा कि जीवन की हर अवस्था में व्यक्तित्व को निखारते रहने की जरूरत है। जो व्यक्ति हर उम्र में अपनी खामियों को दूर करने और अच्छे गुणों को ग्रहण करने में लगा रहता है, उसका व्यक्तित्व समान्य एवं सुन्दर बना रहता है।

व्यक्तित्व विकास में संस्कृति की भूमिका
Role of culture in Personality development

व्यक्तित्व विकास में संस्कृति आधारशिला का काम करती है। हर समाज की अपनी संस्कृति होती है, कुछ रीति-रिवाज होते हैं। पूर्वजों द्वारा जीवन जीने के लिए बनाए गए नियम-कानून, रीति-रिवाज, जीविकोपार्जन का ढंग, पहनावा, रहन-सहन का तरीका, लोक-रीतियाँ, प्रथाएँ, लोकाचार, मूल्य, विश्वास, वर्जनाएँ, विचार तथा व्यवहार के संचालन एवं नियंत्रण आदि को संस्कृति कहते हैं। संस्कृति दो प्रकार की होती है। एक को भौतिक संस्कृति कहते हैं। जिसके अन्तर्गत धार्मिक पुस्तकें, मन्दिर, मस्जिद, चर्च तथा गुरुद्वारा आता है। दूसरे प्रकार की संस्कृति को अभौतिक संस्कृति कहते हैं, जिसके अन्तर्गत रहन-सहन, विचार, उपचार, मूल्य इत्यादि आते हैं। दोनों प्रकार की संस्कृति का गहरा प्रभाव व्यक्ति के सम्पूर्ण जीवन में रहता है। बच्चा जिस संस्कृति में जन्म लेता है, उसका पालन-पोषण उसी संस्कृति के अनुरूप होता है।

वह अपनी जीवन-लीला उसी संस्कृति के अनुरूप आरम्भ करता है, और मृत्यु-उपरान्त भी संस्कृति के अनुरूप ही उसका अन्तिम संस्कार होता है। संस्कृति का गहरा सम्बन्ध व्यक्तित्व विकास से है, क्योंकि व्यक्ति जैसी संस्कृति में रहता है, उसी के अनुरूप व्यक्तित्व का विकास होता है। समाज-शास्त्रियों का भी कहना है कि व्यक्तित्व संस्कृति का दर्पण होता है। संस्कृति और व्यक्ति एक-दूसरे के पूरक हैं। संस्कृति अपने प्रभाव के कारण एक पीढ़ी से दूसरी पीढ़ी के व्यवहारों में समानता स्थापित करती है और व्यक्ति अपने प्रभाव के कारण संस्कृति में परिवर्तन लाता है। हम जैसी संस्कृति में रहते हैं, उसी के अनुरूप हमारे व्यक्तित्व का विकास होता है और हम उसी संस्कृति के रीति-रिवाजों, नियमों, आदर्शों तथा आदतों को सीखते हैं। यही कारण है कि व्यक्ति संस्कृति का तथा संस्कृति व्यक्ति का अभिन्न अंग बन जाती है। इन्हें एक-दूसरे से अलग नहीं किया जा सकता है। उपर्युक्त तथ्यों से स्पष्ट है कि व्यक्तित्व संस्कृति की उपज है। सांस्कृतिक वातावरण सिर्फ व्यक्ति के व्यवहार तथा चिंतन को ही प्रभावित नहीं करता, बल्कि उसकी जीवन-शैली को भी प्रभावित करता है।

- संस्कृति का प्रभाव बुद्धि विकास पर पड़ता है।
- बच्चों के पालन-पोषण का तरीका संस्कृति के द्वारा निर्धारित होता है।
- संस्कृति व्यक्ति में प्रतियोगिता एवं प्रतिस्पर्धा की भावना उत्पन्न करती है।
- संस्कृति का प्रभाव खान-पान पर भी पड़ता है। हिमालय की तराई में रहने वाली जनजाति गर्म खाना अधिक पसन्द करती है। बंगाली लोग मछली तथा पंजाबी लोग मीट अधिक पसन्द करते हैं।
- संस्कृति जीवन-शैली को प्रभावित करती है।
- संस्कृति अपनी प्रथा, परम्परा इत्यादि के आधार पर व्यक्ति के अन्दर कुछ खास तरह के व्यवहार, आदत, रुचि, मनोवृत्ति तथा मूल्य उत्पन्न करती है, जिसका प्रभाव उनके व्यक्तित्व विकास पर पड़ता है।
- संस्कृति जीवन यापन करने के तरीके का भी निर्धारण करती है।
- संस्कृति इनाम तथा दंड का भी निर्धारण करती है।
- संस्कृति का सम्बन्ध पहनावा एवं रहन-सहन से भी है।

व्यक्तित्व विकास में खानदान एवं वातावरण की भूमिका

व्यक्तित्व विकास में खानदान एवं वातावरण की भूमिका महत्त्वपूर्ण है। किसी व्यक्ति के अन्दर निहित सामान्य गुण, विशेष गुण, रुचि, अभिरुचि, संवेग, प्रेरणा, विफलता, सहनशीलता, सामाजिकता, व्यवहार एवं क्रिया-कलाप पर उस व्यक्ति के खानदान एवं वातावरण का प्रभाव होता है। हम उसके अन्दर की नकारात्मकता, सकारात्मकता, चरित्र, नैतिक पक्ष के अन्तर्गत क्रूरता, दयालुता, ईमानदारी, निष्पक्षता,

सत्यवादिता, अच्छे और बुरे गुणों की जानकारी का अध्ययन करके ही उसके व्यक्तित्व की चर्चा करते हैं। उपर्युक्त तथ्यों से स्पष्ट है कि मानवीय व्यक्तित्व के अनेक पहलू हैं और प्रत्येक पहलू की अपनी-अपनी अलग-अलग स्थायी और विलक्षण विशेषताएँ हैं और ये सभी विशेषताएँ संगठित तथा क्रमबद्ध रूप से व्यक्ति के व्यवहार का संचालन और नियंत्रण करती हैं। मुन का कहना है कि व्यक्ति के जीवन के सभी पहलुओं की विशेषताओं के संगठन को ही व्यक्तित्व कहते हैं। (Personality is the characteristic of integration of every aspect of the individuals lilse.)

वास्तव में व्यक्तित्व एक महत्त्वपूर्ण मनोवैज्ञानिक प्रक्रिया है, जिसकी उत्पत्ति एवं विकास की प्रक्रिया विभिन्न कारकों से होती है, और जो स्वरूप हम देखते हैं, उस आधार पर उस व्यक्ति के व्यक्तित्व की चर्चा करते हैं। जहाँ तक व्यक्तित्व विकास में खानदान एवं वातावरण की भूमिका का सवाल है, उसके संदर्भ में मनोवैज्ञानिकों के विचार अलग-अलग हैं। पोलमीन्ट चिकर, लोलिन, कास्पी, रोवे ने व्यक्तित्व की उत्पत्ति तथा विकास में वातावरण की अपेक्षा खानदान के महत्त्व को प्रदर्शित किया है। इन सबों का मानना है कि व्यक्तित्व खानदान (Heridity) की उपज है। कगन ने भी बताया है कि टेम्परामेन्ट तथा सामान्य व्यवहार व्यक्ति को खानदान से प्राप्त होता है। कगन ने अपने समर्थन में कहा है कि अनेक बच्चे एक ही उत्तेजना के प्रति विभिन्न प्रतिक्रिया करते हैं। कुछ बच्चे प्रारम्भ से ही सक्रिय तथा निडर होते हैं। कुछ शुरू से ही शिथिल तथा डरपोक होते हैं। व्यक्ति के रंग-रूप, आकार-प्रकार, शारीरिक बनावट तथा अन्य प्रकार की शारीरिक और मानसिक विशेषताओं तथा व्यवहार में समानता या विभिन्नता खानदान की विशेषताओं में अन्तर के कारण होती है। यह सच्चाई है कि कोई भी जीव अपने समान जीव की उत्पत्ति करता है (Like begets like)। इसे समानता का सिद्धान्त कहते हैं और इसी सिद्धान्त के अनुसार बीज के अनुरूप वृक्ष तथा उसका फल होता है। जैसे आम के बीज से आम का वृक्ष ही उत्पन्न होगा, अमरूद का पेड़ नहीं तथा जानवर का बच्चा जानवर एवं मनुष्य का बच्चा मनुष्य ही पैदा होगा।

व्यक्तित्व विकास में निराशा की भूमिका
Role of frustration in the development of personality

व्यक्तित्व की उत्पत्ति एवं विकास की आधारशिला निराशा है। हम जानते हैं कि मानव जीवन फूलों की सेज न होकर संघर्षों, तनावों तथा निराशाओं से भरी हुई सेज है। व्यक्ति वातावरण में अभियोजित करने के प्रयास करता है, और इस प्रयास में उसे सफलता और विफलता दोनों ही मिलती हैं। व्यक्ति जब निराशा का सामना कर

सफलता प्राप्त करता है तो उसमें सामान्य व्यक्तित्व का विकास होता है और उसका पारिवारिक, सामाजिक, शारीरिक एवं मानसिक जीवन खुशहाल रहता है। ठीक इसके विपरीत जो व्यक्ति उत्पन्न निराशा का सामना डटकर नहीं करता तथा आगत समस्याओं के उत्पन्न हालात के साथ समायोजन नहीं कर पाता, उसे असफलता हाथ लगती है। उस स्थिति में वह जीवन से निराश हो जाता है। फलतः व्यक्तित्व विकास असामान्य रूप से होता है। व्यक्ति का पारिवारिक, सामाजिक, शारीरिक एवं मानसिक जीवन अस्त-व्यस्त हो जाता है। निराशा का व्यक्ति के जीवन पर अच्छा तथा बुरा दोनों तरह का प्रभाव पड़ता है।

औटो रैंक का कहना है कि मनुष्य का जन्म ही अपने आप में सबसे बड़ा संघर्ष तथा निराशा का केन्द्र बिन्दु है। बच्चा जब गर्भ में रहता है तो उसकी हर आवश्यकता की पूर्ति होती रहती है और स्वर्ग-सुख मिलता है, जिस कारण वह बाहर नहीं आना चाहता। लेकिन परिस्थितिवश उसे बाहर आना पड़ता है। ऐसी स्थिति में उसे निराशा का सामना करना पड़ता है। इस निराशा का सामना यदि बच्चा धैर्य और साहसपूर्वक करता है तो सामान्य व्यक्तित्व की उत्पत्ति और विकास का बीजारोपण होता है। अगर आगत समस्या का समाधान उचित रूप से नहीं करता है तो निराशा का सामना करना पड़ता है। औटो रैंक के अनुसार जन्म मानव जीवन की पहली निराशा है, लेकिन फ्रायड का कहना है कि दूध छुड़ाना मानव जीवन की पहली निराशा है। हर व्यक्ति के जीवन में निराशा आती है, लेकिन जो व्यक्ति निराशा में भी आशा की चाह रखता है और स्वयं को उत्पन्न हालात में संयमित रखता है। उसका व्यक्तित्व विकास सामान्य होता है। ठीक इसके विपरीत जो व्यक्ति निराशा का सामना नहीं कर पाते और हिम्मत हार जाते हैं, उनका व्यक्तित्व विकास असामान्य हो जाता है।

बच्चा जब कुछ बड़ा होता है और घर में दूसरे भाई या बहन का आगमन होता है तो उसके प्रेम, दुलार या अन्य आवश्यकताओं की प्राप्ति में कमी आती है। उसे लगता है कि वह कुछ खो रहा है, माता-पिता हमें पहले जैसा प्यार नहीं कर रहे हैं। उससे माँ का दूध छुड़ाया जाता है, जिस कारण उसके अन्दर निराशा का भाव प्रबल होता है। वह क्षतिपूर्ति करना चाहता है। उचित सन्तुलन से सामान्य व्यक्तित्व तथा कुसमायोजन से असामान्य व्यक्तित्व का बीजारोपण होता है। सामाजिक एवं सांस्कृतिक परिवेश के कारण भी निराशा का भाव उत्पन्न होता है। जब बच्चा सामाजिक एवं सांस्कृतिक शिक्षण से उत्पन्न निराशा का सामना उचित ढंग से करता है तो उसमें सामान्य व्यक्तित्व का विकास होता है। इस प्रकार हम देखते हैं कि जन्म लेना, दूध छुड़ाना, नए भाई या बहन का आगमन तथा सामाजिक एवं सांस्कृतिक शिक्षण से उत्पन्न विफलता ये चारों कारक गम्भीर रूप से बच्चे में निराशा उत्पन्न करते हैं और इस निराशा का सामना बच्चा जिस प्रकार से करता है, उसी के अनुरूप बच्चे में व्यक्तित्व की उत्पत्ति और विकास होता है।

व्यक्तित्व की उत्पत्ति और विकास में आनेवाली कठिनाइयों में तनाव तथा निराशा का बहुत ही महत्त्वपूर्ण स्थान है, जिसका अध्ययन जैविक तथा मनोवैज्ञानिक (Biological & psychological) दोनों दृष्टिकोण के आधार पर किया जाता है। इस सन्दर्भ में हौलिंग वर्थ का मानना है कि किशोरावस्था में व्यक्ति अपने आपको बहुत अधिक बुद्धिमान, चतुर, ज्ञानी तथा महत्त्वपूर्ण समझता है। फलतः व्यक्ति इस अवस्था में माता-पिता तथा परिवार से स्वतंत्र होकर अपनी इच्छा तथा योग्यता के अनुसार व्यवहार करना चाहता है। लेकिन माता-पिता उसे नासमझ जानकर अपने नियंत्रण में रखना चाहते हैं। बच्चा इस नियंत्रण से आजादी चाहता है, लेकिन उसे इस बात का भी डर होता है कि स्वतंत्र रूप से कार्य करने पर माता-पिता नाराज हो जाएँगे और उनसे प्राप्त होने वाली सुविधाओं से वंचित होना पड़ेगा। इस प्रकार बच्चे में इच्छा-पूर्ति तथा विरोधी इच्छा के कारण गम्भीर तनाव तथा निराशा उत्पन्न होती है। उत्पन्न निराशा का सामना व्यक्ति जिस प्रकार से करता है, उसी के अनुरूप व्यक्तित्व का विकास होता है।

हौलिंग वर्थ के अनुसार—किशोरावस्था में आने वाली गम्भीर समस्या सेक्स है। इस अवस्था में व्यक्ति शारीरिक रूप से जवान हो जाता है। वह अपनी कामुक इच्छाओं की पूर्ति चाहता है, लेकिन समाज लड़के और लड़कियों को आपस में मिलने-जुलने पर पाबंदी लगा देता है, जिस कारण व्यक्ति की सेक्स इच्छा और भी बलवती हो जाती है। इस बलवती इच्छा की पूर्ति में बाधा उपस्थित होने पर व्यक्ति गम्भीर निराशा का शिकार हो जाता है। प्रेम में बिछड़न व्यक्ति के लिए बहुत बड़ा निराशा का कारण बन जाती है, और उस स्थिति में कुछ व्यक्ति आत्महत्या तक कर लेते हैं। अनेक व्यक्ति हिस्टीरिया तथा सिजोफ्रेनिया रोग के शिकार हो जाते हैं। ऐसी स्थिति में जो बच्चे प्रेम का अर्थ एवं औचित्य तथा सेक्स के मायने समझते हैं, भावना एवं वास्तविकता में अन्तर समझते हैं, जीवन एवं नैतिक मूल्यों को समझते हैं, वे अपने आपको इस निराशा से उबार पाते हैं। फलतः ऐसे बच्चों के अन्दर सामान्य व्यक्तित्व का विकास होता है।

युवा अवस्था में व्यक्ति आत्मनिर्भर होना चाहता है। अपनी इच्छा तथा योग्यता के अनुसार नौकरी करना चाहता है। बड़े-बड़े सपने देखता है। यदि उसके सपने पूरे नहीं होते और इच्छा तथा योग्यता के अनुरूप नौकरी नहीं मिलती, तो वह जीवन से निराश हो जाता है। निराशा उसके अन्दर तनाव एवं विकृति उत्पन्न करती है, जिससे उसका व्यक्तित्व विकास कुंठित हो जाता है। यह भी सही है कि जो व्यक्ति उत्पन्न निराशा का सामना कुशलतापूर्वक करते हैं, धैर्य नहीं खोते हैं तो उनका व्यक्तित्व विकास अच्छा होता है। कहने का आशय है कि उत्पन्न निराशा का जैसा समायोजन वे करते हैं, उसी अनुरूप व्यक्तित्व का विकास होता है। इस अवस्था में व्यक्ति अपने जीवन का दर्शन बनाता है, कुछ आदर्श स्थापित करना चाहता है। प्रत्येक

जीवन दर्शन में कुछ गुण और दोष होते हैं। प्रायः व्यक्ति के जीवन का दर्शन सफलता प्राप्त करना, नाम, धन, यश की प्राप्ति करना है और इसमें असफल होने पर उसे घोर निराशा होती है। उसे खुद का जीवन बोझ लगने लगता है। उपर्युक्त निराशा तथा तनाव का सामना व्यक्ति जिस प्रकार करता है, उसी के अनुरूप व्यक्तित्व का विकास होता है।

15 से 18 वर्ष का बच्चा शारीरिक और मानसिक रूप से परिपक्व हो जाता है। उसकी रुचि शारीरिक सुन्दरता की ओर बढ़ती है। नतीजा, इस अवस्था में वह संवेगात्मक अस्थिरता का शिकार हो जाता है। इसीलिए इस अवस्था को आँधी-तूफान की अवस्था भी कहा जाता है। इस अवस्था में अभिभावक-संतान सम्बन्ध (Parent-Child relationship) भी समस्याओं को बढ़ाने और घटाने में महत्त्वपूर्ण स्थान रखते हैं। माता-पिता का बच्चों पर अधिक नियंत्रण उनके जीवन को तनावग्रस्त और संघर्षशील बना देता है। यह नियंत्रण सिर्फ माता-पिता द्वारा ही नहीं समाज के रीति-रिवाज के कारण भी होता है। इस प्रकार किशोरावस्था में अनेक समस्याओं के कारण निराशा का जन्म होता है, और इस निराशा का सामना व्यक्ति जिस प्रकार करता है, उसी के अनुरूप व्यक्तित्व का विकास होता है।

किशोरावस्था के बाद युवावस्था का आगमन होता है। इस अवस्था में भी व्यक्ति को निराशा, असफलता तथा तनाव का शिकार होना पड़ता है। किशोरावस्था में व्यक्ति संवेगात्मक रूप से अपरिपक्व होता है लेकिन युवावस्था में उसमें परिपक्वता आने लगती है। इस अवस्था में व्यक्ति चाहता है कि उसकी शादी अच्छे परिवार और अच्छे इनसान से हो, लेकिन विपरीत स्थिति उसके जीवन को दुखमय बना देती है। शादी हो जाने पर यदि पति-पत्नी में अच्छा सम्बन्ध नहीं रहता है तथा दोनों तनावपूर्ण जीवन जीते हैं तो उन्हें निराशा का शिकार होना पड़ता है। संतान नहीं होने पर भी दुख एवं निराशा होती है। संतान यदि हो गई तो उसकी पढ़ाई-लिखाई तथा स्वास्थ्य सम्बन्धी समस्याओं के कारण व्यक्ति तनाव तथा निराशा का शिकार समय-समय पर होता रहता है और इस तनाव एवं विफलता का सामना जिस प्रकार व्यक्ति करता है, उसी के अनुरूप व्यक्तित्व का विकास होता है।

युवावस्था के बाद वृद्धावस्था का आगमन होता है। इस अवस्था में अनेक प्रकार की समस्याएँ व्यक्ति के जीवन को दुखमय एवं निराशापूर्ण बना देती हैं, और वैसे व्यक्ति जो उत्पन्न समस्या एवं निराशा का समाधान पूर्व की अवस्थाओं में विवेकपूर्वक नहीं करते, उनकी स्थिति और भी दुखद हो जाती है। वे हमेशा तनाव में रहते हैं तथा निराशा के कारण अवसाद में चले जाते हैं। इस अवस्था में वे बेरोजगार हो जाते हैं, खर्चा बढ़ जाता है और आय घट जाती है। उन्हें कम दिखाई देता है, पाचन-क्रिया कमजोर हो जाती है, सुनाई भी कम पड़ता है। कमजोर रहने के कारण हमेशा बीमार रहते हैं। ये सभी घटनाएँ इनके जीवन में गम्भीर निराशा उत्पन्न

करती हैं। लड़का तथा लड़की की शादी तथा लड़के की नौकरी सम्बन्धी समस्याओं के कारण भी इन्हें निराशा का शिकार होना पड़ता है। इन्हीं निराशाओं तथा तनाव के कारण यह कहा जाता है कि वृद्धावस्था जिन्दगी की एक ऐसी अवस्था है, जिसमें जीवन की चाह मरने नहीं देती और वर्तमान समस्याएँ जीने नहीं देतीं। अधिकांश वृद्ध व्यक्ति गम्भीर निराशा के प्रभाव में आकर विभिन्न प्रकार के मानसिक रोग के शिकार हो जाते हैं।

इस प्रकार हम देखते हैं कि मानव जीवन की सभी अवस्थाओं में समस्या के कारण विफलता या निराशा का आगमन होता रहता है। इस निराशा का सामना व्यक्ति जैसे करता है, उसी के अनुरूप व्यक्तित्व का विकास होता है। ध्यान रखें, निराशा सिर्फ व्यक्ति के व्यक्तित्व विकास को ही प्रभावित नहीं करती, बल्कि उसके सम्पूर्ण जीवन को प्रभावित करती है। निराशा से बाहर नहीं निकल पाने वाले व्यक्ति का जीवन अस्त-व्यस्त एवं अनेक बीमारियों से ग्रसित हो जाता है। उसका स्वभाव चिड़चिड़ा, क्रोधी हो जाता है। वह किसी भी परिस्थिति का मूल्यांकन सही रूप से नहीं कर पाता है। लेकिन जो व्यक्ति निराशा का मुकाबला करता है, उसका आत्मबल मजबूत होता है। सफलता पाने के कारण वह हमेशा प्रसन्न रहता है और व्यक्तित्व का विकास सामान्य रूप में होता है।

अध्याय-2

व्यक्तित्व के प्रकार
(Types of personality)

हर व्यक्ति का व्यक्तित्व अलग-अलग होता है, इसका कारण है कि हर व्यक्ति में आनुवांशिक विशेषताएँ एवं शीलगुण अलग-अलग पाए जाते हैं। अगर हम व्यक्तियों में निहित विभिन्न गुणों का अध्ययन करें तो पाएँगे कि हर व्यक्ति के शीलगुण, स्वभाव, बुद्धि में विभिन्नता है। यही कारण है कि हर व्यक्ति का रूप-रंग, आकार-प्रकार अलग-अलग होता है, और व्यक्ति में निहित गुणों के आधार पर हम व्यक्ति के व्यक्तित्व की व्याख्या करते हैं। निहित विशेषताओं के आधार पर ही उन्हें हम भिन्न-भिन्न कोटि में रखते हैं। आप गौर करें तो पाएँगे कि कोई व्यक्ति पढ़ने में तेज होता है, कोई खेलने में तेज होता है तो कोई अच्छा वक्ता एवं कोई अच्छा श्रोता होता है। कोई अन्तर्मुखी होता है और कोई बहिर्मुखी होता है। कोई पढ़ने में तेज होता है और कोई खेलने में तेज होता है। कोई किसी कार्य को बड़ी ही तल्लीनता एवं लगन से पूरा करता है, कोई आधे-अधूरे मन से करता है। कोई परिवार तक ही सीमित होकर रह जाता है। कोई व्यक्ति स्वहित के बारे में सोचता है और कोई परहित के बारे में सोचता है। कोई दुनिया की भलाई करने को जीवन का औचित्य समझता है तो कोई सिर्फ अपने स्वार्थ में डूबा रहता है। कोई व्यक्ति केवल अपने हित के बारे में सोचता है तो कोई व्यक्ति देशहित के बारे में सोचता है। किसी को विभिन्न मूल्यों, जैसे—जीवन-मूल्य, कार्य-मूल्य एवं समय-मूल्य की समझ होती है तो किसी को इन मूल्यों से कोई लेना-देना नहीं होता। कोई व्यक्ति रंग-रूप में गोरा, कोई काला, कोई श्याम तो कोई लम्बा, कोई बौना, कोई सामान्य कद का होता है। कोई व्यक्ति मधुर, विनम्र एवं सहनशील स्वभाव का होता है, और कोई व्यक्ति क्रोधी एवं असहिष्णु स्वभाव का होता है। कोई व्यक्ति दूसरों की बातों को बड़े ही ध्यान से सुनता है, और कोई व्यक्ति दूसरों की अच्छी बातें भी सुनने को तैयार नहीं होता है। कोई व्यक्ति दूसरों की अच्छी बातों एवं दिशा-निर्देश को बकवास मानता है, और कोई उनकी बातों पर गम्भीरता से विचार करता है। इस प्रकार हम देखते हैं कि हर व्यक्ति का शीलगुण

एवं स्वभाव अलग-अलग होने के कारण उनका व्यक्तित्व अलग-अलग होता है। व्यक्ति का व्यक्तित्व उसके अन्दर निहित गुणों पर निर्भर करता है और इन गुणों को वह आनुवंशिकता या वातावरण से अर्जित करता है। व्यक्ति में निहित शीलगुण, स्वभाव, रंग-रूप के आधार पर हम यह जानने का प्रयास करें कि व्यक्तित्व कितने प्रकार के होते हैं।

व्यक्तित्व प्रकार के संदर्भ पर मनोवैज्ञानिकों का भिन्न-भिन्न मत है। कुछ मनोवैज्ञानिकों का मानना है कि सामान्यत: व्यक्तित्व दो ही प्रकार के होते हैं—सामान्य व्यक्तित्व एवं असामान्य व्यक्तित्व। यदि माता-पिता के जीन में कोई दोष नहीं होता एवं बच्चे का लालन-पालन सुन्दर वातावरण में होता है तो बच्चे में सामान्य व्यक्तित्व का विकास होता है, और माता-पिता के जीन में अगर खराबी होती है या बच्चे का लालन-पालन सुन्दर वातावरण में नहीं होता है तो असामान्य व्यक्तित्व बनता है। रंग-रूप के आधार पर व्यक्तित्व को निम्न वर्गों में विभाजित किया गया है—सुन्दर व्यक्तित्व, आकर्षक व्यक्तित्व, अनाकर्षक व्यक्तित्व। जिन व्यक्तियों का रंग-रूप नयन-नक्श सुन्दर होते हैं, उन्हें आकर्षक व्यक्तित्व की संज्ञा दी जाती है, और कुरूप एवं बेढब शारीरिक बनावट वाले व्यक्ति को अनाकर्षक व्यक्तित्व वाला कहते हैं। शारीरिक बनावट एवं रंग-रूप के आधार पर हम किसी व्यक्ति को गोरा, सुन्दर, काला, कुरूप, तो किसी को लम्बा, बौना इत्यादि कहते हैं। जब हम व्यक्ति के अन्दर निहित गुणों की बात करते हैं तो पाते हैं कि हर व्यक्ति के अन्दर बहुत से आन्तरिक गुण एवं अवगुण होते हैं। आन्तरिक गुणों के आधार पर हम व्यक्ति के व्यक्तित्व का वर्गीकरण निम्न प्रकार करते हैं—निहित गुणों के आधार पर हम किसी व्यक्ति को सौम्य, शालीन एवं गुणवान कहते हैं, और किसी व्यक्ति को उद्दंड एवं अव्यावहारिक कहते हैं। अमुक व्यक्ति का व्यक्तित्व बड़ा ही प्रतिभाशाली है, साहसी है, निडर है, स्वाभिमानी है। ऐसे व्यक्तियों को जिनके अन्दर बहुत सारे गुण विद्यमान होते हैं, उन्हें बहुआयामी व्यक्तित्व का मालिक कहते हैं। ठीक इसके विपरीत जिन व्यक्तियों का व्यक्तित्व, दब्बू, संकोची, डरपोक होता है उन्हें निम्न व्यक्तित्व का मालिक कहते हैं। प्राय: लोगों के नजरिए में व्यक्तित्व के दो ही प्रकार हैं—बाह्य व्यक्तित्व एवं आन्तरिक व्यक्तित्व। हम बाह्य व्यक्तित्व एवं आन्तरिक व्यक्तित्व में निहित गुणों के आधार पर व्यक्ति के व्यक्तित्व का वर्गीकरण निम्न प्रकार करते हैं—अच्छा व्यक्तित्व, बुरा व्यक्तित्व, उच्च व्यक्तित्व, निम्न व्यक्तित्व।

मेरे विचार से भी व्यक्तित्व के निम्न प्रकार हैं—

- सुन्दर व्यक्तित्व।
- निम्न व्यक्तित्व।
- उच्च व्यक्तित्व।
- आध्यात्मिक व्यक्तित्व।

सुन्दर व्यक्तित्व : प्रायः लोग सुन्दर व्यक्तित्व का मायने किसी व्यक्ति की बाह्य सुन्दरता, रूप-रंग एवं नयन-नक्श को मानते हैं। मेरा मानना है कि सुन्दर व्यक्तित्व से तात्पर्य केवल उसके बाह्य सौन्दर्य से नहीं, बल्कि उसके अन्दर निहित अच्छे गुणों से भी है। आप सुन्दर एवं आकर्षक दिखें, परन्तु केवल रूप से नहीं, गुण से भी। यदि आप रूप में सुन्दर हैं तो सुन्दरता में चार चाँद लगाने के लिए अच्छे गुणों को धारण करें जिससे आपके व्यक्तित्व में और निखार आए। आपका व्यक्तित्व और सुन्दर बन सके। आपकी उपस्थिति मात्र से ही लोगों में खुशी की अनुभूति हो, उमंग एवं उत्साह की लहर पैदा हो। इसके लिए गुणवान होना जरूरी है। आप भी सुन्दर व्यक्तित्व के मालिक बनना चाहते हैं तो नीचे दी गई बातों को जीवन में आत्मसात् करें :

- अच्छे लोगों की संगत करें।
- अच्छी आदतें विकसित करें।
- अवगुणों का त्याग करें।
- नकारात्मकता से बाहर निकलें।
- सकारात्मक एवं रचनात्मक बनें।
- अपने शरीर को क्रियाशील रखें।
- खुद को उम्र सीमा के बंधन से मुक्त रखें।
- प्राणायाम एवं व्यायाम के लिए समय निकालें।
- मूल्यों को समझें।

निम्न व्यक्तित्व : निम्न व्यक्तित्व के धनी व्यक्ति अपने व्यक्तित्व में बहुत सारे अवगुणों को समाहित कर लेते हैं। जैसे—व्यवहारकुशल नहीं होना, बात-बात पर क्रोध करना तथा वाणी में कटुता का होना। कार्य को कल पर टालने की प्रवृत्ति, खुद पर विश्वास नहीं करना, कर्म से ज्यादा भाग्य पर विश्वास करना, गलती स्वीकार नहीं करना, गलती पर अडिग रहना, दूसरों की निंदा करना, झूठ का सहारा लेना, बहानेबाजी करना आदि। असफल होने पर खुद की गलती स्वीकार नहीं करना और दूसरों पर दोषारोपण करना। ऐसे व्यक्ति नकारात्मक विचारों से ग्रसित रहते हैं। फलतः वे दुर्भावनाओं से ऊपर नहीं उठ पाते हैं। अगर वे रूप में सुन्दर हैं, तो रूप को निखारने की बजाय घमंड करते हैं। अगर वे धनी हैं तो अपने धन का सदुपयोग रचनात्मक कार्यों में करने की बजाय दुरुपयोग करते हैं। वे हमेशा झूठे दर्प में रहते हैं और झूठी प्रशंसा के आदी होते हैं।

उच्च व्यक्तित्व : ऐसे व्यक्ति व्यक्तित्व के मायने समझते हैं। उन्हें खुद पर विश्वास होता है और हमेशा सकारात्मक सोच के साथ रचनात्मक करते हैं। वे बुरे लोगों में भी अच्छाई ढूँढ़ते हैं। वे विनम्रता, सौम्य, शालीनता एवं शिष्टाचार की प्रतिमूर्ति होते हैं। वे अच्छे गुणों को ग्रहण करते हैं और अच्छी आदतें विकसित करते हैं। उनका व्यवहार सौम्य, शिष्ट, शालीन, सहनशील एवं मृदुल होता है। वे अपनी गलती पर

अडिग नहीं रहते, बल्कि गलती को स्वीकार करते हैं एवं गलती से सीख लेते हैं। वे महँगे कपड़ों, रंग-रूप एवं आभूषण को सुन्दरता नहीं, बल्कि उन्नत विचार, उत्कृष्ट कार्य एवं अच्छे गुणों को सुन्दरता का पैमाना मानते हैं। इनके अन्दर क्षमा, त्याग एवं दया की भावना कूट-कूट कर भरी होती है। ये खुद के प्रति, दूसरों के प्रति, प्रकृति एवं परिस्थिति के प्रति संवेदनशील होते हैं। ये खुद अच्छा करते हैं और दूसरों की भी अच्छा करने में मदद करते हैं। उनके अन्दर आत्म-विश्वास कूट-कूट कर भरा रहता है। इन्हें भाग्य पर नहीं कर्म पर विश्वास होता है, और अपने कर्म के बल अपना इतिहास लिखते हैं। ये दूसरों की बातों को गम्भीरता से सुनते हैं, और कोई भी निर्णय सोच-समझ कर लेते हैं। इन्हें जीवन-मूल्य, कार्य-मूल्य एवं समय-मूल्य की समझ होती है। नतीजतन ऐसे व्यक्तित्व की प्रशंसा सर्वत्र होती है।

आध्यात्मिक व्यक्तित्व : ऐसे व्यक्ति रूप, गुण, सुख-दुख से ऊपर होते हैं। ये मानते हैं कि प्रकृति में एक अदृश्य शक्ति है जो पूरे जगत को चलाती है। ये स्वार्थ, लोभ, लालच, ईर्ष्या-द्वेष से ऊपर उठकर आत्मसुख, आत्मतत्त्व, आत्मबल, आत्म-संयम की बात करते हैं। इनका मानना है कि सुख-दुख प्रकृति की नियति है और हर व्यक्ति के जीवन में सुख और दुख आते हैं। अतः सुख आने पर ज्यादा खुश और दुख आने पर ज्यादा दुखी होने की जरूरत नहीं है। हर परिस्थिति से सीख लें और हर पल का स्वागत मुस्कुरा कर करें। हर परिस्थिति का आनन्द लें। ये स्वहित की नहीं परहित की बात करते हैं। ये खुद की कल्याण की बात नहीं करते, जग-कल्याण एवं आत्म-आनन्द प्राप्ति की बात करते हैं। ये शरीर की सुन्दरता की बात नहीं आत्मा एवं परमात्मा की सुन्दरता की बात करते हैं।

विभिन्न मनोवैज्ञानिकों ने अपने-अपने दृष्टिकोण से व्यक्तित्व प्रकार को निम्न प्रकार बताया है :

क्रेषमर के व्यक्तित्व के प्रकार

जर्मन मनोचिकित्सक क्रेषमर ने 400 मानसिक रोगियों के व्यक्तित्व का अध्ययन किया है और उनको शारीरिक रूपरेखा के आधार पर चार भागों में विभक्त किया है। इनका मानना है कि शारीरिक बनावट में अन्तर होने के कारण उनके स्वभाव (Temperament) में भी अन्तर पाया जाता है। क्रेषमर के अनुसार व्यक्तित्व तीन प्रकार के होते हैं—

लम्बकाय या कृषकाय (Asthenic) : ऐसे व्यक्ति दुबले, पतले, लम्बे और कृषकाय होते हैं। उनकी बाँहों एवं पैरों की हड्डियाँ लम्बी होती हैं। कमर झुकी हुई तथा मांसपेशियाँ पतली एवं कमजोर होती हैं। ये शान्त, भावुक, संकोची, आत्मकेन्द्रित, एकान्तप्रिय, विचारशील तथा कल्पनाशील स्वभाव के होते हैं। ये दूसरों की निन्दा करते हैं लेकिन अपनी निन्दा के प्रति सजग रहते हैं। क्रेषमर के अनुसार ऐसे व्यक्ति

अंतराबंध प्रकृति के होते हैं। सामान्यतया यह प्रकृति सामान्य समझी जाती है लेकिन इसकी मानसिक प्रवृत्ति मनोविदलता (स्किजोफ्रेनिया) की ओर होती है। दूसरे शब्दों में अन्तराबंध प्रकृति बढ़ जाने से व्यक्ति में मनोविदलता के लक्षण विकसित हो जाते हैं।

सुडौलकाय (Asthenic) : ऐसे व्यक्ति सुदृढ़ तथा सुगठित शरीर के होते हैं। इनकी हड्डियाँ तथा मांसपेशियाँ विकसित एवं शक्तिशाली होती हैं। स्वभाव से ऐसे व्यक्ति खिलाड़ी, व्यवहारकुशल, साहसी, निर्भीक और सामाजिक होते हैं। वे अपने कार्य में रुचि लेते हैं और अन्य वस्तुओं की चिन्ता कम करते हैं।

गोलकाय (Asthenic) : ऐसे व्यक्ति गोल-मटोल शरीर वाले होते हैं, जिनका शरीर भारी, पैर छोटे-छोटे, गर्दन मोटी, चेहरा चौड़ा तथा पेट निकला होता है। सामान्य रूप से इन्हें मोटा व्यक्ति कहा जाता है। ये भोजनप्रिय, खुशमिजाज एवं मिलनसार होते हैं। इनका स्वभाव अधिक भावुक होता है। इनमें स्नेह पाने की तीव्र इच्छा रहती है। इनकी प्रकृति को चकज प्रकृति कहते हैं।

शेल्डन के व्यक्तित्व के प्रकार

शेल्डन (Sheldon) ने व्यक्ति की शारीरिक बनावट तथा प्रकृति के आधार पर व्यक्तित्व को निम्न रूपों में वर्गीकृत किया है :

गोलाकार (Endomorphy) : ऐसे व्यक्ति देखने में प्रायः कोमल तथा मोटे होते हैं। ये प्रसन्नचित्त, मिलनसार, परावलम्बी, आशावादी, भोजन-प्रिय, आरामपसन्द एवं गहरी नींद सोने वाले होते हैं। अतः ये अतिरोग प्रकृति वाले होते हैं। शेल्डन का मानना है कि ऐसे व्यक्ति की पाचनक्रिया अधिक शक्तिशाली होती है। इनका जीवन के प्रति दृष्टिकोण दार्शनिक होता है। इनमें चिन्ता नहीं रहती है। ऐसे व्यक्ति अपने सम्बन्ध में तथा पर्यावरण के प्रति सम्बन्धों से सन्तुष्ट रहते हैं।

आयताकार (Mesomorphy) : इनकी मांसपेशियाँ एवं हड्डियाँ सुदृढ़ तथा शक्तिशाली होती हैं। इनकी त्वचा मोटी होती है। ये अधिकारप्रिय होते हैं। शेल्डन के अनुसार ऐसे व्यक्ति कायिक प्रकृति के होते हैं। ये स्वभाव से साहसी, शक्तिशाली, आत्मविश्वासी, उत्साही, बुद्धिमान तथा अपने अधिकार के प्रति जागरूक और क्रियाशील होते हैं। ऐसे व्यक्ति कठिन परिस्थिति में घबड़ाते नहीं हैं अपितु आगत समस्या का सामना दृढ़ता से करते हैं। ऐसे व्यक्ति खिलाड़ी प्रकृति के होते हैं। ये शारीरिक कष्ट की परवाह नहीं करते। मनोवैज्ञानिक रूप से भाव- शून्य होते हैं। ये दूसरों की आवश्यकताओं और इच्छाओं पर ध्यान नहीं देते हैं। इनके जीवन का लक्ष्य शक्ति और पैसा प्राप्त करने की प्रतियोगिता से सम्बन्धित होता है।

लम्बाकार (Productive Type) : इनकी शारीरिक बनावट कोमल होती है। इनका मस्तिष्क तथा संवेदी-तंत्र विकसित होते हैं। ऐसे व्यक्ति दुबले, कम विकसित तथा कम क्रियाशील होते हैं। ये एकान्तप्रिय, संकोची एवं भावुक होते हैं। किसी भी

संघर्ष तथा कुंठा की स्थिति में अधिक संवेदनशील होते हैं। ऐसे व्यक्ति प्रायः मानसिक रूप से किसी भी उद्दीपन के प्रति तीव्र प्रतिक्रिया व्यक्त करते हैं जिससे व्यक्तित्व में असन्तुलन उत्पन्न हो जाता है। ये शारीरिक रूप से कम क्रियाशील होते हैं और अपनी प्रतिभा का प्रकाशन नहीं कर पाते हैं। ये बाहरी दुनिया तथा व्यक्ति से अपने को अलग रखते हैं। ये असमंजस की स्थिति में रहते हैं। अतः इन्हें सेरेब्रोटोनिक प्रकृति का कहा जाता है। ऐसे व्यक्ति खुद के कल्पनालोक में खोये रहते हैं। कष्ट सहते हुए भी इसे व्यक्त नहीं करते हैं। शेल्डन ने इन्हें किताबी कीड़ा कहा है।

एरिकफ्राम के व्यक्तित्व के प्रकार

एरिकफ्राम के अनुसार व्यक्तित्व जन्मजात एवं अर्जित विशेषताओं का योग है। इन्होंने चित्त-प्रकृति तथा चरित्र के बीच अन्तर किया है। चित्त-प्रकृति से तात्पर्य अनुक्रिया के ऐसे तरीके से होता है जो जन्मजात, शरीर गठनात्मक एवं अपरिवर्तनीय होता है। चरित्र चित्त-प्रकृति से भिन्न होता है तथा विभिन्न तरह के सामाजिक प्रभावों से प्राप्त अनुभवों द्वारा निर्मित होता है। चरित्र, सापेक्ष रूप से स्थायी होता है, जिससे दो तरह की प्रक्रिया अर्थात समाजीकरण तथा एकीकरण महत्त्वपूर्ण है। इन दोनों प्रक्रियाओं को एक साथ मिलाकर उन्मुखता कहा जाता है और वे चरित्र के सारतत्त्व का निर्माण करते हैं। जब व्यक्ति अपने चरित्र को सामाजिक कारकों तथा समाज के विभिन्न पहलुओं के साथ सम्बन्धित करने की सफल कोशिश करता है तो उससे व्यक्तित्व के विभिन्न प्रकारों की उत्पत्ति होती है। ऐसे व्यक्तित्व प्रकारों में निम्नलिखित पाँच प्रकार महत्त्वपूर्ण हैं :

ग्रहणशील प्रकार (Recepative Type) : इस तरह के व्यक्ति हमेशा दूसरों से मदद की उम्मीद रखते हैं। वे दूसरों से स्नेह, अनुराग, प्यार आदि पाने की उम्मीद अवश्य रखते हैं, परन्तु जब उन्हें दूसरों को स्नेह, अनुराग देने की बात आती है तो मौके से मुकर जाते हैं। ऐसे व्यक्तियों को जब दूसरों से प्रत्याशित लाभ नहीं मिलता तो वे काफी चिन्तित नजर आते हैं।

जमाखोर प्रकार (Hoarding Type) : ऐसे लोग प्रायः स्वार्थी, क्रमबद्ध तथा पोडेंटिक प्रकृति के होते हैं। इन्हें बाहरी दुनिया धमकीपूर्ण लगती है। जब वे कुछ बचा पाते हैं तथा अपने पास कुछ जमा रख लेते हैं तो वे अपने आप को सुरक्षित महसूस करते हैं।

शोषक प्रकार (Exploitative Type) : ऐसे लोग अपने बल या धूर्तता के आधार पर किसी चीज को हासिल कर लेने की प्रवृत्ति रखते हैं। ये बहादुर होते हैं लेकिन बहादुरी नकारात्मक दिशा में करते हैं। इनमें दूसरों के प्रति आक्रामकता कूट-कूट कर भरी रहती है।

बाजारू प्रकार (Marketing Type) : ऐसे लोग अपनी सफलता इस बात

से आँकते हैं कि वे अपने आप को या अपनी सेवा को कितना अधिक से अधिक बेच सकते हैं। ये हर चीज की कीमत पैसे से लगाते हैं। उनकी नजर में दुनिया की हर चीज बिकाऊ है और हर चीज को पैसे से बेचना और पाना चाहते हैं। सचमुच ऐसे व्यक्ति अपने आपको और दूसरों को वस्तु-तुल्य समझते हैं, जिन्हें बाजार में बेचा या खरीदा जा सकता है।

उत्पादक प्रकार (Productive Type) : ऐसे व्यक्ति रचनात्मक एवं समाज के लिए अधिक वांछनीय होते हैं। फ्राम का मत है कि ऐसे व्यक्तित्व का विकास उपर्युक्त चारों प्रकार के व्यक्तित्व के मिलने से होता है, परन्तु ये वास्तविक प्यार, स्नेह, उत्तरदायित्व एवं सृजनात्मकता से निर्देशित होते हैं। ऐसे व्यक्तियों के मुख्य गुणों में सृजनात्मक एवं उत्पादक कार्य करने की प्रवृत्ति तथा दूसरों के प्रति निष्ठा का गुण अधिक होता है।

हिपोक्रेटस के व्यक्तित्व के प्रकार

हिपोक्रेटस ने 400 ईसापूर्व शरीर द्रव्यों के आधार पर व्यक्तित्व के चार प्रकारों का उल्लेख किया है। हिपोक्रेटस के अनुसार व्यक्ति के शरीर में चार प्रकार के द्रव्य पाए जाते हैं : (1) पीला पित्त (Yellow Bile), (2) काला पित्त (Black Bile), (3) रक्त (Blood), (4) कफ (Phlegm)। प्रत्येक व्यक्ति में ये चारों द्रव्य पाए जाते हैं और इनमें कोई एक द्रव्य अन्य द्रव्यों की अपेक्षा अधिक मात्रा में पाया जाता है और उसी अनुरूप उसका व्यक्तित्व प्रदर्शित होता है। इन चार द्रव्य-प्रधान व्यक्तियों के स्वभाव और व्यवहार का वर्णन निम्न प्रकार है—

पीले पित्त प्रधानवाले व्यक्तियों का स्वभाव या चित्त प्रकृति का चिड़चिड़ा होता है। ये बेचैन रहते हैं, इनका मिजाज गर्म होता है। ऐसे व्यक्तियों को गुस्सैल भी कहा जाता है। काले पित्त प्रधान व्यक्तियों का स्वभाव उदास और विषादी प्रकार का होता है। विषादी व्यक्ति निराशावादी होते हैं। रक्त प्रधान व्यक्तियों का स्वभाव प्रसन्न रहने वाला और खुशमिजाज होता है। ये आशावादी और उत्साही होते हैं। कफ प्रधान व्यक्तियों का स्वभाव शान्त और निष्क्रिय प्रकार का होता है। इनमें भाव शून्यता पाई जाती है।

आईजेक के व्यक्तित्व प्रकार

आइजेक ने अपनी पुस्तक The Society Study of Personality में, जिसका प्रकाशन 1952 में हुआ, तीन प्रकार के व्यक्तित्व की चर्चा की है। उनके द्वारा वर्णित व्यक्तित्व प्रकार विभिन्न अध्ययनों पर आधारित है। उन्होंने अपने अध्ययन में 10,000 प्रयोज्यों को चुना और विभिन्न प्रकार के लोगों के व्यवहार एवं शीलगुण का अध्ययन किया। आईजेक ने तीन प्रकार का व्यक्तित्व बताया है :

अन्तर्मुखता-बहिर्मुखता : आइजेक ने आंशिक रूप से युंग के सिद्धान्त को स्वीकार किया है लेकिन उन्होंने अन्तर्मुखता और बहिर्मुखता को अलग-अलग प्रकार माना है। आइजेक का विचार है कि अन्तर्मुखता और बहिर्मुखता को मिलाकर नहीं रख सकते हैं क्योंकि ये दोनों एक-दूसरे के विपरीत हैं। इन्हें एक मापनी बताकर एक को एक छोर पर और दूसरे को दूसरे छोर पर रखकर अध्ययन करना ही उपर्युक्त है। दूसरे शब्दों में अन्तर्मुखता और बहिर्मुखता एक ही आयाम या विमा पर स्थित है। मौलिक रूप से अन्तर्मुखी लोगों को सरलता से उद्दीप्त किया जा सकता है और ऐसे लोग सामाजिक निषेधों को सरलता से सीख लेते हैं। दूसरी ओर, बहिर्मुखी लोग सरलता से उद्दीप्त नहीं होते हैं। अन्तर्मुखी व्यक्ति दंड से प्रभावित होते हैं जबकि बहिर्मुखी व्यक्ति पुरस्कार से प्रभावित होते हैं।

स्नायु विकृति स्थिरता : आइजेक के अनुसार व्यक्तित्व का दूसरा प्रमुख आयाम स्नायु विकृति स्थिरता है। व्यक्तित्व के स्नायु विकृति वाले छोर पर जो लोग रहते हैं, उनमें संवेगात्मक नियंत्रण कम होता है, इच्छाशक्ति कमजोर होती है। इनके विचारों में शिथिलता पाई जाती है, फलस्वरूप इनकी क्रियाओं में भी शिथिलता और मन्दता होती है। इनमें दूसरे व्यक्ति के सुझावों को चुपचाप स्वीकार करने की प्रवृत्ति पाई जाती है। इस आयाम पर जो लोग स्थित होते हैं उनमें सामाजिकता का अभाव होता है।

मनोविकृतता : इस आयाम का एक छोर मनोविकृतता है, जिस छोर पर मनोविक्षिप्तता रोग सम्बन्धी लक्षण अधिक पाए जाते हैं। इस छोर पर स्थित व्यक्तित्व वाले व्यक्तियों में क्षीण एकाग्रता (Poor Concentration), क्षीण स्मृति (Poor Memory), असंवेदनशीलता (Insensitivity) और क्रूरता (Cruelity) के लक्षण पाए जाते हैं। इनमें दूसरों के प्रति सौहार्दपूर्ण सम्बन्धों की कमी होती है। खतरों के प्रति असतर्कता के लक्षण पाए जाते हैं। मनोविकृतता का विमा जैसे-जैसे पराउहं वाले छोर की ओर बढ़ता है वैसे-वैसे व्यक्ति के व्यवहार में उपर्युक्त लक्षणों की मात्रा घटती जाती है और उनमें पराउहं की क्रियाओं की विशेषताएँ बढ़ती जाती है।

करेन हानी के व्यक्तित्व के प्रकार

करेन हानी ने मनुष्य में पाई जानेवाली अभिवृत्तियों के आधार पर विभिन्न व्यक्तियों के व्यक्तित्व विश्लेषण की चर्चा की है और तीन प्रकार का व्यक्तित्व बताया है :

- अनुपालक व्यक्तित्व (Compliant type)
- आक्रामक व्यक्तित्व (Aggressive Type)
- तटस्थ व्यक्तित्व (Detached type)

अनुपालक व्यक्तित्व : अनुपालक व्यक्तित्व की विशेषता यह है कि इनमें दूसरे लोगों के प्रति उन्मुख होने की प्रवृत्ति दिखाई पड़ती है। ये भावनात्मक होते हैं। इस प्रकार के व्यक्तित्व वाले व्यक्ति अपने को कमजोर समझते हैं और दूसरों से

दया, सद्भाव एवं सहयोग की अपेक्षा रखते हैं। इन्हें दूसरों के स्नेह और अनुमोदन की विशेष आवश्यकता होती है। ये चाहते हैं कि इनके ऐसे संगी-साथी हों, जिन पर वे समयानुसार भरोसा कर सकें और जब वे कठिनाई में घिरें तो उनके साथी सहायता के लिए आगे आएँ। ऐसे व्यक्तित्व का व्यक्ति अपने से अधिक शक्तिशाली, अधिक सुन्दर, अधिक श्रेष्ठ व्यक्ति को अपना साथी बनाना चाहता है। ऐसा व्यक्ति दूसरों की नकल करता है, और उसके अन्दर लीड लेने की क्षमता नहीं होती।

आक्रामक व्यक्तित्व : आक्रामक व्यक्तित्व वाला दूसरों के विरुद्ध कार्य करता है, क्योंकि वह प्राय: सभी को अपना विरोधी मानता है। ऐसा व्यक्ति अच्छा-बुरा, सही-गलत पर विचार नहीं करता और अपने आक्रामक व्यवहार से दूसरों को विरोधी बना लेता है। ऐसा व्यक्ति अपने को श्रेष्ठ और दूसरों को निम्न समझता है। वह दूसरों के साथ गलत व्यवहार करता है और दूसरों को नीचा दिखाने का प्रयास करता है। वह खुद व्यवहारकुशल नहीं होता, लेकिन दूसरों से कुशल व्यवहार की उम्मीद करता है। उसके अन्दर प्रेम, सहयोग, सद्भाव और सहानुभूति जैसी भावनाओं का अभाव होता है और ऐसा भाव उत्पन्न होने पर उसे दबाने का प्रयास करता है। आक्रामक प्रवृत्ति का व्यक्ति दूसरों की सही बात का भी विरोध करता है और उसे लगता है कि वही सही है और दूसरा व्यक्ति गलत है।

तटस्थ व्यक्तित्व : ऐसे व्यक्ति स्वयं में लीन रहते हैं और अपने को किसी भी परिस्थिति में तटस्थ रखना चाहते हैं। वे निष्पक्ष होकर उत्पन्न समस्या पर विचार करते हैं और विचारोपरान्त निर्णय लेते हैं। वे अपने विचार पर अडिग रहते हैं, भले ही उनकी सोच गलत ही क्यों न हो। वे दूसरे की बातों को नहीं सुनते और न ही दूसरों की बातों को मानते हैं, बल्कि अपनी बातों पर तटस्थ रहते हैं। दूसरों से वे बहुत मतलब नहीं रखते, अपने आपसे मतलब रखते हैं। वे अपने कार्य में तल्लीन रहते हैं फलत: उनके अन्दर सृजनशीलता का विकास होता है। लेकिन जब कठिनाइयाँ उपस्थित होती है तब तटस्थ व्यक्तित्व वाले लोग बेहतर नहीं कर पाते हैं। उनमें इतनी क्षमता नहीं होती कि वे कठिनाई का सामना साहस से कर सकें। फलत: तटस्थ व्यक्तित्व वाले लोग अपने को असहाय अनुभव करते हैं।

एच. जे. आइजेन्क के अनुसार व्यक्तित्व के तीन प्राथमिक आयाम हैं :

- अन्तर्मुखता-बहिर्मुखता (Interoversion-exteroversion)
- मनोविक्षुब्धता (स्नायु विकृति) (Neuroticism)
- मनोविक्षिप्तता-आवेग नियंत्रण स्थिरता-अस्थिरता (Psychoticism-Impulse control)

अन्तर्मुखता-बहिर्मुखता : जो व्यक्ति अन्तर्मुखी होते हैं, उनके अन्दर अहम् की प्रधानता अधिक होती है। ये प्रतिभावान होते हैं लेकिन लोगों से मिलना-जुलना पसन्द नहीं करते। ये दोस्त भी ज्यादा नहीं बनाते हैं क्योंकि ये खुद में खोये रहते हैं।

ये अपने में तथा अपने कार्यों में खोये रहते हैं। इनके कार्य और व्यवहार इदम से प्रेरित होते हैं। अन्तर्मुखी और बहिर्मुखी व्यक्ति में जो अन्तर पाया जाता है, उसका आधार बौद्धिक, क्रियात्मक, भावात्मक है। जिस कारण व्यक्ति किसी परिस्थिति में जाग्रत और बहिर्मुखी हो जाता है और किसी परिस्थिति में शान्त और अन्तर्मुखी रहता है। गीता के अनुसार व्यक्तित्व की अवधारणा सतोगुण, रजोगुण एवं तमोगुण के आधार पर की गई है। इन गुणों का प्रभाव मनुष्य के व्यवहार एवं क्रिया-कलाप पर पड़ता है। लेकिन सभी व्यक्तियों में ये तीनों गुण एक समान नहीं पाए जाते हैं। कुछ व्यक्ति सत् प्रधान होते हैं, कुछ रज प्रधान होते है और कुछ तम प्रधान होते हैं। इन तीनों गुणों में समरूपता नहीं होने के कारण व्यक्ति का व्यक्तित्व अलग-अलग होता है। सतगुण वाले व्यक्ति आत्मसुख और आत्मज्ञान के प्रति आसक्ति रखते हैं और इसी कारण वे श्रेष्ठ होते हुए भी जीवन में कठिनाइयों का अनुभव करते हैं। रजोगुण प्रधान व्यक्ति में आसक्ति अत्यधिक होती है। ये भावनाओं के उद्वेग में बह जाते हैं। तमोगुण से प्रभावित व्यक्ति अज्ञानी होता है और लापरवाही से काम करता है। उसमें आलस्य, प्रमाद की प्रधानता होती है और व विभिन्न प्रकार के भ्रमों का शिकार रहता है। गीता के अनुसार परिपक्व व्यक्ति के लिए गुणातीत होना आवश्यक है। जो व्यक्ति गुणातीत होते हैं, उनमें निम्न लक्षण पाए जाते है :

- वे सुख और दुख में समान रहते हैं।
- मिट्टी, पत्थर और सोने का मूल्य समान समझते हैं।
- प्रिय और अप्रिय लगनेवाले समस्त प्राणियों को समान समझते हैं।
- अपनी निन्दा और प्रशंसा दोनों में समान रहते हैं।
- मान और अपमान दोनों स्थिति में समान रहते हैं।
- मित्र और शत्रु दोनों के प्रति समान दृष्टि रखते हैं।
- समस्त कर्मों को करते हुए वर्तमान के भाव से मुक्त रहते हैं।

जो व्यक्ति बहिर्मुखी व्यक्तित्व का होता है, वह प्राय: किसी भी समाज और परिस्थिति में अपना स्थान बना लेता है और दूसरों के साथ अच्छे व्यवहार कर पाता है। युंग के अनुसार बहिर्मुखता का अर्थ है लिबिड़ों का बाहर की ओर जाना। जब व्यक्ति का लिबिड़ों अपनी ओर उन्मुख होता है तब अन्तर्मुखता की प्रवृत्ति उत्पन्न होता है। अन्तर्मुखता के कारण व्यष्टि और समष्टि में नकारात्मक सम्बन्ध पाया जाता है। युंग तथा आईजेक ने व्यक्तित्व का वर्गीकरण अन्तर्मुखी तथा बहिर्मुखी रूप में किया है। दोनों का मानना है कि बहिर्मुखी व्यक्तित्व के व्यक्ति समाज सुधारक तथा नेता होते हैं। वाटसन तथा क्लार्क ने भी अन्तर्मुखी व बहिर्मुखी व्यक्तित्व की विशेषता पर प्रकाश डाला है। उनका मानना है कि :

- अन्तर्मुखी व्यक्तित्व वाले व्यक्ति दर्द के प्रति बहिर्मुखी व्यक्तित्व से अधिक संवेदनशील होते हैं।

- अन्तर्मुखी व्यक्तित्व वाले व्यक्ति बहिर्मुखी व्यक्तित्व के बनिस्बत अपने उद्देश्य के प्रति अधिक सजग और चौकस रहते हैं।
- अन्तर्मुखी व्यक्तित्व वाले व्यक्ति बहिर्मुखी व्यक्ति के बनिस्बत कार्य करने में सुस्त होते हैं।
- अन्तर्मुखी व्यक्तित्व वाले व्यक्ति अपने कार्य में जल्द थक जाते हैं, जबकि बहिर्मुखी व्यक्तित्व के व्यक्ति में उत्साह एवं जज्बा बना रहता है।
- अन्तर्मुखी व्यक्ति नए लोगों से अधिक दोस्ती तथा सम्पर्क बढ़ाना नहीं चाहते हैं, जबकि बहिर्मुखी व्यक्ति नए-नए लोगों से दोस्ती बढ़ाना चाहते हैं।

मनोविक्षुब्धता (स्नायु विकृति) (Neuroticism) : मनोविक्षुब्धता को मन:स्ताप या अस्थिरता-स्थिरता भी कहते हैं। यह एक द्विध्रुवीय विमा है। इस विमा के एक छोर पर अस्थिरता का गुण और दूसरे छोर पर स्थिरता का गुण पाया जाता है। विमा के जिस छोर पर स्थिरता का गुण पाया जाता है वे सामान्यतया का गुण धारण करते हैं और जिन व्यक्तियों में स्थिरता की प्रबलता होती है, वे विषम परिस्थिति में अपने को नियंत्रित रखते हैं। ऐसे व्यक्ति अपने दैनिक जीवन की समस्याओं का समाधान विश्वसनीय और वास्तविक ढंग से करते हैं। जिन व्यक्तियों के व्यक्तित्व में स्थिरता पाई जाती है उनमें निम्नलिखित महत्त्वपूर्ण विशेषताएँ पाई जाती हैं :

- स्थिरता व्यक्तित्व वाले व्यक्तियों में उपर्युक्त संवेगात्मकता की अभिव्यक्ति होती है और इन व्यक्तियों का वास्तविकता से प्रभावपूर्ण सम्बन्ध होता है।
- स्थिरता व्यक्तित्व वाले व्यक्ति स्वयं का ज्ञान और उपर्युक्त आत्म-मूल्यांकन करने वाले होते हैं।
- ये अपनी शारीरिक आवश्यकताओं की पूर्ति कर सकने की योग्यता रखते हैं। साथ ही इनमें परिवार और समूह की आवश्यकताओं की पूर्ति कर सकने की योग्यता होती है।
- इनके जीवन के वास्तविक उद्देश्य होते हैं।

मन:स्ताप विमा के दूसरे छोर पर स्थित व्यक्तियों के व्यक्तित्व में अस्थिरता से सम्बन्धित व्यवहार विशेषताएँ भी पाई जाती हैं। ऐसे व्यक्ति संवेदनशील, बेचैन, आक्रामक, जल्दी उद्दीप्त होने वाले परिवर्तशील, आवेगी और क्रियाशील होते हैं। जबकि स्थिर व्यक्तित्व वाले लोगों का व्यवहार मूडी, उत्सुकतापूर्ण, दृढ़ और असामाजिक प्रकार का होता है। अस्थिर व्यक्तित्व वाले व्यक्ति में कुछ-न-कुछ असामान्यता दिखाई देती है। इनमें अप्रसन्नता, चिन्ता, तनाव, अन्तर्द्वन्द्व और नैराश्य जैसे लक्षण दिखाई देते हैं।

मनोविक्षिप्तता-आवेग नियंत्रण (Psychoticism-Impulse contro) : आइजेन्क ने 1970 के बाद के अध्ययनों के आधार पर व्यक्तित्व विमाओं में एक तीसरी विमा को जोड़ दिया। यह तीसरी विमा मनोविक्षिप्तता विमा कहलाई। यह

एक द्विध्रुवीय विमा है जिसके एक छोर पर स्थित व्यक्तियों में क्षीण स्मृति, क्षीण एकाग्रता, क्रूरता, अतिसंवेदनशीलता और अतिचिन्ता की विशेषताएँ पाई जाती हैं। व्यक्तित्व की इस विमा के पहले छोर पर स्थित व्यक्ति समाज-विरोधी, क्रूर, शंकालु और विद्वेषी प्रकृति के होते हैं। इस विमा के दूसरे छोर पर पराअहं की क्रियाएँ होती हैं। बाद में इस विमा का नाम आवेग नियंत्रण विमा पड़ा। मनोविक्षिप्तता वाले छोर से जैसे ही आवेग नियंत्रण वाली विमा की ओर बढ़ेंगे, वैसे-वैसे व्यक्ति के व्यक्तित्व में मनोविक्षिप्तता के उपरोक्त लक्षण कम होते जाएँगे और व्यक्ति में धीरे-धीरे आदर्श और नैतिकता की प्रवृत्ति बढ़ती जाएगी।

व्यक्तित्व की यह विमा मनोविक्षिप्तता मानसिक रोग से भिन्न है। मनोविक्षिप्तता विमा वाले छोर के व्यक्तित्वों में कुछ अन्य विशेषताएँ भी पाई जाती हैं। उदाहरण के लिए ये व्यक्ति खतरनाक परिस्थितियों में अपने को सुरक्षित रखने में कठिनाई का अनुभव करते हैं। बहुधा यह देखा गया है कि दूसरे व्यक्ति इन व्यक्तियों को कुछ विचित्र व्यवहार करनेवाले समझते हैं।

युंग के व्यक्तित्व प्रकार

युंग ने व्यक्तित्व का वर्गीकरण मनोवृत्ति (attitude) एवं संवेदना (Emotion) के आधार पर दो वर्गों में विभाजित किया है :

- अन्तर्मुखी (Introvert)
- बहिर्मुखी (Extrovert)

अन्तर्मुखी (Introvert) : ऐसा व्यक्ति आत्म-केन्द्रित होता है। बाह्य व्यक्तियों में उसे अभिरुचि नहीं रहती है। वह अपने विचार, उद्देश्य, अपनी आवश्यकता एवं कल्पना में ही तल्लीन रहता है। उसकी अभिरुचि स्वयं के जीवन की ओर आन्तरिक रूप में जुड़ी होती है। वह समाज में मिलना-जुलना पसन्द नहीं करता है। ऐसा व्यक्ति एकान्तप्रिय, आर्दशवादी, व्यावहारिक, चिन्तक, दार्शनिक, कलाकार, वैज्ञानिक एवं संयमी होता है। उसके लिए सामाजिक कार्य, बाह्य वातावरण में घटित घटनाओं, सामाजिक, राष्ट्रीय एवं अन्तरराष्ट्रीय समस्याओं का महत्त्व नहीं रहता। ऐसे व्यक्ति के अन्दर निम्न विशेषताएँ पाई जाती हैं—

- ऐसा व्यक्ति आत्म-चिंतन में तल्लीन रहता है।
- वह अपने भावों और विचारों को अपने तक ही सीमित रखता है।
- ऐसा व्यक्ति अल्पभाषी, संकोची, आज्ञाकारी, संदेही, चिन्ताग्रस्त, अधिक घबड़ानेवाला, प्रतिक्रियावादी एवं अशान्त प्रकृति का होता है।

बहिर्मुखी (Extrovert) : बहिर्मुखी व्यक्ति का दृष्टिकोण अन्तर्मुखी व्यक्तित्व से विपरीत होता है। इसका ध्यान बाहरी दुनिया में अधिक केन्द्रित रहता है। इसकी अभिरुचि सामाजिक, राष्ट्रीय एवं अन्तरराष्ट्रीय समस्याओं की ओर अधिक रहती

है। ऐसा व्यक्ति अधिक सामाजिक, मिलनसार, व्यावहारिक, अधिकार-प्रिय एवं उत्साही होता है। इसमें स्वार्थ की भावना कम रहती है। वह दूसरों के सुख-दुख में अपना हाथ बँटाता है। ऐसा व्यक्ति सामाजिक प्रतिष्ठा पाने का इच्छुक रहता है और उसके मित्रों की संख्या अधिक होती है। किसी विपत्ति में या संघर्ष की परिस्थिति में शान्त होकर वह उसका सामना दृढ़ता से करता है। अत: ऐसे व्यक्ति में धैर्य, लगन, दृढ़ता, सहिष्णुता, सहयोग आदि की भावना अधिक होती है। यही कारण है कि ऐसा व्यक्ति नेता, सामाजिक कार्यकर्ता, समाज-सुधारक आदि होता है। ऐसे व्यक्ति में निम्न विशेषताएँ पाई जाती हैं :

- ऐसा व्यक्ति शान्त, आशावादी, आवश्यकता एवं परिस्थिति के अनुसार कार्य करने वाला होता है।
- ऐसे व्यक्ति में आधिपत्य प्रवृत्ति अधिक होती है और वह किसी भी कार्य को दृढ़ता के साथ करता है।
- वह कठिन परिस्थिति में भी घबराता नहीं है। उसका ध्यान एवं अभिरुचि सामाजिक कार्यों में ज्यादा होती है।
- ऐसा व्यक्ति धाराप्रवाह बोलनेवाला, आक्रामक, अहंवादी, अनियंत्रित रूढ़िवादी, चिन्तामुक्त तथा प्रशंसा प्राप्त करने वाला होता है।

यद्यपि युंग ने अन्तर्मुखी एवं बहिर्मुखी व्यक्तित्व को ही महत्त्वपूर्ण माना है लेकिन इसके साथ-साथ अन्य विशेषताओं के आधार पर व्यक्तित्व के चार प्रकार का भी वर्णन किया है, जो निम्न हैं :

चिंतन प्रधान (Thinking type) : चिंतन प्रधान व्यक्ति विवेकी होते हैं, जबकि संवेदना प्रधान एवं अन्तर्दृष्टि प्रधान व्यक्ति अविवेकी होते हैं। भावना प्रधान वाले व्यक्ति विवेक की अपेक्षा संवेगों से अधिक प्रभावित होते हैं। ऐसे व्यक्ति अगर अन्तर्मुखी प्रकार के हैं तो उनमें अनुभूति एवं भावना की तीव्रता पाई जाती है।

भावना प्रधान (Feeling type) : भावना प्रधान व्यक्ति बहिर्मुखी प्रकार के होते हैं जिसमें प्राय: औरतें ज्यादा होती हैं। वे भावनात्मक तर्क से प्रेरित होती हैं। इनमें विचार से अधिक संवेगों की प्रमुखता रहती है।

संवेदना प्रधान (Sensation type) : अन्तर्मुखी संवेदना प्रधान व्यक्ति चित्रकार होते हैं, जो अपनी कला के द्वारा वास्तविक संसार की रचना करते हैं। ऐसे व्यक्ति बाह्य संसार से उन विषयों को एकत्रित करते हैं जैसा उनका आत्मसात स्वभाव अभिव्यक्त करने की इच्छा रखता है। इस प्रकार के व्यक्ति बाह्य यथार्थ की अवहेलना करते हैं। इसके विपरीत बहिर्मुखी संवेदना प्रधान व्यक्ति वैज्ञानिक होते हैं। ये बाह्य यथार्थ को परिवर्तित कर उसे अपने अनुसार यथार्थ बनाते हैं।

अन्तर्दृष्टि प्रधान (Intution type) : अन्तर्दृष्टि प्रधान व्यक्ति रहस्यवादी होते हैं, जो अनुभवातीत चिंतन करने वाले होते हैं।

युंग का मत था कि व्यक्ति या तो बहिर्मुखता की ओर उन्मुख होता है या फिर अंतर्मुखता की ओर। पहले तरह की प्रवृत्ति में व्यक्ति अपनी ऊर्जा को बाहरी तत्त्वों की ओर अधिक लगाता है। जबकि दूसरे तरह की प्रवृत्ति में व्यक्ति अपनी ऊर्जा को आन्तरिक मानसिक अवस्था की ओर लगाता है। युंग ने इस विचारधारा का उपयोग तंत्रिकातापी विकृतियों (neurotic disorders) की व्याख्या करने में उपयोग किया और बतलाया कि हिस्टीरिया के रोगी में बहिर्मुखी प्रवृत्ति पाई जाती है, जबकि दुश्चिंता (anxiety) तंत्रिकातापी के रोगियों में अन्तर्मुखी प्रवृत्तियाँ अधिक पाई जाती है। युंग का मत है कि प्रत्येक व्यक्ति की अपनी मनोवृत्ति तथा कार्य होता है।

गौतम बुद्ध के व्यक्तित्व प्रकार

गौतम बुद्ध का मानना है कि व्यक्तित्व प्रकार मानसिक कारकों की सापेक्षिक शक्ति के आधार पर निर्धारित होते हैं। व्यक्ति के मन में जिन भावों की प्रधानता होती है, उसी अनुरूप उसका व्यक्तित्व बनता है, और उसी आधार पर हम व्यक्तित्व के प्रकार का विश्लेषण करते हैं। विभ्रम प्रधान व्यक्ति में घृणा तथा विकर्षण की प्रधानता होती है। लोभी व्यक्ति में लोभ प्रधान प्रवृत्ति होती है। बुद्धिमान व्यक्ति में चेतना एवं अन्तर्दृष्टि प्रबल होती है। महात्मा बुद्ध के अनुसार व्यक्तित्व प्रकार निम्न हैं—

संवेदी व्यक्ति : ये आकर्षक एवं विनम्र होते हैं। ये किसी भी प्रश्न का जवाब शालीनतापूर्वक देते हैं। ये किसी भी कार्य को कुशलता के साथ परिष्कृत रूप में पूरा करते हैं। स्वच्छ एवं सुरुचिपूर्ण वस्त्र धारण करते हैं। भोजन स्वच्छ, सन्तुलित, मीठा तथा अच्छी तरह पका हुआ पसन्द करते हैं, जो सुपाच्य एवं अच्छे ढंग से बनाया एवं परोसा गया हो। ये धीरे-धीरे छोटे-छोटे कौरों में स्वाद लेकर खाते हैं। सोते समय बिस्तर सावधानीपूर्वक लगाते हैं और आराम से सोते हैं। ये अपने कार्यों को कलात्मक रूप से करते हैं। ये घर तथा आस-पास के माहौल को साफ-सुथरा रखते हैं। ये अच्छी एवं आनन्दायक चीजों को देखकर उसकी प्रशंसा करते हैं। ये किसी के अवगुणों और कष्ट दूर करने पर ध्यान देते हैं।

संवेदी व्यक्तित्व के ऋणात्मक पक्ष में प्राय: आडम्बर, धोखेबाजी, खोखलापन, लोलुपता, असन्तुष्टि, कामुकता पाई जाती है।

घृणित व्यक्ति (Hateful) : घृणित प्रकार के व्यक्ति कठोरतापूर्वक तनकर खड़े होते हैं। ये रफ तथा लापरवाह होते हैं। ये बात-बात में क्रोध करते हैं तथा अपना कार्य लापरवाही से करते हैं। सोते समय इनका शरीर तना रहता है। कर्कश एवं रगड़ की आवाज करते हुए झाड़ू लगाते हैं। ये बिना भोजन के स्वाद पर ध्यान दिए जल्दी-जल्दी भोजन करते हैं। इन्हें तीखा एवं खट्टा भोजन पसन्द होता है। हलके स्वाद वाले भोजन को ये नापसन्द करते हैं। सुन्दर वस्तुओं में इनकी रुचि नहीं होती है। ये गुणों की उपेक्षा करते हैं परन्तु छोटी से छोटी त्रुटि अथवा अवगुण पर

इनका ध्यान चला जाता है। ये प्रायः क्रोधी, द्वेषी, अकृतज्ञ, ईर्ष्यालु तथा क्षुद्र प्रवृत्ति के होते हैं।

विभ्रमित व्यक्ति (Deluded Person) : ये व्यक्ति फूहड़तापूर्वक खड़े होते हैं। इनके बिस्तर अस्वच्छ होते हैं। ये फैले हुए लेटते हैं और कठोर स्वर में शिकायत करते हैं। आलसी के समान उठते हैं। कार्य में ये अकुशल एवं अस्त- व्यस्त होते हैं। झाड़ू भी यहाँ-वहाँ बीच-बीच में कूड़ा छोड़ते हुए फूहड़ता से लगाते हैं। इनके वस्त्र ढीले-ढाले और गन्दे होते हैं। ये इस बात पर ध्यान नहीं देते कि क्या खा रहे हैं। जो भी मिलता है, वही खाते हैं और ढेर सारा भोजन एक साथ उठाकर मुँह में डालते हैं। कुछ चेहरे पर भी लगा लेते हैं। सुन्दरता के बारे में उन्हें कोई जानकारी नहीं होती है। दूसरों के कहने पर ये वस्तुओं की प्रशंसा या निन्दा करते हैं। ये प्रायः काहिलपन एवं जड़ता प्रदर्शित करते हैं। इनका ध्यान शीघ्रता से भंग होता है। ये कर्तव्य-विमूढ़, जिद्दी और हठी भी होते हैं।

श्री अरविन्दो के व्यक्तित्व प्रकार

श्री अरविन्दो जैसे दार्शनिक का मानना है कि किसी व्यक्ति का व्यक्तित्व केवल चेतन मन और अचेतन मन का एक अच्छा अथवा बुरा संगठन नहीं है। उसका अधिक महत्त्वपूर्ण भाग अतिचेतन (सुपर काँसस) मन है। मानव एक चेतनशील प्राणी है और उसके अन्दर चेतन, अवचेतन और अतिचेतन मन होता है। यदि वह किन्हीं उच्चतर अवस्थाओं की ओर अग्रसर हो रहा है तो अवश्य ही उच्चतर अवस्थाएँ उसकी प्रकृति में सम्भावनाओं के रूप में निहित होती हैं, जिस कारण मानव विकास की राह पर निरंतर आगे बढ़ता है और स्वयं के औचित्य को चरितार्थ करता है। इस प्रकार मानवीय व्यक्तित्व में केवल चेतन और अवचेतन मन ही नहीं है, बल्कि अतिचेतन मन भी है, जो उसकी उच्चतर भावी अवस्थाओं का द्योतक और आश्चर्यजनक कार्यों का प्रतीक है। मानव का विकास मार्ग जो वह तय कर चुका है, उसके अवचेतन को निर्धारित करता है। यह हमारे भूत के संस्कारों का संग्रह और वर्तमान व्यवहार को निर्धारित करता है, परन्तु पूर्णतः या सीमित नहीं करता। यदि ऐसा होता तो उन्नति और विकास सम्भव नहीं होता। उन्नति करने के लिए हमें अपने पुराने संस्कारों को अतिक्रान्त कर रूपांतरित करना होता है और यह हम अपने अतिचेतन मन के कारण ही कर पाते हैं।

हमारा अतिचेतन मन पूर्णतर समन्वय की दिशा दिखलाता है। वर्तमान मानवीय व्यक्तित्व द्वन्द्वमय है। हमारे अन्दर सात्विक एवं पाशविक प्रवृत्तियाँ पाई जाती हैं। हमारी पाशविक प्रवृत्तियाँ आपाधापी ढंग से अपने लक्ष्य की पूर्ति चाहती हैं। वे अहंकारमयी हैं। परिणामस्वरूप हमारे व्यक्तित्व के सभी अंगों में विरोध है। हमारे चिन्तन और कर्म में, कर्म और भावनाओं में तथा अपने आप इन सब में विरोध और

द्वन्द्व है। श्री अरविन्दो का कहना है कि अतिचेतन एक विस्तृत क्षेत्र है, जिसमें अधिकाधिक शक्तिशाली स्तर अनुभव में आते हैं। प्रथम स्तर को वे अन्तरात्मा कहते हैं। यह हमारी नैतिक अन्तरात्मा से सर्वथा भिन्न है। यह वस्तुतः एक आध्यात्मिक सत्ता है जिसे हम अपने व्यक्तित्व के अन्दर प्रवेश करते हुए हृदय में अनुभव करते हैं। यह सामान्य चेतना से बहुत अधिक सजग, आनन्दमय तथा सशक्त है। यह मानव में दिव्यत्व है। आत्मा शृद्ध सत्तात्मक वस्तु है, अन्तरात्मा उसी का गत्यात्मक पक्ष है जो विकास को प्रेरित करता है तथा स्वयं विकासशील रहता है। आत्मा की अपेक्षा व्यक्तित्व को रूपान्तरित कर सकता है, दिव्य बना सकता है। श्री अरविन्दो के अनुसार जिस व्यक्ति का जीवन दिव्य है, उसी व्यक्ति का व्यक्तित्व परिपक्व है। उन्होंने अपनी प्रसिद्ध पुस्तक 'दि लाइफ डिवाइन' में लिखा है—

'जब हम अपनी दृष्टि को सीमित तथा क्षणिक स्वार्थों से उसकी अहं भावमयी व्यस्तता से हटाते हैं और केवल परम सत्य की खोज करनेवाली राग, द्वेष, शूल्य तथा कौतूहलपूर्ण दृष्टि के साथ संसार का अवलोकन करते हैं तो इसके परिणामस्वरूप जो सर्वप्रथम हमें प्राप्त होता है, वह है अनन्त सत्ता, अनन्त गति, अनन्त क्रिया की शक्ति। यह हमें एक ऐसी अपार शक्ति का बोध कराता है, जो कि असीम देश में, नित्य काल में अपने आपको उँड़ेल रही है। इन्होंने परिपक्व व्यक्तित्व की विशेषताओं पर प्रकाश डाला है और बताया है कि परिपक्व व्यक्तित्व वाला व्यक्ति सभी प्रकार के स्वार्थों से मुक्त होता है, न तो उसमें अहंकार होता है और न आसक्ति। वह निरन्तर अनन्त भाव में रहता है। परिपक्व व्यक्ति की दृष्टि न केवल भौतिक परिपेक्ष्य में बल्कि आध्यात्मिक एवं दिव्य जीवन की रहती है। जब हम व्यक्तित्व की चर्चा करते हैं तो प्रायः व्यक्ति व्यक्तित्व का अर्थ सीमित, बाह्य भेदकारक तथा निहित गुण से करते हैं, जिसमें परिवर्तन सम्भव है और वास्तव में वह सदैव बदलता रहता है। फिर भी इसमें स्थिरता का पर्याप्त अंश होता है। एक जगह उन्होंने भागवत व्यक्तित्व की चर्चा की है और बताया है कि भागवत व्यक्तित्व में सत्य, न्याय, पवित्रता, आनन्द और सौन्दर्य के प्रति सहज रुझान होता है। उसका अन्तर्बोध मन अधिक सक्रिय होता है और कालान्तर में अधिमन तथा अतिमन की स्थिति को प्राप्त कर सकता है। यदि उसकी साधना सर्वत्र पूर्ण है।

श्री अरविन्दो ने चतुर्विध रूपों का वर्णन करते हुए चार प्रकार के व्यक्तित्व का उल्लेख किया है। पहले प्रकार का व्यक्तित्व ज्ञान प्रधान है। ज्ञान प्रधान व्यक्ति के व्यक्तित्व में यद्यपि मन, बुद्धि और ज्ञान सम्बन्धी क्षमताएँ अत्यधिक मात्रा में होती हैं फिर भी वह बिना आत्मशक्ति के ईश्वरीय सत्य या दिव्य सत्य को पूर्ण रूप से प्राप्त नहीं कर सकता। अतः यह आवश्यक है कि ज्ञान प्रधान व्यक्ति में न केवल ज्ञान की प्रधानता हो वरन् उसमें ऐसे बौद्धिक तथा नैतिक साहस भी हों जो उसे नए ज्ञान के स्रोतों को ढूँढ़ निकालने के लिए प्रेरित करें।

दूसरा शक्ति प्रधान व्यक्तित्व है, जो पौरुष बल पर प्रशासन एवं व्यवस्था में परिपूर्णता लाता है। उसमें नेतृत्व की क्षमता होती है। वह अपनी नेतृत्व-कुशलता के बल पर आम आदमी से बहुत बेहतर कर पाता है। तीसरे प्रकार के व्यक्तित्व में उत्पादन वितरण सम्बन्धी क्षमता प्रधान रूप में पाई जाती है। ऐसा व्यक्ति व्यवसाय क्षेत्र में बेहतर करता है। चौथे प्रकार के व्यक्तित्व में श्रम और सेवा की प्रधानता होती है। श्रम और सेवा प्रधान व्यक्तित्व में जब तक आत्मशक्ति का उदय नहीं होता, तब तक वह अपने आपको असमर्थ पाता है, और उसे समाज का दास बनकर जीवन व्यतीत करना पड़ता है। जब उसका अतिचेतन मन श्रम एवं सेवा को खुद के कल्याण के लिए नहीं, दूसरों के कल्याण के लिए लगा है तो उसके व्यक्तित्व में चार चाँद लग जाते हैं। अत: महत्त्वपूर्ण यह है कि श्रम सेवा प्रधान व्यक्तित्व वाले व्यक्ति अपनी आत्मशक्ति को जाग्रत करें, जिससे कि वे अपने कार्य में ऐसी पूर्णता तथा कुशलता ला सकें जो भागवत चेतना के अनुरूप हो। भारतीय मनीषीगण मानव व्यक्तित्व और प्रकृति के इस चतुर्विध विनोद से परिचित थे।

इस प्रकार हम देखते हैं कि विभिन्न मनोवैज्ञानिकों एवं संतों ने व्यक्तित्व के विभिन्न प्रकार का जो उल्लेख किया है, उसमें मुख्यत: व्यक्ति की बाह्य एवं आन्तरिक बनावट, स्वभाव, बुद्धि तथा शीलगुण है। जिन व्यक्तियों में जिन गुणों की अधिकता होती है, उसी अनुरूप उनका नामकरण किया गया है। सही मायने में व्यक्तित्व को सीमित प्रकार में विभाजित नहीं किया जा सकता है, और न ही किसी व्यक्ति के व्यक्तित्व को सम्पूर्ण माना जा सकता है। हम व्यक्तित्व के विभिन्न प्रकारों का अध्ययन कर अपने व्यक्तित्व को सुन्दर बना सकते हैं।

लेखक का मानना है कि यदि हम सम्पूर्ण जगत में रह रहे व्यक्तित्व प्रकार की चर्चा करें तो मात्र तीन प्रकार का ही व्यक्तित्व है। पहला—यथार्थवादी, दूसरा—भूतवादी, तीसरा—भविष्यवादी। यथार्थवादी व्यक्तित्व के धनी व्यक्ति यथार्थ में रहना और यथार्थ का सामना कर बेहतर जीवन जीना चाहते हैं। वे यथार्थ को ही सब कुछ मानते हैं, उनके नजरिए में स्वर्ग और नरक की परिकल्पना भूत, भविष्य या मृत्यु उपरान्त नहीं है। वे कर्मयोगी होते हैं और कर्म के बल सब कुछ प्राप्त करना चाहते हैं। भूतवादी व्यक्तित्व वर्तमान की चिन्ता नहीं करते, वे बीती हुई बातों एवं घटनाओं के सापेक्ष में कार्य करते हैं। दुखद घटना पर चिन्तित रहते हैं और सुखद घटना को याद कर खुश होते हैं। उन्हें यथार्थ से मतलब नहीं होता। भविष्यवादी व्यक्ति यथार्थ में कुछ करते नहीं और भविष्य की चिन्ता करते हैं, इसलिए वे दुखी एवं उदास रहते हैं। वे सिर्फ सपना देखना जानते हैं लेकिन सपने को पूरा करने के लिए यथार्थ में कुछ करने को तैयार नहीं होते। इसलिए दुखी, चिन्तित एवं उदास रहते हैं। मेरी सलाह होगी कि यथार्थ में जीना सीखें और आगे बढ़ने का संकल्प लें।

अध्याय-3

व्यक्तित्व निर्माण के आवश्यक तत्त्व

(Essential elements to constructive personality)

विश्लेषण

जीवन के औचित्य को साकार करने तथा किसी भी क्षेत्र में सफलता पाने के लिए सुन्दर व्यक्तित्व का होना आवश्यक है। किसी भी व्यक्ति की पहचान उसका सुन्दर, आकर्षक, प्रभावशाली व्यक्तित्व है। सुन्दर व्यक्तित्व ही हमारी सफलता का पैमाना भी है। यदि आप कड़ी मेहनत के बल किसी क्षेत्र में सफल हो भी जाते हैं, परन्तु आपका व्यक्तित्व सुन्दर नहीं है तो प्राप्त सफलता की सार्थकता खुद एवं दूसरों के लिए बेहतर साबित नहीं होगी। कहने का आशय यह है कि सफलता पाने, सफलता को बनाए रखने तथा जीवन का औचित्य साकार करने के लिए व्यक्तित्व-निर्माण एक महत्त्वपूर्ण कार्य है। अतः शुरू से ही व्यक्तित्व निर्माण पर ध्यान देने की जरूरत है। बाल्यावस्था और किशोरावस्था में बड़ों तथा बाद के दिनों में खुद को इस पर ध्यान देने की आवश्यकता है, ताकि हम अपने व्यक्तित्व को सुन्दर बना सकें। दूसरे शब्दों में हम कह सकते हैं कि जिस व्यक्ति का व्यक्तित्व जैसा होता है, उसी अनुरूप वह सफल या असफल होता है। व्यक्तित्व के अनुरूप ही उसे समाज में मान-सम्मान या दुत्कार मिलता है। अतः व्यक्तित्व-निर्माण हमारे लिए सबसे महत्त्वपूर्ण है। समाज से हमारा परिचय व्यक्तित्व के आधार पर ही होता है। जैसा हमारा व्यक्तित्व होता है, वैसी ही हमारी सोच और जैसी सोच वैसा कर्म और जैसा कर्म वैसा ही फल मिलता है। निश्चित रूप से आपका व्यक्तित्व सुन्दर है तो आपकी सफलता प्रशंसनीय एवं अनुकरणीय है। ठीक इसके विपरीत यदि आपका व्यक्तित्व निम्न एवं सोच घटिया है, इसका अभिप्राय है कि आपने व्यक्तित्व निर्माण पर ध्यान नहीं दिया है। सुन्दर व्यक्तित्व का औचित्य नहीं समझा है। ऐसा व्यक्ति हर क्षेत्र में असफल और उसकी सफलता संदिग्ध बनी रहती है। अगर आप भी अपने जीवन में सफल होना चाहते हैं और इस अनमोल जीवन का मूल्य साकार करना चाहते हैं तो व्यक्तित्व

निर्माण की महत्ता समझें। शैशवावस्था से ही आप व्यक्तित्व निर्माण पर ध्यान दें, और प्रतिदिन अपने व्यक्तित्व में निखार लाने का प्रयास करें। ऐसा करके ही आप सुन्दर, लोकप्रिय, सर्वप्रिय व्यक्तित्व के मालिक बन सकते हैं। याद रखें—

> *किसी व्यक्ति का व्यक्तित्व ही उसका सर्वोत्तम आभूषण है, जिससे सुसज्जित होकर व्यक्ति महान बनता है।*

परन्तु दुख की बात यह है कि प्रायः लोग व्यक्तित्व का अर्थ एवं औचित्य नहीं समझते और बाह्य रूप-रंग, कीमती पहनावे को व्यक्तित्व समझ बैठते हैं। ऐसे लोग अपनी पहचान बाह्य सुन्दरता एवं कीमती पोशाक के आधार पर बनाना चाहते हैं और उसी आधार पर अपना व्यक्तित्व चमकाना चाहते हैं। शायद ऐसे लोगों को यह नहीं मालूम कि बाह्य सुन्दरता क्षणिक तथा आन्तरिक सुन्दरता स्थायी है। अतः अपने अन्दर के गुणों को निखारें। आपके अन्दर निहित अच्छे गुण ही वास्तविक सौन्दर्य हैं। अगर आपका अन्तःव्यक्तित्व सुन्दर है तो आपके व्यक्तित्व की चर्चा सर्वत्र होगी। अगर आपका बाह्य एवं अन्तःव्यक्तित्व दोनों सुन्दर हैं तो आप श्रेष्ठ हैं। आप हर जगह मान-सम्मान पाएँगे। हर व्यक्ति आपसे दोस्ती करना चाहेगा और आपकी एक झलक पाने के लिए लालायित होगा। अगर आपका बाह्य रूप सुन्दर नहीं है लेकिन आपका अन्तःरूप सुन्दर है तो भी आपकी विशिष्ट पहचान होगी। आप आम नहीं खास बन जाएँगे। ठीक इसके विपरीत यदि आपका बाह्य व्यक्तित्व सुन्दर है और आप आन्तरिक गुणों को निखारने पर ध्यान नहीं देते और बाह्य रूप-रंग पर अभिमान करते हैं तो ज्यादा सम्भावना है कि आप बेहतर नहीं कर पाएँगे। आप भले ही कुछ लोगों के लिए खास बन जाएँ परन्तु आम लोगों के लिए खास नहीं बन पाएँगे। ऐसा सम्भव है कि आपके रूप आकर्षण से कोई व्यक्ति कुछ समय के लिए भले ही आकर्षित हो जाए और आप से दोस्ती कर ले, परन्तु यह स्थायी नहीं होगा। जिस दिन आपका रूप आकर्षण खत्म होगा, वह आपको छोड़ कर दूर चला जाएगा।

अतः महत्त्वपूर्ण यह है कि बाह्य सौन्दर्य को निखारने के बजाय, आन्तरिक सौन्दर्य को निखारें। दूसरों को बाह्य सौन्दर्य से आकर्षित न करें, बल्कि आन्तरिक सौन्दर्य को निखारकर आकर्षित करें। ऐसा आकर्षण स्थायी, अमिट एवं प्रभावी होगा। याद रखें—

> *बाह्य सुन्दरता क्षणिक एवं अस्थायी है, जबकि आन्तरिक सुन्दरता स्थायी है।*

आन्तरिक सौन्दर्य निखारने का तात्पर्य है कि आप व्यवहारकुशल बनें, अच्छे गुणों को ग्रहण करें, अच्छे लोगों से दोस्ती करें। सकारात्मक सोचें एवं रचनात्मक करें। अगर आप बहुत सुन्दर हैं परन्तु आप व्यवहारकुशल नहीं हैं या आपका व्यवहार

कटुतापूर्ण है तो आपके सगे–सम्बन्धी भी कुछ ही दिनों में आपसे दूर चले जाते हैं। अत: रिश्ते–नाते, दुनियादारी एवं सफलता पाने के लिए बाहर से नहीं अन्दर से सुन्दर बनें।

मेरे विचार से आप अपने व्यक्तित्व की पहचान रूप के आधार पर नहीं, गुणों के आधार पर बनाएँ। यही जिन्दगी है और जीवन जीने का सार भी है। शायद आप नहीं जानते हैं—'गुण की पूजा सर्वत्र होती है, रूप की नहीं।' मेरा भी आपसे विनम्र अनुरोध है कि आप सुन्दर दिखने की जगह, सुन्दर गुणों को धारण करने पर ध्यान दें। गुण ही आपका असली धन है, रूप नहीं। रूप तो उम्र के साथ ढल जाएगा। परन्तु गुण बढ़ती उम्र के साथ–साथ निखर कर और मूल्यवान हो जाता है। फलत: व्यक्तित्व में चार चाँद लग जाते हैं। इसलिए रूप पर ध्यान देने के बजाय गुणों पर ध्यान दें, और अपने व्यक्तित्व की पहचान बाह्य सौन्दर्य पर नहीं, आन्तरिक सौन्दर्य पर बनाएँ, जिससे सर्वत्र आपकी प्रशंसा हो और सर्वत्र आपको मान–सम्मान प्राप्त हो।

शायद आपको नहीं मालूम—रूप आपका साथ छोड़ देता है, गुण नहीं। गुण सदैव आपके साथ रहता है और सर्वत्र आपका साथ देता है। रूप आज है, कल नहीं, इसलिए रूपवान बनने के बजाय गुणवान बनें। मेरे विचार से व्यक्तित्व–निर्माण का तात्पर्य बाह्य सौन्दर्य से परिपूर्ण होना नहीं, आन्तरिक सौन्दर्य से परिपूर्ण होना है। आप व्यक्तित्व निर्माण हेतु आन्तरिक सौन्दर्य को निखारें और दूसरे व्यक्ति में निहित आन्तरिक सौन्दर्य का दर्शन करें ताकि आप भी सुन्दर व्यक्तित्व के मालिक बन सकें। हमारे ऋषि–महर्षियों ने ठीक ही कहा है—सुन्दरता का मतलब रूप नहीं, गुण है, और गुणवान व्यक्ति की ही सर्वत्र प्रशंसा एवं पूजा होती है। रूपवान व्यक्ति इस भ्रम में न रहे कि वह रूपवान है तो उसकी पूजा होगी और लोग उसे प्यार करेंगे। हाँ, यह सम्भव है कि आप बहुत रूपवान हैं तो कुछ लोग आपकी पूजा रूप आकर्षण के भ्रम में पड़कर करें, लेकिन वे भी रूप ढल जाने पर आपका साथ छोड़ देंगे। ठीक इसके विपरीत अगर आप गुणवान हैं तो आपकी पूजा हर जाति एवं वर्ग के लोग करेंगे। आप उम्र के किसी ढलान पर क्यों न हों, लोग आपका साथ नहीं छोड़ेंगे। आप गुणवान हैं तो आपके गुण की पूजा केवल अपने और पराये नहीं, दुश्मन भी करेंगे।

इस संदर्भ में एक उदाहरण अति प्रासंगिक है—अपने समय की प्रख्यात लेखिका व नारी स्वतंत्रता की हिमायती मेरी स्टो किशोरावस्था में बहुत ही सुन्दर दिखती थीं। उनकी सुन्दरता की चर्चा और प्रशंसा बहुत होती थी। अपनी प्रशंसा सुन मेरी स्टो को अपनी सुन्दरता पर गर्व होने लगा और वे अभिमानपूर्वक चलने लगीं। इस बात की जानकारी जब उनके पिता को हुई तो उन्होंने अपनी बेटी को बुलाकर प्यार से कहा—'बेटी, किशोरावस्था का सौन्दर्य प्रकृति की देन है। तुम्हें अपने सौन्दर्य पर गर्व करना हो तो साठ वर्ष की उम्र में दर्पण देखकर करना कि तुम उस प्रकृति की देन को कितने लम्बे समय तक अक्षुण्ण रखने में अपनी समझदारी का परिचय दे सकी या नहीं।' इस शिक्षा का परिणाम यह हुआ कि मेरी स्टो अपने बाह्य सौन्दर्य की

जगह आन्तरिक सौन्दर्य को निखारने पर ध्यान देने लगीं और बाह्य सौन्दर्य के अहंकार को गलाकर समाज सेवा में लग गईं। आगे चलकर उन्होंने एक समाज सेविका के रूप में ख्याति अर्जित की। आप भी अपने अन्दर अच्छे गुणों को निखारकर सुन्दर व्यक्तित्व का निर्माण करें, जिससे आपकी पहचान बन सके। आपको ईश्वर ने जो रूप दिया है, उसे प्रकृति का वरदान मानें और आन्तरिक सुन्दरता को निखारकर अपने व्यक्तित्व में चार चाँद लगाएँ। इसी में बुद्धिमानी है और यही जीवन का सत्य है।

यह सच्चाई है कि हर व्यक्ति की इच्छा सुन्दर बनने एवं सुन्दर दिखने की होती है। सुन्दर दिखने में कोई हर्ज नहीं है और हर व्यक्ति को सुन्दर बनना एवं दिखना भी चाहिए। अपनी सुन्दरता में निखार लाने हेतु प्रतिदिन हर सम्भव प्रयास भी करना चाहिए। लगातार प्रयास ही हमें कामयाबी दिलाता है, परन्तु विचारणीय बिन्दु यह है कि हमारे नजरिये में सुन्दरता का अर्थ क्या है? हमारी सुन्दरता लोगों के कल्याणार्थ एवं दूसरों के लिए कितना सार्थक एवं उपयोगी है? क्या हमारी सुन्दरता मानवीय मूल्यों पर खरी उतर पाने में कारगर है? इन प्रश्नों पर मनन करें और मन में किसी प्रकार का संदेह हो तो आप प्रकृति में निहित सुन्दरता को देखें और उससे सीख लें। सृष्टि के रचयिता ने प्रकृति में एक से बढ़कर अनेक सुन्दर चीजों की रचना की है, जिनकी सुन्दरता से सीख लेकर हम भी अपने व्यक्तित्व को सुन्दर एवं सारगर्भित बना सकते हैं। ध्यान रखें—

> *कोई भी व्यक्ति बाह्य रूप से कितना भी सुन्दर क्यों न हो, उसके अन्दर अच्छे गुण नहीं हैं तो उसकी बाह्य सुन्दरता बेकार है।*

ठीक इसके विपरीत कोई व्यक्ति कितना भी कुरूप क्यों न हो अगर उसके अन्दर अच्छे गुण हैं तो उसका जीवन सार्थक है। कहने का आशय यह है कि व्यक्ति रूप से नहीं, गुण से सुन्दर होता है। एक कहावत है—'काम प्यारा होता है, चाम नहीं।' कोई व्यक्ति कुरूप है तो वह अपने अन्दर निहित गुणों को निखारकर तथा अच्छे गुणों को आत्मसात् कर दूसरों के लिए आदर्श एवं प्रेरणा बन सकता है। ऐसे बहुत से उदाहरण मिल जाएँगे, जिनका बाह्य रूप कुरूप एवं बेढंग था, वे अपने अन्दर अच्छे गुणों को निखारकर दुनिया के महान व्यक्ति बन गए। दूसरों के लिए आदर्श एवं उदाहरण बन गए। आपने अष्टावक्र का नाम सुना होगा। उनके सभी अंग टेढ़े-मेढ़े थे परन्तु वे वेद, पुराण एवं शास्त्रों के प्रकाण्ड विद्वान थे। उनकी विद्वत्ता की चर्चा पूरी दुनिया में होती है, और हर व्यक्ति उनकी विद्वत्ता के आगे सर झुकाता है। आपने सूरदास का नाम सुना होगा, वे जन्म से अंधे थे। उन्होंने दुनिया की सुन्दरता को देखा भी न था, परन्तु उन्होंने अपनी कविताओं में भगवान श्रीकृष्ण की सुन्दरता का जो वर्णन किया है, वह अद्वितीय एवं अवर्णनीय है। इंगलैंड के प्रसिद्ध कवि

मिल्टन की आँखें एक दुर्घटना में चली गईं, लेकिन 'पैराडाइज लास्ट' लिखकर वे अमर हो गए। हेनरी किलर जन्म से अंधी थीं परन्तु उन्होंने अपनी कविताओं में प्रकृति के सौन्दर्य का जो चित्रण किया है, वह अद्वितीय है। टी.एस. एडीसन बहरे थे परन्तु वे अनेक आविष्कार कर अपना नाम इतिहास के पन्नों में दर्ज कर गए। कहने का आशय है कि सुन्दरता आपके गुणों से झलकती है, रूपों से नहीं। अतः व्यक्तित्व-निर्माण पर शुरू से ही ध्यान दें और अपने व्यक्तित्व में अच्छे गुणों को समाहित कर सुन्दर व्यक्तित्व के मालिक बनें।

लार्ड शीयरर के शब्दों में—आप अच्छे व्यक्तित्व के मालिक बनना चाहते हैं तो प्रतिज्ञा करें कि—

> *हम छोटों के साथ नरमी से, संघर्ष करनेवालों के साथ हमदर्दी से और कमजोर व गलती करनेवालों के साथ सहनशीलता से पेश आएँगे, क्योंकि हम भी अपने जीवन में कभी-न-कभी इनमें से किसी-न-किसी स्थिति से गुजरते हैं।*

व्यक्तित्व निर्माण से हमारा अभिप्राय है—श्रेष्ठ व्यक्तित्व, अच्छा व्यक्तित्व, आदर्श व्यक्तित्व, प्रभावशाली व्यक्तित्व और ऐसा तभी सम्भव है, जब आप सद्‌गुणों से परिपूर्ण हों। ध्यान रखें—

> *किसी भी व्यक्ति का व्यक्तित्व उसका सौम्य, शालीन व्यवहार है। मृदुल वाणी, सकारात्मक सोच, सहनशीलता, समझदारी, लोच, विनम्रता, मधुरता, ईमानदारी, क्षमा, त्याग, प्रेम, सहयोग, सद्‌भाव जैसे गुण हैं।*

इन गुणों को धारण करके ही व्यक्ति का व्यक्तित्व चमकता है, बेशकीमती पोशाक या हीरे-जवाहरात धारण करने से नहीं। आप भी अपने व्यक्तित्व को सुन्दर बनाना चाहते हैं, तो उपर्युक्त गुणों को धारण करें। ऐसा करके ही आप सुन्दर व्यक्तित्व के मालिक बन सकते हैं। सही मायने में हमारा व्यक्तित्व हमारी मृदुलता, विनम्रता, सहनशीलता व सहिष्णुता है। आपने देखा एवं अनुभव किया होगा कि किसी-किसी व्यक्ति का व्यक्तित्व इतना आकर्षक व वैभवशाली होता है कि बरबस ही हम उसकी ओर खिंचे चले जाते हैं। उसके चेहरे पर स्वाभिमान, होंठों पर मुस्कान, वाणी में मधुरता, व्यवहार में शालीनता तथा शिष्टाचार कूट-कूट कर भरा होता है, जो किसी भी व्यक्ति को मंत्रमुग्ध कर देता है। ऐसे व्यक्ति के तेज को देखकर हम कह उठते हैं कि इस व्यक्ति का व्यक्तित्व कितना सुन्दर है। यह व्यक्ति कितना प्रभावशाली व्यक्तित्व का मालिक है। इसे मूल्यों की समझ है और इसके अन्दर बेहतर करने एवं समाज को कुछ देने की ललक है। ऐसा व्यक्ति दूसरों से कुछ लेने के बजाय दूसरों को देने में ज्यादा खुशी महसूस करता है। ऐसे व्यक्तित्व

का धनी व्यक्ति गम के माहौल को खुशी में और हारी हुई बाजी को जीत में बदल देता है। वह विकट परिस्थिति में धैर्य नहीं खोता, बल्कि विकट परिस्थिति में भी नए अवसर की तलाश कर दूसरों के लिए मिसाल बन जाता है। यदि आप भी ऐसा चाहते हैं तो सुन्दर व्यक्तित्व का निर्माण करें। सुन्दर व्यक्तित्व हमारे जीवन की अनमोल पूँजी है। क्या आप नहीं चाहते कि आपका व्यक्तित्व सुन्दर हो? आप अच्छे व्यक्तित्व के मालिक बनें और आपकी सर्वत्र प्रशंसा हो? अगर आप ऐसा चाहते हैं तो व्यक्तित्व का अर्थ एवं औचित्य समझें। आप खुद सोचें और बताएँ :

- क्या आप नहीं चाहते कि लोग आपकी प्रशंसा करें?
- क्या आप नहीं चाहते कि लोग आपको प्यार करें?
- क्या आप नहीं चाहते कि लोग आपको सम्मान दें?
- क्या आप नहीं चाहते कि दुनिया आपको जाने?
- क्या आप नहीं चाहते कि आप जीवन का इतिहास लिखें?

अगर आप ऐसा चाहते हैं तो शुरू से ही व्यक्तित्व निर्माण पर ध्यान दें। अच्छे गुणों को ग्रहण करें। इस अनमोल जीवन का मूल्य समझें, कर्म एवं समय का मूल्य समझें। अच्छे कृत कर सुन्दर व्यक्तित्व के मालिक बनें। व्यक्तित्व ही हमारी आन, बान एवं शान है। व्यक्तित्व ही हमारी पहचान है और दुनिया व्यक्तित्व के आधार पर ही हमें जानती है। आपके नाम से सिर्फ आपको अपने जानते हैं लेकिन आपके सुन्दर व्यक्तित्व से पूरी दुनिया आपको जानने लगती है। यदि आप चाहते हैं कि दुनिया आपको जाने तो सुन्दर व्यक्तित्व के मालिक बनें। यह जीवन ईश्वर की श्रेष्ठतम कृति है। यह प्रकृति प्रदत्त अनमोल उपहार है जो हमें बड़े ही सौभाग्य से प्राप्त हुआ है। ईश्वर में निहित समस्त दिव्य सम्भावनाएँ इस अनमोल जीवन के अन्दर बीज रूप में विद्यमान हैं। जरूरत है केवल उस शक्तिमान से खुद को जोड़े रखें और उस बीज में छुपे गुणों को निखारें। जब तक आप खुद को उस शक्तिमान से जोड़े रखेंगे, आपके अन्दर सकारात्मक एवं रचनात्मक ऊर्जा प्रवाहित होती रहेगी। आप लघुतर से महत्तर की ओर बढ़ते रहेंगे। याद रखें—

> *दुनिया का हर व्यक्ति महान बन सकता है, इतनी शक्ति उसके अन्दर है। जरूरत है खुद को जानने-पहचानने और अपने अन्दर छुपी शक्तियों को निखारने की।*

महानता का बीज हर व्यक्ति में छुपा होता है और हर व्यक्ति अपने कर्म के बल पर महान बनता है।

शायद आपको नहीं मालूम—हर व्यक्ति कुछ विशिष्ट क्षमताओं को लेकर जन्म लेता है, जो उसे अद्वितीय स्थान दिलाने में सक्षम होती हैं। व्यक्तित्व में अन्तर्निहित इन मौलिक क्षमताओं के जागरण एवं विकास में ही व्यक्ति के जीवन

की सार्थकता और सफलता का राज छिपा होता है। इसकी चरम एवं परम अभिव्यक्ति में ही जीवन की पूर्णता है, जिसकी अनुभूति हमें गहन तृप्ति, तुष्टि एवं शान्ति से आप्लावित करती है तथा परिवेश, समुदाय एवं समाज को धन्य कर देती है। सद्‌गुणों का समुच्चय ही उपासना में अपना आराध्य बन जाता है। शक्ति, ज्ञान एवं आनन्द के समग्र एवं चरम संयोग से सम्पन्न सत्ता भी इसे मान सकते हैं। इसी को शास्त्रों में सत्यं-शिवं-सुन्दरं, सत्-चित् आनन्द का रूप दिया गया है। आप भी इस उक्ति को चरितार्थ करें और सुन्दर व्यक्तित्व का निर्माण करें।

जीवन की चरम सम्भावनाओं की प्राप्ति व्यक्तित्व निर्माण में ही छुपी होती है। व्यक्तित्व के श्रेष्ठतम एवं दिव्यतम रूप में अपने इष्ट-आराध्य की परिकल्पना ही उपासना और व्यक्तित्व-निर्माण का प्रथम चरण है। गायत्री-ब्रह्मा, सीता-राम, राधा-कृष्ण, लक्ष्मी-नारायण, शक्ति-शिव आदि के रूप में ऐसी ही सर्वांगीण छवि का निर्धारण किया जा सकता है। व्यक्तित्व-निर्माण एक प्रकार की उपासना है और इस उपासना के दौरान जप-ध्यान के अन्तर्गत इस भावना को प्रगाढ़ किया जाता है। अपने इष्ट के साथ घुलने-मिलने एकाकार होने की भावना के साथ यह प्रक्रिया शुरू होती है। निस्संदेह इसमें देहबोध, क्षुद्र स्वार्थ, अहं, वासनाओं एवं कामनाओं में सिमटा-सकुचा अस्तित्व इष्ट की दिव्याग्नि में विलीन होने लगता है और हमारा व्यक्तित्व परिष्कृत एवं परिवर्धित होता है। अपने इष्ट-आराध्य की सर्वव्यापी दिव्यसत्ता से एकाकार होने की अनुभूति क्रमशः श्रद्धा, प्रज्ञा व निष्ठा के रूप में व्यक्तित्व का अंग बनने लगती है। श्रद्धा अर्थात आदर्शों के प्रति असीम लगाव, प्रलोभन एवं भय के दबाव को सहने एवं निरस्त करने की दृढ़ता, प्रज्ञा अर्थात समझदारी, जिम्मेवारी एवं बहादुरी से युक्त मनोभूमि जो श्रेष्ठता एवं दिव्यता के पक्ष में निर्णय लेने की सूझ एवं साहस देती है। निष्ठा अर्थात शौर्य, पराक्रम, दृढ़ता, साहस से ओत-प्रोत मनोभूमि, जो बड़े-से-बड़े भय एवं प्रलोभन के बीच भी कर्तव्य की ओर अविचल भाव से गतिशील रहे। यही व्यक्तित्व है और ऐसे व्यक्ति की ही पूजा सर्वत्र होती है।

दूसरे शब्दों में व्यक्तित्व पवित्रता, प्रखरता एवं प्रतिभा के अनुदान-वरदान से सम्पन्न हो उठता है। साधना सजग प्रहरी की भाँति अपने दोष-दुर्गुणों से सतत् चलनेवाला संघर्ष-युद्ध है। इसमें लोभ-मोह और अहंकार के रूप में तीन प्रबल अवरोध सामने आते हैं। यदि जीवन की नीति एवं दिशा स्पष्ट हो तो इनसे निपटना आसान हो जाता है। अगर व्यक्ति को सादगी जीवन का औचित्य और इस अनमोल जीवन के मूल्यों की समझ गले में उतर जाए, साथ ही भोग-विलास, नरक-यात्रा की समझ हो तो लोभ जैसे दुर्गुण से सहज ही निपटा जा सकता है। यदि परिवार को शिक्षित, सुसंस्कारी एवं स्वावलम्बी बनाने का कर्तव्य मालूम है तो मोह बाधक नहीं बनता और अहंकार से सरल एवं विनम्र भाव से निपटा जा सकता है। समय-समय पर कुसंस्कारों का उफान भी सकारात्मक जीवन की एक गंभीर चुनौती है।

काम, क्रोध, लोभ, ईर्ष्या-द्वेष आदि के प्रबल झोंके यदा-कदा साधक की क्षमता, स्थिरता एवं धीरता की जड़ें उखाड़ने पर आमादा हो जाते हैं। परन्तु उदारता, श्रेष्ठ एवं दिव्य विचारों की शक्ति, अन्ततः आधारहीन कुसंस्कारों पर भारी पड़ जाती है। साधक का संकल्प, साहस एवं जुझारूपन अवगुणों के हर प्रहार को निरस्त कर देता है, और हर संघर्ष के साथ साधक अधिक पवित्र एवं प्रखर होकर अपनी पात्रता का संवर्द्धन करता जाता है। ऐसे व्यक्ति का व्यक्तित्व विभूतिवान, प्रतिभावान, सुन्दर एवं सम्पन्न बन जाता है। इसी के साथ व्यक्तित्व निर्माण का तीसरा चरण अर्थात आराधना सम्पन्न होती है जो समाज कल्याणकारी एवं जनोपयोगी है।

शायद आपको नहीं मालूम—व्यक्तित्व जीवन और संसार का सबसे खूबसूरत एवं शक्तिशाली आयाम है। बौद्धिक, व्यावहारिक, भावनात्मक एवं आत्मिक गुण इसकी अंतर्निहित शक्तियाँ हैं। व्यक्तित्व के परिष्कार एवं परिमार्जन से ये प्रसुप्त शक्तियाँ जाग्रत होती हैं और तभी इन बेशकीमती संपदा-विभूतियों का उपयोग किया जा सकता है। हम इतने शक्तिशाली एवं बहुआयामी व्यक्तित्व के धनी होने के बावजूद असहाय और असमर्थता का रोना रोते हैं तथा स्वयं को इस संसार का दुर्भाग्यशाली व्यक्ति मान बैठते हैं। इसका कारण है कि हमने कभी अपने अन्दर झाँकना नहीं सीखा, हमने अपने व्यक्तित्व को सजाया-सँवारा नहीं, अपनी विभूतियों का ताकत के रूप में उपयोग करना नहीं जाना और निराशा के कुएँ में गोते लगा-लगा जीवन को बोझ मान बैठे। इस अँधेरे कुहासे में आशा की किरण है—'व्यक्तित्व का निर्माण एवं व्यक्तित्व रूपी संसाधन का सही उपयोग।' व्यक्तित्व की चादर के अन्दर अनेक अनमोल वस्तुएँ बिखरी पड़ी हैं। हमें इन्हें सहेज कर, परख कर, इनका सही उपयोग करना आना चाहिए। सांसारिक जीवन का सारा क्रियाकलाप व्यवहार के उपयोग पर टिका हुआ है, और हम सही व्यवहार करना नहीं जानते। भौतिक सफलता के लिए यह द्वार का कार्य करता है, और बौद्धिक सम्पदा इस प्रक्रिया को अपनी मंजिल तक पहुँचाती है। सफलता का लाभ हमें तभी मिलता है, जब हमें व्यक्तित्व के सभी आयामों का उपयोग करने की कला मालूम हो।

यह विडम्बना है कि हमारे पास बुद्धि होकर भी हम बुद्धिमान नहीं हैं। हमें अपनी बौद्धिक क्षमता पर विश्वास नहीं है। इसका कारण यह है कि हम अपनी बुद्धि को विवेक में नहीं बदल पाते हैं, और विवेक का उपयोग रचनात्मक कार्यों में नहीं करते हैं। हमें बौद्धिक सम्पदा का उपयोग करने के लिए कुछ बातों पर ध्यान देने की जरूरत है। पहली धाराप्रवाह सोच। हम कितनी जल्दी किसी विषयवस्तु पर सोचते हैं, हमारी सोच का प्रवाह टूटता तो नहीं? सोच में व्यतिक्रम तो नहीं आता है? हमारी सोच सकारात्मक, व्यापक एवं दूरदर्शी है कि नहीं? ये सारी बातें हमारी बौद्धिक प्रतिभा की परिचायक हैं। अतः सोच का पैनापन एवं प्रवाह को सदा श्रेष्ठ बनाए रखने का प्रयास करना चाहिए। भले ही हमारे इरादे दृढ़ एवं संकल्प मजबूत

हो, परन्तु इसे पाने की प्रक्रिया कई प्रकार से होनी चाहिए। यदि हम एक ही प्रक्रिया का चयन करते हैं तो इसका तात्पर्य यह है कि हम अड़ियल स्वभाव के हैं, जिद्दी हैं कि हम इसी तरीके से यह कार्य करेंगे, जबकि कार्य करने के अनेक तरीके होते हैं। एक में सफलता न मिले तो दूसरे तरीके से उसे प्राप्त किया जा सकता है। बुद्धि सम्पदा तभी बन सकती है, जब उसमें मौलिकता हो। मौलिकता का मतलब है—

> *अपने किए कार्य पर अपना हस्ताक्षर करना। यह न तो किसी की नकल हो, न बेढब हो। हम जो भी सोचें वह जुदा हो, जो भी बोलें आकर्षक एवं सार्थक हो, और जो भी करें खास पहचान लिये हुए हो तथा दूसरों से अलग एवं उत्कृष्ट हो। हमारा अपना एक अनोखा अंदाज होना चाहिए, जो हमारा अपना हो और किसी का नहीं। यही व्यक्तित्व की मौलिकता है और मौलिकता हम सबमें है, बस इसे पहचानने एवं विकसित करने की आवश्यकता है।*

हमें अपनी क्षमता की पहचान होनी चाहिए। व्यक्तित्व-निर्माण की समझ होनी चाहिए। हमारे पास वर्तमान एवं भविष्य की एक स्पष्ट कार्य-योजना होनी चाहिए। हमें आज के साथ भविष्य के गर्भ में भी झाँकना चाहिए। हमारे विचार उन्नत, व्यापक एवं दूरदर्शी होने चाहिए। दूरदर्शिता का अर्थ ही है—दूर की सोच। हमारे ऋषि-महर्षि क्रांतदर्शी होते थे। क्रांत अर्थात पार देखनेवाला, सुदूर भविष्य को निहारनेवाला। विचारक वह है, जिसके विचारों की सामयिकता सदियों बाद भी जीवन्त रहती है। बुद्धिमान व्यक्ति अपनी राह स्वयं बनाते हैं और अपनी बनाई राह पर चलते हैं, और प्रतिभा जहाँ चलती है, वहीं पथ बन जाता है। सामान्य व्यक्ति सरल एवं प्रांजल भाषा में बताई गई बात को ही समझता है। यह तब सम्भव है, जब हम स्वयं अपने विषय एवं ज्ञान में पारदर्शी व स्पष्ट हों। हमें अपने विचारों में अत्यन्त स्पष्ट होना चाहिए ताकि हम अपनी बात दूसरों को समझा सकें। बुद्धि की विशेषता है—तर्क करना परन्तु तर्क यदि तथ्यपरक न हो तो वह अपने ही बुने मकड़जाल में उलझ जाता है। मन सशंकित व संदेहमय हो जाता है और ऐसे व्यक्ति का व्यक्तित्व खुद के लिए बोझ बन जाता है। इसलिए व्यक्तित्व निर्माण पर शुरू से सावधानी बरतने और हर उम्र में निरन्तर ध्यान देने की जरूरत है।

व्यक्तित्व निर्माण के आवश्यक तत्त्व

आपने उपर्युक्त विश्लेषण में देखा कि हर व्यक्ति सुन्दर बनना एवं सुन्दर दिखना चाहता है। हर व्यक्ति सुन्दर व्यक्तित्व का निर्माण करना चाहता है, और हर व्यक्ति अच्छे व्यक्तित्व का मालिक बनना चाहता है। हमें बनना भी चाहिए परन्तु इसके लिए जरूरी है कि हम व्यक्तित्व के मायने समझें। प्राय: व्यक्ति यह मानता है कि हर

व्यक्ति के व्यक्तित्व में निहित गुण उसे आनुवंशिकता से प्राप्त होता है, और जो गुण-अवगुण हमारे व्यक्तित्व में शामिल हो जाते हैं, उनमें परिवर्तन नहीं लाया जा सकता है। ऐसे लोगों का मानना है कि एक बार हमने व्यक्तित्व का निर्माण कर लिया तो बार-बार व्यक्तित्व निर्माण पर ध्यान देने की जरूरत नहीं है। इस प्रकार की सोच मन का वहम है। हम अपने व्यक्तित्व में कभी भी परिवर्तन ला सकते हैं। सही मायने में व्यक्तित्व निर्माण जीवन की एक नियमित प्रक्रिया है, और प्रतिदिन इसमें सुधार लाने की जरूरत है। व्यक्तित्व स्थायी नहीं, गतिशील प्रक्रिया है। हम अपने व्यक्तित्व में कभी भी अच्छे गुणों को ग्रहण कर सकते हैं और अवगुणों को बाहर निकाल सकते हैं। अतः व्यक्तित्व में प्रतिदिन निखार लाने के लिए खुद के कृत्य एवं व्यवहार का आत्म-निरीक्षण करने की जरूरत है ताकि हम अपनी कमियों को दूर कर व्यक्तित्व में निखार ला सकें। परन्तु दुख की बात है कि प्रायः व्यक्ति ऐसा नहीं करता, जबकि हर व्यक्ति यह मानता है कि व्यक्तित्व-निर्माण जीवन के औचित्य को साकार करने के लिए महत्त्वपूर्ण प्रक्रिया है। व्यक्तित्व को सजाने एवं सँवारने के लिए हर उम्र में ध्यान देने की जरूरत है। मेरे विचार से व्यक्तित्व एक गत्यात्मक एवं परिवर्तनशील अवधारणा है, जिसके निर्माण के लिए हमें बहुत-सी बातों पर ध्यान देने की जरूरत है। आइए हम उन बातों की चर्चा करें कि व्यक्तित्व-निर्माण के लिए आवश्यक तत्त्व कौन-कौन से हैं और इन तत्त्वों की व्यक्तित्व-निर्माण में क्या भूमिका है। मेरे विचार से व्यक्तित्व निर्माण के लिए महत्त्वपूर्ण तत्त्व निम्न हैं :

- सौम्यता और सहनशीलता।
- व्यवहारकुशलता।
- शिष्टाचार।
- प्रसन्नचित्त अन्तर्मन।
- सकारात्मक सोच।
- सत्संग।
- मूल्यों की समझ।
- सीखने एवं सिखाने की प्रवृत्ति।
- अहंकार एवं क्रोध का परित्याग।
- लोभ और भय का त्याग एवं।
- मन की दुर्बलता को त्यागना।

सौम्यता और सहनशीलता

सौम्यता एवं सहनशीलता किसी व्यक्ति के व्यक्तित्व में निहित ऐसे गुण हैं जो उसके व्यक्तित्व को लोच प्रदान करते हैं। ये हमें विकट-से-विकट परिस्थिति में भी धैर्य रखने तथा बेहतर करने की सीख देते हैं। ये हमें बताते हैं कि परिस्थितियाँ तुच्छ हैं

और परिस्थितियों से लड़ने का साहस हमारे अन्दर है। ये हमें शत्रुओं का दिल भी प्यार से जीतने एवं सम्मान के साथ झुकने की कला सिखाते हैं। ये हमारे व्यक्तित्व में विनम्रता जैसे गुणों को अभिधारित कर ऊँचे व्यक्तित्व का मालिक बनाते हैं। हम दूसरों के साथ जितने सौम्य व्यवहार रखते हैं, उतने ही अच्छे व्यक्तित्व का मालिक बनते हैं। सौम्य एवं सहनशील व्यक्ति कदापि परिस्थितियों के शिकार नहीं बनते, बल्कि दुखद एवं विकट स्थिति को भी सहजता से झेल लेते हैं। वे विपरीत परिस्थितियों में भी मुस्कुराते रहते हैं। इन गुणों से आत्मभारित व्यक्ति विकट परिस्थिति के उत्पन्न हालात में भी बाहर निकलने में सफल होते हैं। याद रखें—जिस व्यक्ति के अन्दर सहनशीलता का गुण पाया जाता है, वह विपरीत परिस्थिति में भी तप कर सोने की तरह निखर जाता है। उसके अन्दर दुखद स्थिति से बाहर निकलने की अद्‌भुत क्षमता होती है। यही कारण है कि वह विकट परिस्थिति में भी धैर्य नहीं खोता और न ही लक्ष्य से विचलित होता है। वह दूसरे की आलोचना को भी सहर्ष स्वीकार करता है। कृत आलोचना से सीख लेता है तथा उत्पन्न हालात को चुनौती के रूप में स्वीकार करता है। फलतः उसके व्यक्तित्व में निखार आता है और वह अच्छे व्यक्तित्व के मालिक बनता है। सहनशीलता का अर्थ खुद को बेहतर बनाना है, दुखों को सहन कर भी जीवन का औचित्य साकार करना है। सहनशीलता का मतलब यह नहीं है कि आप बेवजह गाली सुनते रहें, पिटते रहें और दूसरा आपका शोषण करते रहे। आपके साथ अन्याय एवं अत्याचार होता रहे और आप उसका प्रतिरोध भी न करें। याद रखें—

> *अत्याचार सहन करना सहनशीलता नहीं है, ऐसा करना अन्यायी का साथ देना है।*

प्रेमचन्द जैसे साहित्यकार ने लिखा है अत्याचार करने वाला व्यक्ति उतना दोषी नहीं, जितना अत्याचार सहने वाला। कहने का आशय है कि सहनशीलता का मतलब यह नहीं कि आप अन्याय का प्रतिरोध न करें या आपकी सहनशीलता का गलत लाभ दूसरा उठाए। दोस्तो! सहनशीलता का मतलब यह भी नहीं कि आप मूल्यों के परे जाकर अन्यायी, अत्याचारी एवं दुराचारी का साथ दें। सहनशीलता का मतलब व्यवहार को सहनशील बनाना है, दुख की घड़ी में धैर्य रखना तथा खुद को विकट परिस्थिति से बाहर निकलने के योग्य बनाना है। विपरीत परिस्थितियों से लड़ने की क्षमता विकसित करनी है।

मेरे विचार से सहनशीलता का अर्थ :

> *अपने व्यवहार में विनम्रता, वाणी में मधुरता तथा दूसरों की खड़ी एवं कड़वी बातों को भी सहर्ष स्वीकार करना है। अपने व्यवहार में बदलाव लाना तथा खुद कष्ट सहकर भी जरूरतमंदों का कल्याण करना है।*

आप गौर करें तो पाएँगे कि अधिकांश लोग अत्याचार सहते रहते हैं परन्तु अन्याय का विरोध नहीं करते और अत्याचार एवं अन्याय सहन करने को सहनशीलता मान लेते हैं। यह सहनशीलता नहीं है कि आप दूसरों का अत्याचार सहते रहें। दूसरों की निरर्थक एवं अन्यायी बातों को मानते रहें। यह मन की दुर्बलता है, हार मान लेने की मौन स्वीकृति है। सहनशीलता का अर्थ विकट परिस्थिति में उत्पन्न हालात को सहन कर उन पर विजय प्राप्त करना है। दूसरों की कड़वी परन्तु खरी बातों से सीख लेना एवं खुद के कटु व्यवहार में बदलाव लाना है। परन्तु सच्चाई यह है कि बहुधा लोग दूसरों की सही बातों एवं शिकायत पर खीझ जाते हैं, और चापलूसी भरी बातों पर खुश हो जाते हैं। ऐसा व्यक्ति अपनी आलोचना सुनने को तैयार नहीं होता, और न ही कृत गलती को स्वीकार करता है। वह अपनी गलती पर अडिग रहता है। उसे लगता है कि मैंने जो किया है, वही सही है। ऐसे व्यक्तियों को दूसरे की अच्छी बातें भी बुरी लगती हैं और समझाने पर कहेंगे कि सहनशीलता की भी एक सीमा होती है। वे लड़ने पर उतारू हो जाते हैं और कहते हैं कि हम इनकी बातें जितना सुनते एवं मानते हैं, ये उतना ही व्यर्थ का दबाव डालते हैं। सहनशील होने का मतलब यह नहीं है कि हमारी कोई आलोचना करता रहे और हम चुपचाप सुनते रहें। दोस्तो! सार्थक आलोचना व्यक्तित्व-निर्माण के लिए बेहतर दवा है, अगर आलोचना सकारात्मक एवं रचनात्मक है। ऐसी आलोचना को अवश्य सुनें एवं सहन करने की शक्ति विकसित करें। परन्तु दुख की बात यह है कि प्राय: लोग आलोचना का अर्थ नहीं समझते और आलोचना को प्रतिष्ठा से जोड़ लेते हैं। भले ही वे प्रतिष्ठा का अर्थ नहीं समझते। याद रखें—

> *सौम्य एवं सहनशील व्यक्ति की प्रशंसा सदैव होती है, कटु एवं निर्दयी व्यक्ति की नहीं।*

यदि आप भी अपने व्यक्तित्व को सुन्दर बनाना चाहते हैं तो अपने व्यवहार में सौम्यता एवं सहनशीलता जैसे गुणों को शामिल करें। सहनशीलता दुखद स्थितियों को सहन कर बेहतर करने का नाम है। यह बात भी सही है कि कुछ लोग दूसरों के गलत कार्यों को भी किसी लाचारी या स्वार्थ में सहन करते रहते हैं, जो सहनशीलता नहीं है। स्वार्थ या लाचारी में किसी की गलत बातों को मान लेना निम्न व्यक्तित्व का परिचायक है। खुद को कमजोर साबित करना है। यह भी सही है कि कुछ लोग दूसरों की आलोचना व्यर्थ में करते रहते हैं। ऐसी आलोचना से क्रोधित न हों बल्कि और बेहतर बनकर जवाब दें। आप उत्कृष्ट कार्य कर उनके मुँह को बन्द करें। दोस्तो! सहनशीलता का अर्थ व्यवहार में बदलाव लाना है, वाणी में मधुरता लाना है। कर्म का मूल्य समझना है तथा अच्छे कर्मों को करने में उत्पन्न कष्टों को सहन करना है। अच्छे लोगों की कड़वी बातों से सीख लेना एवं गलती को स्वीकार कर

खुद के व्यक्तित्व में निखार लाना है। दुख की बात यह है कि प्राय: व्यक्ति सहनशीलता का अर्थ नहीं समझता और बेकार की बातों को इज्जत से जोड़कर उग्र हो जाता है। बात-बात में लड़ने लगता है और प्रतिष्ठा का सवाल उठाता रहता है। ऐसा व्यक्ति क्रोधी स्वभाव का हो जाता है। और उसका व्यक्तित्व सुन्दर बनने के बजाय कुरूप हो जाता है। ऐसे व्यक्ति से समाज के लोग कन्नी काटने लगते हैं। इस प्रकार का व्यवहार उसे सफलता से दूर ले जाता है। ठीक इसके विपरीत जिस व्यक्ति के व्यक्तित्व में सौम्यता एवं सहनशीलता जैसे गुण होते हैं, उसका व्यक्तित्व सुन्दर एवं अनुकरणीय होता है।

मार्टिन लूथर एक प्रसिद्ध समाजसेवी थे। वे समाज में व्याप्त कुरीतियों के खिलाफ हमेशा आवाज उठाते थे, और लोगों को समाज सुधार की प्रेरणा देते थे। उनके इस कार्य से कुरीतियों को बढ़ावा देनेवाला वर्ग क्रुद्ध रहता था। एक बार एक समुदाय के लोगों ने संत लूथर के कार्यों से क्षुब्ध होकर उनके विरुद्ध अभियान छेड़ दिया। उन्हें और उनके शिष्यों को देखकर अकारण गालियाँ देते, फब्तियाँ कसते। इतना ही नहीं, उन पर पत्थर भी फेंकने लगते। उन दुराचारियों के उत्पीड़न से तंग आकर कुछ शिष्यों ने मार्टिन लूथर से कहा कि हमें भी गालियों का उत्तर गालियों से देने के लिए मजबूर होना होगा ताकि उन्हें सबक सिखाया जा सके। संत लूथर उन्हें रोकते हुए बोले—"ऐसा करने पर हममें और उनमें क्या अन्तर रह जाएगा? यदि हम भी उन्हीं की तरह परनिंदा में लग गए तो क्या हम अपने महान उद्देश्य से भटक नहीं जाएँगे? समाज सुधारकों को अपने मन, वाणी व विचारों पर संयम रखना आवश्यक है। समाज सुधार के कार्य में तो ऐसी बाधाएँ आती हैं, उनसे विचलित होकर हमें स्वयं पथभ्रष्ट होने की आवश्यकता नहीं है।" यह सुनकर उनके शिष्य सहनशीलता का अर्थ एवं मर्म समझ गए।

व्यवहारकुशलता

व्यक्तित्व को सुन्दर बनाने के लिए व्यवहारकुशलता अति महत्त्वपूर्ण तत्त्व है। व्यवहार व्यक्तित्व का दर्पण है। हमारी सोच, हमारे विचार, विश्वास एवं भावों की झलक हमारे व्यवहार में प्रत्यक्ष दिखाई पड़ता है। व्यक्ति के व्यवहार में ही उसकी छवि दृष्टिगोचर होती है। व्यवहारकुशलता के सन्दर्भ में हमें खुद से प्रश्न पूछने की जरूरत है कि क्या हम अपने लिए दूसरों से जिस व्यवहार की अपेक्षा करते हैं, वैसा व्यवहार हम दूसरों के साथ करते हैं? क्या हमारे हर क्रिया-कलाप में व्यवहारकुशलता की झलक मिलती है? क्या हम बात-बात पर क्रोधित हो जाते हैं? क्या हम अपनी गलती की भड़ास दूसरे पर निकालते हैं? यदि आप ऐसा करते हैं तो आप व्यवहारकुशल नहीं हैं, और आपको अपने व्यवहार में बदलाव लाने की जरूरत है। ध्यान रखें—

हम जैसे होते हैं, वैसा ही व्यवहार करते हैं और हमारे व्यवहार से ही कोई व्यक्ति हमारा मित्र या शत्रु बनता है।

अतः महत्त्वपूर्ण यह है कि हम खुद दूसरों के साथ कैसा व्यवहार करते हैं इसका आत्म-मंथन करें और देखें कि क्या हमारे व्यवहार में मधुरता, विनम्रता, सहनशीलता शामिल है? क्या हमारे व्यवहार में समझदारी का पुट है? क्या हमारे व्यवहार से दूसरे खुश हैं? क्या हमारे व्यवहार से लोग दुखी हैं? क्या हम दूसरों के साथ वैसा ही व्यवहार करते हैं, जैसा हम दूसरों से चाहते हैं? सुन्दर व्यक्तित्व-निर्माण हेतु ये सारे प्रश्न विचारणीय हैं। ध्यान रखें—

हमारे व्यक्तित्व की संरचना में कुछ दृश्य एवं कुछ अदृश्य तत्त्व होते हैं। जो दिखाई देता है, वह हमारा व्यवहार होता है और जो अदृश्य होता है, उसमें हमारी आस्था, विश्वास, विचार एवं भाव छिपे होते हैं। इन्हीं तत्त्वों के आधार पर हमारी छवि बनती है, जिसे सेल्फ इमेज कहते हैं।

यदि हमारी छवि स्वच्छ एवं साफ है तो सर्वत्र प्रशंसा होती है। फलतः हमारी कार्य-क्षमता बढ़ जाती है। हमारा व्यवहार शिष्ट एवं शालीन हो जाता है। ऐसे व्यक्तित्व के धनी व्यक्ति अपनी अमिट छाप दूसरों पर छोड़ जाते हैं, जिसे मिटा पाना सम्भव नहीं होता। अगर आप अपने व्यक्तित्व को सुन्दर बनाना चाहते हैं तो आप अपने व्यवहार में शिष्टता, शालीनता एवं विनम्रता को शामिल करें। अगर आपके अन्दर नकारात्मक ऊर्जा है तो उसे दूर करने के लिए जप, साधना करें और चिंतन को श्रेष्ठ बनाने के लिए स्वाध्याय की आदत डालें।

परस्पर व्यवहार करना मनुष्य के जीवन का एक अभिन्न अंग है। किसी भी व्यक्ति के व्यवहार को देखकर उसकी मानसिक स्थिति को जाना जा सकता है। व्यवहार के माध्यम से व्यक्ति न केवल अपनी भावनाओं को अभिव्यक्त करता है, बल्कि अपने व्यक्तित्व को भी प्रस्तुत करता है। अतः महत्त्वपूर्ण यह देखना है कि हमें परिस्थितियों के अनुरूप सही ढंग से व्यवहार करने की कला आती है या नहीं। यदि हमें यह कला आती है तो निश्चित है कि हम व्यवहारकुशल हैं। व्यवहार प्रदर्श करने में शिष्टता, समझदारी और विनम्रता तीनों की आवश्यकता होती है। अगर ये तीनों गुण आपके व्यवहार में शामिल हैं तो आप व्यवहारकुशल हैं। व्यवहारकुशलता में ऐसी शक्ति निहित है, जिसके माध्यम से हम दूसरों का दिल जीत सकते हैं, किसी भी अजनबी को अपना मित्र बना सकते हैं। आपसी भाईचारे एवं सद्भाव का संदेश दे सकते हैं। याद रखें—

व्यवहारकुशलता हमें सफलता के करीब ले जाती है और व्यवहारकुशलता के कारण ही हर व्यक्ति हमारी मदद करता है।

हमारा बिगड़ा काम भी बन जाता है और ऐसे व्यक्ति की उपस्थिति मात्र से लोग खुश हो जाते हैं। दूसरे उनकी विनम्रता से सीख लेते हैं। आप भी अपने व्यवहार में विनम्रता शामिल करें, कठोरता नहीं। कठोरता अपने कार्यों के प्रति, अपने कर्तव्य के प्रति रखें, जिससे आप जीवन में बेहतर कर सकें। यदि आप दूसरों के साथ कठोरता बरतते हैं तो हो सकता है कि सामने वाला व्यक्ति अच्छा बनने की बजाय टूट जाए या आपके साथ भी उसी तरह पेश आए। ऐसी स्थिति में आप परेशानी में पड़ जाएँगे। जैसे—कोई व्यक्ति बार-बार मना करने पर भी गलती करता है और अपनी आदतों में सुधार नहीं लाता, बड़ों का सम्मान नहीं करता और ऊँची आवाज में बात करता है। उस स्थिति में अगर उसके साथ कठोरता से पेश आते हैं तो ज्यादा सम्भावना है कि वह अच्छा बनने की बजाय और खराब हो जाए। अत: वैसे व्यक्ति के साथ कठोरता से पेश आने के बजाय उसे व्यवहार से कुशलता का महत्त्व समझाएँ। अगर उसे आप गलत व्यवहार के कारण उत्पन्न दुष्परिणामों के बारे में प्यारपूर्वक अवगत कराते हैं तो हो सकता है कि वह व्यक्ति अपनी आदतों में सुधार लाए और भविष्य में गलती न करने का संकल्प ले।

मृदुल एवं शिष्ट व्यवहार हमारे व्यक्तित्व का सबसे सुन्दर आभूषण है, जिस आभूषण से सुसज्जित होने पर हमारा व्यक्तित्व चमक उठता है। ऐसा व्यवहार हमारे लिए सफलता की नई राह एवं अवसर बनाता है। अगर आप बहुत ज्ञानी हैं परन्तु यदि आपके व्यक्तित्व में मृदुलता, शिष्टता एवं शालीनता शामिल नहीं है तो आपका ज्ञान एवं प्रतिभा व्यर्थ है। ऐसी स्थिति में आपकी संगति करने को कोई तैयार नहीं होगा। अगर आप चाहते हैं कि दूसरे आपकी संगति करें, आपको सम्मान दें तो आप अपने व्यवहार में लोच लाएँ। अपने व्यवहार में शालीनता, शिष्टाचार एवं समझदारी की समझ दिखाकर ऊँचे व्यक्तित्व के मालिक बनें। व्यक्तित्व निर्माण हेतु हमें अपने खुद के व्यवहार की समीक्षा करनी चाहिए और देखना चाहिए कि हमारे व्यवहार में क्या-क्या खामियाँ हैं। जैसे, हमारे व्यवहार से दूसरों को ठेस तो नहीं पहुँचती ? हमारे व्यवहार में समझदारी एवं विनम्रता की कमी तो नहीं है ? हमारा व्यवहार केवल दिखावे के लिए तो नहीं है ? क्या हमारा व्यवहार खुद को शान्ति एवं दूसरों को खुशी देता है ? यदि आपके व्यवहार में उपर्युक्त बातें शामिल हैं तो आपके व्यवहार में मृदुलता एवं समझदारी का पुट है। अगर आपके व्यवहार में उपर्युक्त बातों का अभाव है तो उसे दूर करें और व्यवहारकुशल बनें। हमारा व्यवहार सदैव अनुकरणीय एवं प्रशंसनीय होना चाहिए ताकि हमारी उपस्थिति मात्र से ही लोगों के मन में प्रसन्नता जागे और खुद को सन्तुष्टि मिले। ठीक इसके विपरीत यदि हमारा व्यवहार लोगों के मन में चुभन एवं पीड़ा की अनुभूति देता है तो ऐसे व्यवहार में परिवर्तन एवं सुधार लाने की आवश्यकता है।

हम अपने व्यवहार के माध्यम से न केवल समस्याओं को सुलझा पाने में समर्थ

होते हैं, अपितु समस्याओं को जटिल बनने से भी रोक पाने में सफल होते हैं। कहने का आशय है कि हमारा निर्णय व व्यवहार समस्याओं को सुलझा भी सकता है और उलझा भी सकता है। कभी-कभी जिद व अहं के आवेश में किया गया व्यवहार सामान्य बात को भी राई का पहाड़ बना देता है। सरल कार्य को भी कठिन बना देता है। अपने को पराया और मित्र को शत्रु बना देता है। अत: व्यवहार वही शोभा देता है, जिसमें विनम्रता हो, समझदारी हो तथा शिष्टाचार से ओत-प्रोत हो। याद रखें—

> *विनम्रता का अर्थ स्वयं को कमजोर समझते हुए निवेदन करना या गलत बातों पर मुहर लगाना नहीं होता, बल्कि आत्म-सम्मान के साथ दूसरों का सम्मान करना तथा स्वयं को सभ्य ढंग से प्रस्तुत करना है।*

निश्चित रूप से आप व्यवहारकुशल हैं तो आप सुन्दर व्यक्तित्व के मालिक हैं। उपर्युक्त विश्लेषण से स्पष्ट है कि व्यवहारकुशलता व्यक्तित्व निर्माण के लिए आवश्यक तत्त्व है। इसे अपने व्यक्तित्व में समाहित करें।

शिष्टाचार

मनुष्य मनुष्य की तरह रहे, इसके लिए शिष्टाचार का होना आवश्यक है। शिष्टाचार मनुष्यता की सबसे बड़ी पहचान है। शिष्टाचार के अभाव में मनुष्य जानवर की तरह व्यवहार करता है और आप जानते हैं कि मनुष्य को मनुष्य की तरह रहना ही शोभा देता है। जो मनुष्य होते हुए भी अपने शील, स्वभाव को मानव के अनुरूप नहीं ढाल पाते, वे पशु से भी गए-गुजरे हैं। पशु तो पशु होता है, उसमें वह विवेक, बुद्धि नहीं होती कि वह अपने आचरण को सुन्दरता के साँचे में ढाल सके। शील, स्वभाव एवं व्यवहार की परख रखे। शिष्टाचार से पशुओं को कोई लेना-देना नहीं, परन्तु मनुष्य तो एक चेतनशील प्राणी है, उसे शिष्टाचार की समझ तो होनी ही चाहिए। सचमुच 'शिष्टचार जीवन का दर्पण है, जिसमें हमारे व्यक्तित्व का स्वरूप दिखाई देता है।' शिष्ट आचरण का खुद एवं दूसरों पर अच्छा प्रभाव पड़ता है। इससे हमें दूसरों की सद्भावना, आत्मीयता और सहयोग की प्राप्ति होती है। फलत: समाज में हमारी लोकप्रियता बढ़ती है। हमें मान-सम्मान मिलता है। इसके विपरीत अशिष्ट व्यवहार दूसरों में घृणा, द्वेष पैदा करते हैं। अशिष्ट व्यक्ति को कोई आत्मीय सहयोग नहीं मिलता, उल्टे अपने भी पराये बन जाते हैं और व्यक्तित्व विकास रुक जाता है। ध्यान रखें—

> *शिष्टता और सद्व्यवहार से विरोधियों को भी अपना बनाया जा सकता है। यह अमृत के समान है, जिसके प्रभाव में कटुता, विरोध और शत्रुता पिघल जाते हैं।*

आप चाहते हैं कि आपका कोई विरोधी या शत्रु न बने तो सदैव शिष्ट बनें और शिष्ट रहें। शिष्टाचार व्यवहार की वह रीति-नीति है, जिसमें व्यक्ति और समाज की आंतरिक सभ्यता एवं संस्कृति के दर्शन होते हैं। परस्पर बातचीत, संबोधन से लेकर दूसरों की सेवा, क्षमा, त्याग, सम्मानयुक्त व्यवहार आदि तक में शिष्टाचार की बातें आती हैं। शिष्टाचार हमारे आचरण एवं व्यवहार का नैतिक मापदंड है, जिस पर सभ्यता व संस्कृति का भवन बनता है। एक-दूसरे के प्रति समानता का भाव, सद्‌भावना, सहानुभूति, सहयोग आदि शिष्टाचार के मूलाधार हैं। इन मूल भावनाओं से प्रेरित होकर हम दूसरों के प्रति नम्र, विनयशील, आदरपूर्ण, उदार आचरण प्रदर्शित करते हैं। यही शिष्टाचार है। सभी जगह शिष्टाचार की आवश्यकता होती है। अपने घर में छोटे से लेकर बड़े सदस्यों के साथ और बाहर हर व्यक्ति के साथ। शिक्षा, सम्पन्नता, पद एवं प्रतिष्ठा की दृष्टि से कोई व्यक्ति कितना भी ऊँचा क्यों न हो, हर्ष के अवसर पर हर्ष और शोक के अवसर पर शोक की बातें न करे तो व्यर्थ है। यह गुण किसी विद्यालय में प्रवेश लेकर अर्जित नहीं किया जा सकता। इसका ज्ञान प्राप्त करने के लिए सम्पर्क व पारस्परिक व्यवहार का अध्ययन तथा क्रियात्मक अभ्यास महत्त्वपूर्ण है।

परन्तु दुख की बात यह है कि अधिकांश व्यक्ति यह नहीं जानते कि किस अवसर पर किस व्यक्ति के साथ कैसा व्यवहार किया जाना चाहिए। कहाँ किस प्रकार उठना-बैठना चाहिए। कहाँ क्या बोलना चाहिए। यदि खुशी के अवसर पर शोक और शोक के अवसर पर खुशी की बातें की जाएँ या बच्चों के समक्ष वैराग्य एवं अध्यात्म की बात तथा वृद्धजनों के साथ शरारतें, हास्य-विनोद की बात की जाए तो गलत है। इसी प्रकार गर्मी में चुस्त, भड़कीले और शीत ऋतु में हलके कपड़े पहने जाएँ तो देखने वाले के मन में आपके प्रति आदर नहीं उपेक्षा और तिरस्कार का भाव ही आएगा। खान-पान, वेश-भूषा, उठने-बैठने, आने-जाने हर जगह शिष्टाचार का महत्त्व है और शिष्टाचार का अनुपालन आवश्यक है। शिष्टाचार व्यक्ति के अंग-अंग और हर कार्य में झलकना चाहिए। इसकी सर्वांगपूर्ण परिभाषा नहीं दी जा सकती क्योंकि इसका क्षेत्र व्यापक है। यह आपका हर कार्य, हर व्यक्ति के साथ किया गया व्यवहार एवं आचरण है, जो व्यक्ति द्वारा प्रतिपल होने वाली क्रियाओं का नियमन करता है और उसके स्वरूप का निर्धारण करता है। इतना कहा जा सकता है कि दूसरों से हम अपने लिए जैसा सम्मान चाहते हैं, उसी प्रकार हम भी दूसरों का सम्मान करें। जिन कारणों से हमें अपनी भावनाओं को ठेस पहुँचती है, उन कारणों को हम भी दूसरों के लिए प्रस्तुत न करें और सदैव वाणी एवं व्यवहार से शिष्ट बने रहें।

शिष्टाचार मन, वचन, कर्म से किसी को हानि नहीं पहुँचाता और न ही मन से किसी का बुरा चाहता है। यह वैसा कार्य भी नहीं करता, जिससे किसी का दिल दुखे। विनय और मधुरता युक्त व्यवहार ही जीवन का अंग होता है। किसी भी तरह के अभिमान की गुंजाइश शिष्टाचार में नहीं होती। जिस तरह फलों के बोझ से वृक्ष

नीचे झुक जाता है, उसी तरह ऐसे व्यक्ति ऐश्वर्य बढ़ने पर भी नम्रता और विनयशीलता से सराबोर होकर और मधुर बन जाते हैं। शिष्टाचार किसी व्यक्ति के व्यक्तित्व में निहित ऐसा गुण है, जो उसे ऊँचाइयों की ओर ले जाता है। इसे पाने के लिए कोई दवा नहीं होती, बल्कि अभ्यास और आचरण द्वारा इसे प्राप्त किया जा सकता है। इसके लिए सौम्यता, सहनशीलता, संवेदनशीलता और हृदय की कोमलता आवश्यक है। इसका आधार आत्मिक सौजन्य से है, कृत्रिमता का शिष्टाचार में तनिक भी स्थान नहीं है। कुछ भी हो, किसी भी रूप में अशिष्टता खुद, परिवार, देश और जाति के लिए हानिकारक है। शिष्टाचार हमारी सभ्यता और संस्कृति का दर्पण है और किसी प्रकार की अशिष्टता को प्रदर्शित करना निम्न व्यक्तित्व की पहचान है। इसके महत्त्व को समझकर इसे परिवार में प्राथमिकता के साथ अंगीकार किया जाए तो निश्चित रूप से सभ्य परिवार एवं समाज का निर्माण हो सकेगा।

वाणी सम्बन्धी शिष्टता में सावधानी और सतर्कता बरतना बहुत कम लोगों को आता है। अभिवादन के सामान्य व्यवहार से भी लोग बचते हैं, और बोलते समय भी आदरसूचक शब्दों में कंजूसी करते हैं। ध्यान रखें—

किसी का यथोचित अभिवादन करने से आपका कुछ घटता नहीं और सामनेवाले को लगता है, उसे सम्मान दिया जा रहा है।

आत्म-प्रशंसा के बीच में अनावश्यक बोलना, ऊँची आवाज में बातें करना, वार्तालाप में गाली-गलौज करना, अपशब्दों का प्रयोग, अशिष्टता है। अपनी बातों को संक्षेप में सारगर्भित रूप से कहना और खुशगवार माहौल में अपनी बातों का प्रस्तुतिकरण करना तथा किसी प्रकार के क्रोध और आवेश के आगोश में न आना सभ्यता और शिष्टता की निशानी है। अत: वाणी और व्यवहार में शिष्टता प्रदर्शित करना खुद के व्यक्तित्व को ऊपर उठाना है। ठीक इसके विपरीत अधिक बोलना, ऊँची आवाज में बोलना, असत्य बोलना, चुगली और चापलूसी करना दुर्गुण है और अशिष्टता भी। शायद आपको नहीं मालूम शिष्टाचार के माध्यम से ही मनुष्य का प्रथम परिचय समाज को मिलता है। अत: व्यक्तित्व निर्माण में शिष्टाचार, सौम्यता एवं सहनशीलता की भूमिका महत्त्वपूर्ण है।

प्रसन्नचित्त मुद्रा

आपके चेहरे की मुद्रा आपके व्यक्तित्व के बारे में बहुत कुछ कह जाती है। आपके चेहरे की मुस्कान, शरीर के विभिन्न अंग-प्रत्यंग का हाव-भाव, बॉडी-लैंग्वेज आपके व्यक्तित्व का बखान कर जाते हैं। आप गौर करें तो पाएँगे कि जिस व्यक्ति का मुखमंडल खिला-खिला और होंठों पर मधुर मुस्कान, वाणी में मधुरता, बातों में जादुई करिश्मा और चेहरे पर तेज होता है वैसे व्यक्ति से हर कोई मिलना पसन्द

करता है। हर व्यक्ति उससे दोस्ती करना चाहता है। आप भी प्रसन्नचित्त रहें और कदापि चेहरे पर शिकन का भाव न आने दें। सुखद स्थिति में तो सभी खुश रहते हैं, लेकिन दुखद स्थिति को समभाव से लेना और प्रसन्नचित्त रहना, आपको विकट स्थिति से बाहर निकलने में मदद करता है। अगर आप दुखद स्थिति में चिन्तित और दुखी हो जाते हैं तो आप चाहकर भी बाहर नहीं निकल पाएँगे। दुखद स्थिति से बाहर निकलने के लिए प्रसन्नचित्त रहें, अन्यथा आप निम्न व्यक्तित्व के मालिक बन बैठेंगे। सुन्दर व्यक्तित्व का मालिक वही है, जो हर परिस्थिति को समभाव से लेता है और विकट परिस्थिति में भी धैर्य एवं मुस्कान को बनाए रखता है।

प्रसन्नचित्त रहने की पहली पहचान चेहरे की मुस्कान है। यदि किसी व्यक्ति के चेहरे पर मुस्कान है तो इसका मतलब है कि वह व्यक्ति खुश है। मुस्कान को बनाए रखने के लिए अच्छे कर्म करें एवं व्यवहारकुशल बनें। याद रखें—

> *मुस्कान ऐसी दवा है, जो आपको हमेशा स्वस्थ एवं ऊर्जावान बनाए रखती है।*

इसकी सबसे बड़ी विशेषता है कि इसके लिए आपको पैसे खर्च नहीं करने पड़ते और न ही यह किसी दुकान पर मिलती है। यह मिलती है आपके मूल्यों की समझ से, उत्कृष्ट कार्य करने से, आपके कुशल व्यवहार और दूसरों को खुश रखने से। मुस्कान में ऐसी शक्ति है कि यह गमगीन माहौल को खुशी में बदल देती है। आपकी एक मुस्कान दूसरों के जीवन में खुशी भर देती है। आपकी मुस्कान खुद और दूसरों के लिए सुखद होती है। याद रखें—

> *आपके मुस्कुराने से आपका कुछ नहीं जाता, बल्कि आप खुद प्रसन्नचित्त रहते हैं और दूसरे खुश होते हैं।*

अतः हमेशा प्रसन्न रहने की आदत डालें, सन्तुष्टि से दोस्ती करें। खुद के कृत्य में सुधार लाएँ और दूसरों द्वारा किए गए अच्छे कार्यों की प्रशंसा करें। अगर कोई गलती भी करे तो उसे डाँटें नहीं, बल्कि उसे प्यारपूर्वक गलत कार्यों की परिणति के बारे में बताएँ ताकि वह गलती स्वीकार कर बेहतर कर सके। अगर आपको प्रसन्नचित्त मुद्रा का औचित्य समझ में नहीं आता हो तो किसी कार्य को दुखी मन से करें और किसी काम को प्रसन्न मुद्रा में करें। आपको स्वयं अन्तर समझ में आ जाएगा। यदि आप दुखी अवस्था में किसी कार्य को करते हैं तो आपके अन्दर उस कार्य को बेहतर ढंग से निष्पादित करने का उत्साह एवं उमंग नहीं रहता। नतीजा, आप उस कार्य को समय पर नहीं कर पाते। लेकिन जैसे ही आप उस कार्य को प्रसन्नचित्त मुद्रा में करते हैं तो आपका उत्साह एवं उमंग बढ़ जाता है। नतीजा, आप उस कार्य को बेहतर ढंग से कर पाते हैं, जिसकी परिणति भी बेहतर प्राप्त होती है।

अत: किसी भी परिस्थिति में चिंता नहीं, चिन्तन करें कि हम विकट परिस्थिति में भी खुश कैसे रहें? प्रसन्नचित्त रहने के लिए हमें किन-किन बातों पर ध्यान देने एवं उत्पन्न हालात से बाहर निकलने के लिए क्या करने की जरूरत है? अगर आप दुखद स्थिति से बाहर निकलने का प्रयत्न प्रसन्न मुद्रा में नहीं करते तो आप और चिन्ता में डूबते चले जाएँगे। नतीजा, आप दुखद परिस्थिति से बाहर नहीं निकल पाएँगे। जैसे—प्रत्येक माता-पिता की चाहत होती है कि उनके बच्चे खुश रहें, उनके चेहरे पर कभी शिकन न आए, मुस्कान बनी रहे। हमेशा अच्छे लोगों की संगत में रहें और जीवन में अच्छा करें। बच्चों के चेहरे पर थोड़ी-सी भी शिकन आने पर वे उदास हो जाते हैं। आप खुद सोचें—

यदि माता-पिता ही उदास हो जाएँगे तो बच्चों को कैसे खुश रख पाएँगे?

अत: महत्त्वपूर्ण यह है कि बच्चे खुश रहें और बेहतर करें, इसके लिए हमें खुद प्रसन्नचित्त रहकर समस्या समाधान की दिशा में प्रयास करने होंगे। मूल्यों के साथ खुश रहने की आदत डालनी होगी। हमें इस बात का ध्यान रखना होगा कि क्या हमने बच्चों को समस्या समाधान की शिक्षा दी? उन्हें अच्छे संस्कार दिए हैं, चुनौतियों को स्वीकार करना सिखाया है? गलतियों को स्वीकार करने तथा गलतियों से सीख लेने की शिक्षा दी है? अगर हमने उन्हें बेहतर शिक्षा दी है तो वे जरूर जीवन में बेहतर करेंगे और प्रसन्नचित्त रहेंगे। दोस्तो! उदास रहना किसी भी समस्या का समाधान नहीं है। विकट-से-विकट परिस्थिति में भी उदास रहने की जरूरत नहीं, उत्पन्न हालात से सीख लेकर अवसर ढूँढ़ने की जरूरत है। मुस्कुराते हुए हालात का मुकाबला करने की जरूरत है। हँसने एवं मुस्कुराने की आदत डालें तथा उत्पन्न हालात का मुकाबला प्रसन्नचित्त मुद्रा में करें। विकट से विकट समस्या का हल निकल आएगा और आपके चेहरे पर मुस्कान खिल जाएगी। ऐसा करने से आपके व्यक्तित्व में निखार आएगा और आप अच्छे व्यक्तित्व के मालिक बनेंगे।

ठीक इसके विपरीत जिस व्यक्ति के चेहरे पर शिकन होती है, आँखों में सन्नाटा छाया रहता है, मानो उसने कभी मुस्कुराना न सीखा हो, जिसे दुखड़ा लेकर बैठने तथा रोने की आदत सी हो गई हो, वैसे व्यक्ति से कोई मिलना नहीं चाहता। मिलना तो दूर, ऐसे व्यक्ति को देखकर ही लोग कन्नी काटने लगते हैं। ऐसे व्यक्ति की अच्छी बातें भी कोई सुनने को तैयार नहीं होता। ऐसा व्यक्ति स्वभाव से चिड़चिड़ा, अहंकारी, कृतघ्न और अपने वादे से मुकरने वाला होता है। नतीजा उन्हें जीवन के हर मोड़ पर असफलता हाथ लगती है। जीवन के हर मोड़ पर मिलने वाली असफलता उसके विषाद को इतना गहरा कर देती है कि वह व्यक्ति लाख योग्य होते हुए भी अपने मिशन में फेल हो जाता है। उसके चेहरे पर प्रसन्नता नहीं आ पाती। कहने का

आशय है कि प्रसन्न रहना जिन्दगी जीने की कला है। जीवन की उमंग एवं उत्साह है। आप इस कला को सीखें और व्यक्तित्व को सुन्दर बनाएँ।

सकारात्मक सोच

व्यक्तित्व निर्माण में सकारात्मक सोच की भूमिका महत्त्वपूर्ण है। हम अपने व्यक्तित्व का निर्माण कैसा करना चाहते हैं तथा व्यक्तित्व का अर्थ एवं औचित्य क्या समझते हैं, यह हमारे सोच पर निर्भर करता है। जैसी हमारी सोच होती है, उसी अनुरूप हमारा व्यक्तित्व बनता है। प्राय: व्यक्ति ज्यादा से ज्यादा धन अर्जन करना चाहता है और धन के बल पर व्यक्तित्व को निखारना चाहता है। बहुत से व्यक्ति कीमती कपड़े एवं गहने पहनकर अपने व्यक्तित्व को सुन्दर बनाना चाहते हैं। यदि व्यक्तित्व के सन्दर्भ में यही सही है तो स्वामी विवेकानन्द, महात्मा गांधी, लाल बहादुर शास्त्री, विनोबा भावे, संत अरस्तू, प्लेटो, नेल्सन मंडेला आदि व्यक्ति के व्यक्तित्व की प्रशंसा नहीं होती। उनका इतिहास नहीं लिखा जाता। उनके ऊँचे व्यक्तित्व का उदाहरण प्रस्तुत नहीं किया जाता। इन महापुरुषों ने कीमती वस्त्र, गहने एवं बाह्य सुन्दरता को व्यक्तित्व का हिस्सा नहीं माना, बल्कि दूसरों का कल्याण, मूल्यों की समझ एवं देश-सेवा को अपने व्यक्तित्व की पहचान बनाया। दोस्तो ! जब तक हम अपनी सोच नहीं बदलेंगे, सोच की दिशा सकारात्मक एवं दृष्टि दूर तक नहीं रखेंगे, तब तक हम भी चमचमाती कार एवं हवाई जहाज से उतरने वाले व्यक्ति या कीमती वस्त्रों एवं गहनों से सुसज्जित व्यक्ति को सुन्दर व्यक्तित्व का मालिक मानते रहेंगे। हम अमीर व्यक्ति की शान-शौकत, कीमती वस्त्र एवं आभूषण को ही व्यक्तित्व का तत्त्व मान लेंगे।

अत: महत्त्वपूर्ण यह है कि हम अपनी सोच को सकारात्मक रखें। जब तक हम अपनी सोच की दिशा सकारात्मक नहीं रखेंगे, तब तक हमें न तो खुद का मूल्य समझ में आएगा और न ही कृत्य कर्म का मूल्य। हम मूल्यों से भटक जाएँगे और चकाचौंध की दुनिया में खो जाएँगे। हमें कोई जानने वाला पहचानने वाला नहीं मिलेगा। अगर आप चाहते हैं कि आपको दुनिया जाने तो आप सुन्दर व्यक्तित्व के मालिक बनें, जीवन का मूल्य समझें एवं इसका औचित्य साकार करें। किसी भी विषय-वस्तु या घटना के सन्दर्भ पर सकारात्मक सोचें। जैसे ही आप सकारात्मक सोचेंगे, आपके जीने का ढंग, रहने का ढंग, कार्य करने का ढंग बदल जाएगा। बदले हुए स्वरूप में आप बेहतर करेंगे और आपकी एक अलग पहचान होगी। अगर आप भी चाहते हैं कि आपको लोग जानें-पहचानें और याद रखें तो सोच को बदलें। अपने अन्दर अच्छे गुणों को आत्मसात् कर सुन्दर व्यक्तित्व के मालिक बनें।

सोच ही वह आधारभूत तत्त्व है, जिसके ऊपर जीवन का वटवृक्ष अवलम्बित होता है। मनुष्य की चित्तवृत्तियाँ, संस्कार, स्वभाव, आदतें, भावनाएँ, इच्छाएँ सब

कुछ तो सोच पर ही निर्भर करती हैं। जैसी हमारी सोच होती है, वैसा कृत्य एवं व्यक्तित्व। व्यक्तित्व की उत्कृष्टता, निकृष्टता, सफलता का पैमाना, चरित्र-निर्माण, जीवन की महत्ता एवं कर्म की सार्थकता सब कुछ सोच रूपी बीज के सहारे ही फलता-फूलता है। सोच में इतनी शक्ति है कि आप जो चाहे कर सकते हैं, जैसा चाहे बन सकते हैं और जो चाहे प्राप्त कर सकते हैं। अगर आपकी सोच सकारात्मक एवं रचनात्मक है। ठीक इसके विपरीत अगर आपकी सोच नकारात्मक है तो आप कुछ भी नहीं कर पाएँगे। अतः सोच को बदलें। जैसे ही आप नकारात्मक सोच को सकारात्मक सोच में बदल लेते हैं, आपके अन्दर अतिरिक्त ऊर्जा एवं उत्साह का संचार होने लगता है और आप बेहतर करने लगते हैं। सकारात्मक सोच वाले व्यक्ति की यही विशेषता है कि वे बुरे व्यक्ति में भी अच्छाई ढूँढ़ते हैं। आप भी हर व्यक्ति और वस्तु में अच्छाई ढूँढ़े और अच्छाई ग्रहण कर सुन्दर व्यक्तित्व के मालिक बनें।

अच्छे लोगों की संगत करें

आपने सुना भी होगा—

संगत से गुण होत है, संगत से गुण जात
बाँस-फाँस मिसरी, एक ही भाव बिकात।

जिस प्रकार एक स्वर्ण-पात्र को भी यदा-कदा पॉलिश करने की जरूरत पड़ जाती है, जिससे उसकी चमक बनी रहे, अन्यथा देख-भाल के अभाव में स्वर्ण पात्र पर जमे धूल-कणों के कारण उसकी चमक फीकी पड़ जाती है। उसी प्रकार आपको भी सुन्दर व्यक्तित्व का मालिक बनने के लिए अच्छे लोगों की संगत की जरूरत होती है, ताकि आप अपने व्यक्तित्व में निहित खामियों को दूर कर सुन्दर व्यक्तित्व के मालिक बन सकें। व्यक्तित्व-निर्माण हेतु हमें खुद का आत्म-निरीक्षण करने की जरूरत होती है कि हमारे व्यक्तित्व में कितने अच्छे और बुरे गुण समाहित हैं। अच्छे लोगों की संगत से ही हमें अपनी अच्छाई एवं बुराई का पता चलता है। निहित अवगुणों को दूर करने के लिए भी सत्संग की जरूरत है। मूल्यों को समझने के लिए भी सत्संग की जरूरत है। सत्संग से हमारे जीवन में बदलाव आता है परन्तु इस बात का ध्यान रखें कि बदलाव अच्छे के लिए हो, मानवता के प्रति हो, जग-कल्याण एवं उच्च मूल्यों के प्रति हो। इन सभी कार्यों के लिए अच्छे लोगों की संगत आवश्यक है। जहाँ बुरी संगत आत्मा के बंधनों को मजबूत करती है, वहीं अच्छी संगत मुक्ति में सहायक होती है। संस्कृत में इसे सत्संग कहते हैं। जब शारीरिक अथवा मानसिक रूप से सत्संग किया जाता है तब अवचेतन मन अच्छे और उच्च भावों से ऊर्जा प्राप्त कर लेता है। मानव-शरीर एक यंत्र है जो मन की विभिन्न वृत्तियों द्वारा संचालित होता है। ये वृत्तियाँ हैं—धर्म, अर्थ, काम, मोक्ष, अवज्ञा, मूर्च्छा, प्रश्रय, लोलुपता, कपटता, वितर्क, अनुताप, षड्ज, ऋषभ, ममता, दम्भ, विवेक, विकलता, स्वाहा, नमः, विष अमृत इत्यादि।

इन मानसिक वृत्तियों पर नियंत्रण कर के ही हम सुन्दर व्यक्तित्व का निर्माण कर सकते हैं। ध्यान रखें—

> *सुन्दर व्यक्तित्व निर्माण के लिए बहुत ज्ञान एवं ऊँची डिग्री की जरूरत नहीं, बल्कि संत, महासंत, महापुरुषों की संगत करने की जरूरत है।*

ऐसा माना जाता है कि अनेक जन्मों के सत्कर्मों के उपरान्त मानव जीवन की प्राप्ति होती है। यह जीवन अतिदुर्लभ एवं अनमोल है और इस जीवन की अनमोलता को बनाए रखना हमारा कर्तव्य है। इसकी अनमोलता एवं औचित्य को साकार करने के लिए सुन्दर व्यक्तित्व का निर्माण आवश्यक है। अगर हम अनमोल जीवन पाकर भी सुन्दर व्यक्तित्व का निर्माण नहीं कर सके तो यह जीवन बेकार है। अत: प्रतिदिन अपने व्यक्तित्व में निखार लाएँ, अच्छे कर्म करें और निहित खामियों को दूर करें। अच्छे गुणों को ग्रहण करें एवं सुन्दर व्यक्तित्व का मालिक बनें। परन्तु दुख की बात यह है कि प्रत्येक मनुष्य अपने बहिर्मुखी मन से दुनिया के साहचर्य में इतना तल्लीन रहता है कि वह इस नित्य जगत के नश्वर उपादानों को चिर सुख और चिर शान्ति का साधन मानकर उससे विमुख नहीं होना चाहता। हाँ! विरक्ति का भाव इन साधनों के अभाव में अवश्य महसूस होता है, किन्तु मनोनुकूल साधन उपलब्ध होते ही वह पुन: इसकी नश्वरता को भूल जाता है। परमात्मा ने हमें आँखें दी हैं, आगे देखने को। जब हम वर्तमान को सजाएँगे, सँवारेंगे, भविष्य को मणिदीप्त बनाएँगे और इस जीवन का मूल्य समझेंगे, तब हम पशुभाव से उठकर मानव बन पाएँगे। अत: मानवीय मूल्यों और जीवन का औचित्य साकार करने के लिए शुरू से ही व्यक्तित्व निर्माण पर ध्यान दें।

यह सच्चाई है कि आपका व्यक्तित्व आपकी सोच, संगत एवं परिवेश के अनुरूप बनता और बिगड़ता है। जिस व्यक्ति की सोच जितनी उन्नत, दूरदर्शी एवं व्यापक होती है, उसका व्यक्तित्व उतना ही सुन्दर एवं ऊँचा होता है। ठीक इसके विपरीत जिस व्यक्ति की सोच जितनी घटिया एवं निष्कृष्ट होती है, उसका व्यक्तित्व उतना ही निम्न होता है। कहने का आशय है कि जिस व्यक्ति की संगत जैसे लोगों के साथ रहती है, उसकी सोच उसी अनुरूप होती है। सोच के अनुरूप ही उसका कृत्य एवं व्यवहार प्रदर्शित होता है। हम जैसे परिवेश में रहते हैं, उस परिवेश का प्रभाव भी व्यक्तित्व-निर्माण पर पड़ता है। आप एक ही परिवेश में रहनेवाले लोगों या एक ही विद्यालय में पढ़नेवाले छात्रों के व्यक्तित्व का अध्ययन करें तो पाएँगे कि हर व्यक्ति का व्यक्तित्व अलग-अलग होता है। किसी व्यक्ति का व्यक्तित्व ऊँचा, किसी का निम्न, किसी का अच्छा और किसी का बुरा होता है। इस अन्तर का मुख्य कारण—सोच एवं संगत है। जिस व्यक्ति की जैसी सोच एवं संगत होती है, उसी

अनुरूप उसका व्यक्तित्व बनता है। अत: व्यक्तित्व निर्माण के लिए सोच बदलें, अच्छे लोगों की संगत करें, कार्य करने की शैली बदलें, समय प्रबंधन का गुर सीखें तथा कार्य को उत्कृष्ट रूप में सम्पादित करने की कला सीखें। ध्यान रखें—

सोच में निखार लाए बिना हम अच्छे व्यक्तित्व के मालिक नहीं बन सकते।

व्यक्तित्व निर्माण से हमारा अभिप्राय शारीरिक रूप-रंग सँवारने से नहीं है, बल्कि आन्तरिक सुन्दरता को सजाने एवं सँवारने से है। अच्छे गुणों को ग्रहण करने से है। अगर आप केवल बाह्य व्यक्तित्व को सुन्दर बनाने की बात सोचते हैं तो यह गलत है। आपकी बाह्य सुन्दरता कुछ लोगों के लिए प्रिय हो सकती है लेकिन यदि आपका आन्तरिक व्यक्तित्व सुन्दर है तो आप सर्वप्रिय हो जाते हैं। अत: बाह्य व्यक्तित्व को सुन्दर बनाने के बजाय अन्त:व्यक्तित्व को सुन्दर बनाएँ, जो सर्वदा सुखद, आनन्दायक एवं सर्वप्रिय होगा। आइए इसे कुछ उदाहरण से समझें।

एक राजा ने मंत्री पद के लिए साक्षात्कार रखा। साक्षात्कार में बहुत से विद्वान व्यक्ति आए। स्क्रीनिंग टेस्ट में अंतिम रूप से दो व्यक्तियों का चयन हुआ। चयनित व्यक्तियों में एक देखने में बहुत ही सुन्दर, आकर्षक व दूसरा कुरूप था। दोनों में से किसी एक का ही चयन होना था। अंतिम रूप से चयन हेतु दोनों व्यक्तियों को बादशाह के पास ले जाया गया। बादशाह ने पहले आकर्षक व्यक्ति को नहा-धोकर आने के लिए कहा। इस बीच बादशाह के साथ दूसरा व्यक्ति रह गया और बादशाह ने उस व्यक्ति से कहा—'मुझे उन बातों पर यकीन नहीं होता, जो उस आकर्षक व्यक्ति ने तुम्हारे बारे में कही हैं।' कुरूप व्यक्ति बोला—'यदि उसने मेरे बारे में कुछ कहा है, तो सही ही कहा होगा। व्यक्ति को अपना दोष स्वयं दिखाई नहीं देता, जबकि दूसरा उन्हें आसानी से देख लेता है। वह बहुत ही अच्छा व्यक्ति है।' ऐसा कहते हुए उसने पहले व्यक्ति की बहुत प्रशंसा की। तभी वह व्यक्ति नहा-धोकर आ गया तो बादशाह ने कुरूप व्यक्ति को स्नान के लिए भेज दिया। अब उन्होंने आकर्षक व्यक्ति से कहा—'तुम्हारा साथी तुम्हारी बहुत बुराई कर रहा था।' इतना सुनते ही वह व्यक्ति गुस्सा से तमतमा गया और उसके बारे में अनर्गल बातें बोलने लगा। यह सुनकर बादशाह बोले—'मनुष्य के व्यक्तित्व का सही निर्धारण उसके रूप से नहीं, उसके अन्दर निहित आंतरिक सद्‌गुणों से होता है।' ऐसा कहकर उन्होंने मंत्री पद कुरूप व्यक्ति को प्रदान किया।

सच्चाई को स्वीकार करें

ऑलिवर क्रामवेल एक प्रसिद्ध योद्धा थे। उन दिनों प्रसिद्ध व्यक्तियों के चित्र बनाने का प्रचलन था। एक दिन की बात है कि एक कुशल चित्रकार क्रामवेल के पास

पहुँचा और उनसे आग्रह करने लगा कि वे अपना चित्र उससे बनवाएँ। क्रामवेल बोले—'यदि तुमने मेरा हू-ब-हू चित्र बनाया, तो तुम्हें पर्याप्त इनाम दिया जाएगा।' क्रामवेल का शरीर सुडौल था, परन्तु उसके चेहरे पर एक बड़ा मस्सा था, जिस कारण उसका चेहरा अत्यन्त भयंकर लगता था। चित्रकार ने जब चित्र बनाया तो उसने वह मस्सा नहीं दर्शाया। चित्र लेकर जब वह क्रामवेल के पास पहुँचा तो क्रामवेल बोले—'चित्र तो तुमने बहुत सुन्दर बनाया है, परन्तु यह मुझ जैसा नहीं लगता। मेरे लिए चित्र बनाना है तो मैं जैसा हूँ, वैसा बनाओ।'

चित्रकार पहले तो झिझका, फिर उसने क्रामवेल का सजीव चित्रांकन कर डाला, जिसे देखकर क्रामवेल बोले—'अब सही चित्र बना है।' यह कहकर उन्होंने चित्रकार को ढेर सा इनाम दिया और कहा—'मित्र! मुझे अपनी खामियाँ देखने का अभ्यास है। यदि मैं उससे बचता होता तो मैं कभी इतना शौर्य और यश अर्जित नहीं कर सकता था और इतने ऊँचे स्थान पर नहीं पहुँच सकता था। अगर मैं इतने ऊँचे स्थान पर नहीं होता तो क्या तुम मेरे चित्र बनाने आते?' चित्रकार क्रामवेल की वीरता का रहस्य और व्यक्तित्व के मायने समझ गया। सचमुच अपनी खामियाँ, कमजोरियों को पहचानना, जानना और उन्हें दूर करना ही वीरता है। सच्चे वीर प्रकृति की विकृतियों को सहज स्वीकारते हैं और उनसे परेशान होने के स्थान पर उन्हीं को अपने व्यक्तित्व की विशेषता बना लेते हैं। ध्यान रखें—

> *किसी व्यक्ति का व्यक्तित्व उसके मृदुल, सौम्य, शालीन व्यवहार, सहनशीलता, विनम्रता एवं ईमानदारी जैसे गुणों से झलकता है, कीमती पोशाक, हीरे-जवाहरात से सुशोभित होने से नहीं।*

आप भी अपनी सोच को बदलें और विनम्रता, सहनशीलता, ईमानदारी, क्षमा, त्याग जैसे गुणों को अपने व्यक्तित्व में समाहित करें। अगर आपके व्यक्तित्व में ईर्ष्या-द्वेष, अहंकार आदि जैसे अवगुण हैं तो उसका त्याग करें। ऐसा कर के ही आप अच्छे व्यक्तित्व के मालिक बनते हैं और दूसरों के लिए सीख बन जाते हैं। याद रखें—

> *आप जैसा चाहते हैं, वैसे व्यक्तित्व का निर्माण कर सकते हैं। अगर आपकी सोच उन्नत, सकारात्मक एवं रचनात्मक है।*

आपको स्व के अन्दर छुपी शक्तियों का एहसास है, आपको व्यक्तित्व का अर्थ एवं औचित्य मालूम है तो आपका व्यक्तित्व सर्वगुण सम्पन्न है। अगर आपको इन बातों का अर्थ एवं औचित्य मालूम नहीं तो फिर आपका या आपके आस-पास के लोगों का व्यक्तित्व कैसा है, कोई मायने नहीं रखता। आप गम्भीरतापूर्वक सोचें तो पाएँगे कि कोई भी व्यक्ति जन्म से अच्छा या बुरा नहीं होता, और न ही माँ के गर्भ से ऊँचे व्यक्तित्व का मालिक बनकर आता है। अगर कोई व्यक्ति अच्छा या बुरा

बनता है, तो अपनी सोच, संगत, परिवेश एवं परिस्थिति से। यदि आप भी अच्छे व्यक्तित्व का मालिक बनना चाहते हैं तो सोच को बदलें, सकारात्मक सोचें, रचनात्मक करें। अच्छे लोगों की संगत करें, अच्छे गुणों को ग्रहण करें तथा अवगुणों का त्याग करें। विकट परिस्थितियों में भी हिम्मत नहीं हारें, बल्कि उत्पन्न हालात से सीख लें। आप जैसी सोच रखते हैं, और जैसे लोगों से संगत करते हैं, और जैसे कर्म करते हैं, वैसे ही बनते हैं। आप कैसा कर्म करना चाहते हैं, कैसे लोगों की संगत करना चाहते हैं, किन गुणों या अवगुणों को ग्रहण करना चाहते हैं, ये सारी बातें आपकी सोच से तय होती हैं। कहने का आशय है कि आप जैसा सोचते हैं, वैसा करते हैं और जैसा करते हैं, वैसा बनते हैं। निर्णय आपको लेना है कि आप कैसे व्यक्तित्व का मालिक बनना चाहते हैं। मेरे विचार से आप सुन्दर व्यक्तित्व निर्माण हेतु उपरोक्त सच्चाई को स्वीकार करें।

आप जानते हैं—हर व्यक्ति सुखद एवं सफल जिन्दगी जीना चाहता है। हर व्यक्ति ऊँचे व्यक्तित्व का मालिक बनना चाहता है। हर व्यक्ति चाहता है कि उसका नाम एवं पहचान हो। हर व्यक्ति चाहता है कि वह अच्छा करे और अच्छा पाए। परन्तु ये सारी बातें उस व्यक्ति की सोच एवं संगत से अभिधारित होती हैं। किसी व्यक्ति की सोच कैसी है और किसी विषय-वस्तु के सन्दर्भ पर वह कैसा सोचता है, कैसे व्यक्तियों की संगत करता है, उसे कर्म एवं समय के मूल्य की समझ है या नहीं, वह सुन्दर व्यक्तित्व-निर्माण के लिए क्या सोचता एवं क्या करता है, यही महत्त्वपूर्ण है। अगर वह शुरू से सोचता है कि मुझे एक अच्छा आदमी बनना है, जिससे मुझे मान-सम्मान मिले, समाज में मेरी पहचान हो, वैसा व्यक्ति शुरू से ही अपने अन्दर अच्छे-अच्छे गुणों को ग्रहण करता है। वह कर्म एवं समय का मूल्य समझता है तथा महान व्यक्तियों की जीवनी का अध्ययन करता है, उनकी जीवन-शैली से सीख लेता है। ऐसा व्यक्ति दूसरों की बुराई नहीं, उनकी अच्छाई को देखता है। वह खुद और दूसरों के जीवन में घटित घटनाओं से सीख लेता है, और अपनी गलतियों में सुधार लाता है। उसे मालूम होता है कि अच्छे व्यक्तित्व का निर्माण करके ही जीवन का औचित्य साकार किया जा सकता है। यही कारण है कि वह हमेशा सकारात्मक सोचता एवं रचनात्मक करता है।

मूल्यों की समझ

अगर आप सुन्दर व्यक्तित्व का मालिक बनना चाहते हैं तो मूल्यों को जानें-समझें। उन मूल्यों को जीवन में उतारें, जिनकी सार्थकता खुद और दूसरों के लिए महत्त्वपूर्ण है। जीवन की सार्थकता साबित करने तथा जीवन का औचित्य साकार करने के लिए मूल्यों की समझ आवश्यक है। हम खुद एवं दूसरों के मूल्यों को बिना जाने-समझे सुन्दर व्यक्तित्व का निर्माण नहीं कर सकते। इस अनमोल जीवन की श्रेष्ठता साबित

नहीं कर सकते। आइए हम उन मूल्यों को जानें। उन मूल्यों में सबसे महत्त्वपूर्ण हैं—जीवन-मूल्य, कार्य-मूल्य एवं समय-मूल्य। हम सभी जानते हैं कि जीवन जीने के लिए कार्य करना आवश्यक है और बिना कार्य किए हम जीवन नहीं जी सकते। इस दुनिया में ऐसा एक भी व्यक्ति नहीं मिलेगा, जो बिना कर्म किए जिन्दगी जीता हो। अतः बेहतर जीवन जीने, जीवन का औचित्य साकार करने एवं सुन्दर व्यक्तित्व-निर्माण के लिए कार्य-मूल्य की महत्ता समझना आवश्यक है। इस दुनिया में जितने भी व्यक्ति महान बने हैं, कर्म कर के। आपको मालूम होना चाहिए कि किसी भी कार्य को करने में समय लगता है और ससमय कार्य करने का ही महत्त्व है। अगर आप समय पर कार्य नहीं करते और समय उपरान्त कार्य करते हैं तो कार्य की महत्ता नहीं रह जाती। कार्य महत्त्वपूर्ण होते हुए भी महत्त्वहीन बन जाता है। इसलिए समय-मूल्य की समझ आवश्यक है। उसी प्रकार यह जीवन अनमोल है और इस जीवन की अनमोलता एवं सार्थकता साबित करने के लिए जीवन-मूल्य की जानकारी आवश्यक है। अगर आपको जीवन-मूल्य, कार्य-मूल्य एवं समय-मूल्य की समझ है और इन मूल्यों पर चलते हैं तो निश्चित रूप से आपका व्यक्तित्व सुन्दर एवं आकर्षक है। आप अच्छे व्यक्तित्व के मालिक हैं। अतः सुन्दर व्यक्तित्व निर्माण के लिए जीवन-मूल्य, कार्य-मूल्य एवं समय-मूल्य की समझ आवश्यक है।

जीवन-मूल्य का शाब्दिक अर्थ है जीवन की अहमियत,सच्चाई और इसके औचित्य को साकार करना। जीवन के काल्पनिक उद्देश्यों के बजाय वास्तविक उद्देश्यों को जानते हुए इसकी सार्वभौमिकता को साकार करना। माया-मोह के बंधन में उलझकर रह जाना जीवन का औचित्य नहीं है। ईश्वर ने हमें यह अनमोल जीवन इसलिए नहीं दिया है कि हम केवल अपनी सुख-सुविधाओं में डूबे रहें, माया-मोह के बंधन में उलझे रहें, अपने और पराये में विभेद करते रहें या केवल अपने मन की करते रहें। हमारे कृत्य का औचित्य खुद और दूसरों के लिए कितना सार्थक है, इसकी मीमांसा करें। यह जीवन इसलिए नहीं मिला है कि हम अपनी जिन्दगी जैसे-तैसे जीयें, बल्कि ईश्वर ने हमें बहुत से महत्त्वपूर्ण कार्यों को करने की जिम्मेवारी सौंपी है। यह जीवन खुद की सार्थकता तथा दूसरों का कल्याण करने के लिए मिला है। उपर्युक्त जिम्मेवारियों को जानना-समझना एवं आत्मसात् कर आगे बढ़ना ही जीवन-मूल्य है। ध्यान रखें—

> *जो व्यक्ति क्षणिक सुखों के लिए नैतिक मूल्यों से समझौता कर ऐश्वर्यिक साधनों को हासिल करना चाहता है, वह यह नहीं समझ पाता कि इस जीवन का मूल्य अमूल्य है। ऐसा व्यक्ति निम्न व्यक्तित्व का मालिक बन बैठता है। मेरा मानना है कि प्रकृति में विद्यमान सभी जीव-जन्तुओं को समभाव से देखना, किसी के प्रति ईर्ष्या-द्वेष न रखना एवं जग का कल्याण करना ही सच्चा जीवन-मूल्य है।*

याद रखें—

जीवन-मूल्यों को जानने-समझने एवं आत्मसात करनेवाला व्यक्ति ही महान बनता है और ऐसे व्यतित्व की प्रशंसा सर्वत्र होती है।

अतः आप जीवन-मूल्य की महत्ता समझें एवं जो भी उद्देश्य बनाएँ, उसे जीवन-मूल्यों की कसौटी पर कसें। जीवन जीने तथा जीवन का औचित्य साकार करने के लिए कार्य करना महत्त्वपूर्ण है परन्तु हम क्या करें और क्या नहीं करें? इस पर मनन करें। नीचे दिए गए प्रश्नों की मीमांसा करें कि हमारे कृत्य का मूल्य खुद और दूसरों के लिए कितना महत्त्वपूर्ण है? क्या हमारा कृत्य खुद और दूसरों के लिए सार्थक है? क्या हमारे कार्य की परिणति एवं प्रभाव जीवन-मूल्यों के रक्षार्थ है? क्या हमारा कार्य मानवीय मूल्यों का आईना होने के साथ-साथ जीवन-मूल्यों पर खरा उतरता है? क्या हमारा कृत्य हमारे व्यक्तित्व को सुन्दर बनाने में सहायक है? अगर आपके नजरिये में इन प्रश्नों का उत्तर सकारात्मक है तो आप सुन्दर व्यक्तित्व के मालिक हैं। अगर आपका उत्तर नकारात्मक है तो आप अपने व्यक्तित्व में सुधार लाएँ और कार्य-मूल्य की महत्ता समझें। आप चाहते हैं कि आपके व्यक्तित्व की चर्चा सर्वत्र हो तो इस बात का जरूर ध्यान रखें कि आपका कृत खुद और दूसरों के लिए सारगर्भित, आदर्श एवं अनुकरणीय है। भूलकर भी ऐसा कोई कार्य न करें, जिससे आप स्वयं हँसी का पात्र बन जाएँ। प्रायः व्यक्ति अमीर बनना चाहता है। अमीर बनने का सपना देखना बुरा नहीं है, बुरा है रातोंरात बिना मेहनत किए अमीर बनने का सपना देखना। दोस्तो! ऐसा सपना नहीं देखें, ऐसा सपना देखना व्यर्थ में समय एवं ऊर्जा की बर्बादी करना है। ऐसा सपना वही व्यक्ति देखता है, जिसे जीवन-मूल्य एवं कर्म मूल्य की समझ नहीं होती। ऐसा व्यक्ति कार्यों की महत्ता का आकलन मूल्यों से नहीं, पैसे से करता है, जो मानवता के नाम पर कलंक है। जो व्यक्ति ऐसा मानता है कि हर चीज बिकाऊ है और हर चीज को पैसों से खरीदा जा सकता है, वह खुद बिकाऊ होता है। शायद ऐसे व्यक्तियों को यह नहीं मालूम कि जैसे ही मूल्यों की कीमत लग जाती है, मूल्य अपनी कीमत खो बैठता है। याद रखें—

जो व्यक्ति दूसरे का जमीर खरीदना चाहता है, वह खुद बिकाऊ होता है।

ध्यान रखें—

हमारे व्यक्तित्व की तुलना धन एवं कीमती पहनावे से नहीं, सुन्दर गुणों एवं मूल्यों पर आधारित कृत्य से होनी चाहिए।

कृत्य ही व्यक्तित्व का प्रतिबिम्ब होता है। अतः महत्त्वपूर्ण यह है कि हमारे कार्य का मूल्य रुपये-पैसे से नहीं, बल्कि जीवन एवं मानवीय मूल्यों के सर्वांगीण

विकास से तय होना चाहिए। जिन व्यक्तियों को जीवन-मूल्य, कार्य-मूल्य एवं समय-मूल्य की समझ होती है, उनका व्यक्तित्व सुन्दर होता है। अगर आपको जीवन-मूल्य एवं कर्म-मूल्य की समझ है, परन्तु समय-मूल्य की समझ नहीं है तो भी आप अपने व्यक्तित्व को सुन्दर नहीं बना सकते, क्योंकि इन मूल्यों की सार्थकता ससमय अनुपालन करने से ही आएगी। समय ही वह अमूल्य संसाधन है, जिसका सदुपयोग कर हम खुद को स्थापित कर पाते हैं। अपने व्यक्तित्व को सुन्दर बना पाते हैं। अत: समय का मूल्य समझें एवं समय के हर पल का सदुपयोग व्यक्तित्व को सजाने एवं सँवारने में करें। अगर मूल्यों के सन्दर्भ पर आपके मन में किसी प्रकार का संशय हो, तो खुद से प्रश्न करें—

- क्या आप इस अनमोल जीवन की सार्थकता साबित कर पा रहे हैं?
- आपने इस दुनिया को क्या दिया है?
- क्या आपका कृत्य खुद और दूसरों के लिए सार्थक है?
- क्या आप अपनी श्रेष्ठता साबित कर पा रहे हैं?
- क्या आपकी उपलब्धि समाज एवं राष्ट्रहित में है?

आप इन प्रश्नों पर गम्भीरतापूर्वक मनन करें और खुद को तौलें कि आप अपने जीवन की सार्थकता साबित करने में कितना सफल रहे हैं। आप खुद को कहाँ स्थापित कर पा रहे हैं। अगर आप उपर्युक्त कसौटी पर अपने को सार्थक सिद्ध कर पा रहे हैं तो निश्चित रूप से आपका व्यक्तित्व सुन्दर है और आप सुन्दर व्यक्तित्व के मालिक हैं। अगर आप उपर्युक्त कसौटियों पर खरे नहीं उतर पा रहे हैं तो मेरा आपसे विनम्र अनुरोध होगा कि आप इन मूल्यों को समझें और सुन्दर व्यक्तित्व का निर्माण करें, ताकि आपकी अलग पहचान बन पाए।

सीखने एवं सिखाने की प्रवृत्ति

क्या आप जानते हैं कि किसी भी व्यक्ति का सुन्दर व्यक्तित्व एक दिन में नहीं बनता, बल्कि यह लगातार सीखने एवं सिखाने की प्रक्रिया है। अगर आप चाहते हैं कि आपका व्यक्तित्व सुन्दर, आकर्षक एवं आदर्श हो तो सीखने की आदत डालें। सीखने को जीवन की नियति बनाएँ और हर व्यक्ति, वस्तु, परिस्थिति एवं घटना से सीख लेकर सुन्दर व्यक्तित्व का निर्माण करें। किसी भी व्यक्ति से सीखने में कोई संकोच न करें, चाहे वह व्यक्ति छोटा हो या बड़ा, राजा हो या रंक। याद रखें—कोई भी व्यक्ति गर्भ से सीखकर नहीं आता और न ही किसी कार्य में निपुण होता है, बल्कि वह सब कुछ इसी पृथ्वी पर सीखता है। आप किसी विषय या घटना के सन्दर्भ पर जितना अच्छा सीखते हैं, उतने ही अच्छे व्यक्तित्व के मालिक बनते हैं। ठीक इसके विपरीत जो व्यक्ति सीखने से जी चुराते हैं, वे निम्न व्यक्तित्व के मालिक बनते हैं। सीखने के सन्दर्भ पर राष्ट्रपिता महात्मा गांधी ने कहा था—'हर व्यक्ति,

वस्तु या घटना के दो पहलू होते हैं—एक तिमिर और दूसरा प्रकाश। यदि हम तिमिर से बाहर निकलना चाहते हैं तो ज्ञान रूपी प्रकाश की लौ अपने अन्दर जलानी होगी। अवगुणों को त्याग कर अच्छे गुणों को ग्रहण करना होगा। ऐसा कर आप सुन्दर व्यक्तित्व के मालिक बनते हैं और खुद दूसरों के लिए सीख बन जाते हैं।'

आप प्रकृति में विद्यमान जीव-जन्तुओं, पेड़-पौधों, झील-झरनों, नदियों-पहाड़ों, आकाश में स्थित सूर्य एवं तारों तथा पाताल में स्थित विभिन्न वस्तुओं से बहुत कुछ सीख सकते हैं। खुद और दूसरों की जिन्दगी तथा अपने आस-पास के परिवेश से बहुत कुछ सीख सकते हैं। इसी के लिए ईश्वर ने हमें चेतना दी है। आप सीखना चाहें तो हर घटना से सीख सकते हैं और हर उम्र में सीख सकते हैं। हर व्यक्ति और परिस्थिति से सीख सकते हैं। आप प्रकृति में कलकल करती नदियों एवं झरनों को देखें। बहती हवाओं को देखें, सूर्य-चन्द्र की रश्मियों को देखें। क्या वे किसी के साथ भेद-भाव बरतती हैं? आपका भी जबाव होगा—नहीं। परन्तु हम एक विवेकशील प्राणी होकर भी एक-दूसरे से विभेद करते हैं। दूसरे की सफलता को देख ईर्ष्या करते हैं। हम प्रकृति के नियमों से सीख क्यों नहीं लेते? खुद के क्रिया-कलापों एवं अपने व्यक्तित्व का आत्म-निरीक्षण क्यों नहीं करते? व्यक्तित्व में छिपे हुए ईर्ष्या-द्वेष, अहंकार जैसी दुष्प्रवृत्तियों को दूर करने की दिशा में प्रयास क्यों नहीं करते? हम भी प्रकृति से सीख लें एवं सीखने को जीवन की नियति बनाएँ, ताकि हम अपने व्यक्तित्व को सुन्दर बना सकें। जब ईश्वर ने हम सभी को बनाने में किसी प्रकार का कोई विभेद नहीं किया है तो हम जाति, धर्म, अमीरी-गरीबी, ऊँच-नीच के बंधन में क्यों बँध जाते हैं? क्या ईश्वर ने हमें अपने-पराये, जाति-धर्म, सम्प्रदाय में बँटने के लिए यह अनमोल जीवन दिया है? क्या ईश्वर ने ईर्ष्या-द्वेष की आग में जलने एवं एक-दूसरे से उलझने के लिए चेतना दी है। दोस्तो! यह जीवन अनमोल है, जीवन को सुन्दर, सर्वश्रेष्ठ एवं अनमोल बनाए रखने हेतु सीखने को जीवन की नियति बनावें। याद रखें—

> *सीखने के लिए उम्र, जाति, धर्म, अमीरी-गरीबी आदि का कोई बंधन नहीं होता। अगर कोई बंधन है, तो सीखने की इच्छा का अभाव एवं मनुष्य की आलस्य प्रवृत्ति।*

आलस्य का त्याग करें और सीखने की प्रवृत्ति रखें। आप कभी भी किसी भी उम्र में कुछ भी सीख सकते हैं। दुख की बात यह है कि हममें से अधिकांश लोग यह मानते हैं कि इस उम्र में क्या सीखना, ये कोई सीखने की उम्र है और इस उम्र में हम अपनी गलती नहीं सुधार सकते। दोस्तो! याद रखें, हम अपने व्यक्तित्व में निहित खामियों को कभी भी दूर कर सकते हैं। हम अपनी गलतियों को स्वीकार कर कभी भी सुधार ला सकते हैं। गलती करना बुरी बात नहीं है। गलती को स्वीकार नहीं

करना बुरी बात है। यदि आप अपनी गलती को स्वीकार नहीं करते और कृत्य गलती को छुपाने का प्रयास करते हैं तो इस प्रयास में आप और गलती करते चले जाते हैं जिसकी परिणति खुद के लिए भयावह होती है और आप खुद घृणा के पात्र बन जाते हैं। अत: भूलकर भी ऐसी गलती नहीं करें। सदैव गलती को स्वीकार करें एवं गलती से सीख लें।

सीखना जीवन की नियति है और बेहतर सीखना जीवन का सार।

आप जीवन में आगत विभिन्न परिस्थितियों तथा उत्पन्न हालात से सीख लें। उत्पन्न हालात से सीख लेकर ही आप जीवन में बेहतर कर सकते हैं। ध्यान रखें—जैसे ही आप हालात से सीख लेते हैं, आपके अन्दर बेहतर करने का साहस एवं जज्बा उत्पन्न होता है। नतीजा, आप अच्छा करते हैं और अच्छे व्यक्तित्व के मालिक बन जाते हैं। परन्तु दुख की बात यह है कि प्राय: व्यक्ति उत्पन्न हालात से सीख नहीं लेते और धैर्य खो देते हैं। उनकी हिम्मत जबाव दे जाती है और विवेक काम नहीं करता। वे हालात से परेशान हो जाते हैं और हालात में उलझकर भाग्य का रोना रोते हैं। कदापि धैर्य न खोयें, हिम्मत रखें और अपने व्यक्तित्व में सहनशीलता को शामिल करें। परिस्थितियाँ तुच्छ हैं और ये आती एवं जाती हैं। अत: परिस्थितियों से घबराने की जरूरत नहीं, सीख लेने की जरूरत है। हम आगत परिस्थितियों से सीख लेकर ही अपने व्यक्तित्व में निखार लाने में सफल होते हैं। अगर हम आगत परिस्थितियों से सीख न लें, स्वयं एवं दूसरों के जीवन में घटित घटनाओं से सीख न लें, और उत्पन्न हालात को जीवन की नियति मानकर बैठ जाएँ तो हम अपने व्यक्तित्व में निखार नहीं ला पाएँगे। हम जीवन से हार मान लेंगे। हम हारने नहीं जीतने आए हैं इस बात को याद रखें। जिस व्यक्ति के व्यक्तित्व में धैर्य, साहस और हिम्मत समाहित होती है, वे उत्पन्न हालात का मुकाबला पूरे आत्मविश्वास के साथ करते हैं और विकट से विकट परिस्थितियों में भी नए अवसर की तलाश कर दूसरों के लिए अवसर बन जाते हैं।

आप अपनी गलतियों को स्वीकार करें और सीख लें। गलतियों के साथ ही मनुष्य बड़ा होता है। गलती करना हमारा स्वभाव है और काम करने पर गलती होगी ही। अत: गलती से घबराने की जरूरत नहीं, सीख लेने की जरूरत है। इस दुनिया में ऐसा एक भी व्यक्ति नहीं मिलेगा, जिसने अपने जीवन में कभी गलती न की हो। गलती हर व्यक्ति से होती है परन्तु ऊँचे व्यक्तित्व के धनी व्यक्ति अपनी गलती स्वीकार करते हैं। उससे सीख लेते हैं और गलती में सुधार लाकर इतिहास रच डालते हैं। आप भी ऐसा कर सकते हैं, इतनी शक्ति आपके अन्दर है। याद रखें—

जो भी व्यक्ति महान बने हैं, उन्होंने गलती से सीख ली है।

अतः आप भी गलती को स्वीकार करें और गलती से सीख लें। गलतियाँ ही हमें आगे बढ़ाने में सहायक होती हैं। जब हम गलती नहीं करेंगे, तो सीखेंगे कैसे? हाँ, गलती से सीख नहीं लेना और बार-बार गलती करना निम्न व्यक्तित्व का परिचायक है। ऊँचे व्यक्तित्व के धनी व्यक्तियों की यही विशेषता है कि वे सीखने के लिए गलती करते हैं और गलती स्वीकार कर उसमें सुधार लाते हैं और दूसरों के लिए आदर्श बन जाते हैं। आप भी अपनी गलती स्वीकार कर अच्छे व्यक्तित्व के मालिक बनें। हमें महान व्यक्तियों, सफल व्यक्तियों की जिन्दगी से सीख लेने की जरूरत है। उन महान व्यक्तियों ने भी गलती की परन्तु उन्होंने अपनी गलती को स्वीकार किया तथा कृत्य गलती से सीख लेकर इतिहास रच डाला। आप भी खुद की गलतियों एवं इतिहास में घटित घटनाओं से सीख लें। इतिहास हमें बहुत कुछ सिखाता है। यह हमें केवल बीती हुई बातों की ही जानकारी नहीं देता, बल्कि हमारा वर्तमान कैसे बेहतर हो, इसकी भी सीख देता है। वर्तमान को बेहतर बनाने, व्यक्तित्व को सुन्दर बनाने तथा भविष्य को सजाने एवं सँवारने के लिए इतिहास से सीख लेने की जरूरत है। विभिन्न शासकों के व्यक्तित्व और उनके शासन-काल की उपलब्धियाँ अर्थात सामाजिक, आर्थिक, राजनीतिक, धार्मिक, सांस्कृतिक, साहित्य, कला, विज्ञान आदि का अध्ययन कर बहुत कुछ सीख सकते हैं। हम इतिहास में उल्लिखित घटनाओं से सीख लेकर समाज एवं राष्ट्र के विकास में अमूल्य योगदान दे सकते हैं। इस प्रकार हम अपनी गलतियों, उत्पन्न हालात, महापुरुषों की जीवनी तथा इतिहास में घटित घटनाओं से बहुत कुछ सीख सकते हैं, और उन बातों को अपने व्यक्तित्व में समाहित कर सुन्दर व्यक्तित्व का निर्माण कर सकते हैं।

क्रोध एवं अहंकार का परित्याग

किसी व्यक्ति के व्यक्तित्व में निहित क्रोध एवं अहंकार ऐसे अवगुण हैं, जो उसका समूल नाश कर देते हैं। अगर आपके व्यक्तित्व में क्रोध एवं अहंकार शामिल हैं तो उनका परित्याग करें। ये अनल के समान है, जो खुद के साथ जलकर समाप्त होते हैं। जो व्यक्ति अपने धन एवं बल पर गर्व के बजाय अहंकार करता है उसे लगता है कि मैं ही सब कुछ हूँ दूसरा कोई नहीं और मैं जो चाहूँगा वह करूँगा। यह उसकी सब से बड़ी भूल है। यदि किसी व्यक्ति के अन्दर विशेष गुण, विलक्षण प्रतिभा, असीम धन एवं योग्यता है तो यह उसका सौभाग्य है कि परमपिता परमेश्वर ने उसे इस योग्य समझा। उसे इस सौभाग्य पर इतराना नहीं गर्व करना चाहिए। परन्तु दुख की बात यह है कि अधिकांश व्यक्ति इसे सौभाग्य नहीं मानकर घमंड करते हैं। नतीजा, उनके पास निहित धन एवं बल सौभाग्य की जगह दुर्भाग्य बन जाते हैं। अगर कोई व्यक्ति अथक परिश्रम, ज्ञान एवं धन के बल विशेष बन अपने को सर्वश्रेष्ठ समझने लगता है तो वह अहंकारी कहलाता है। ऐसा व्यक्ति अपनी प्रतिभा,

क्षमता और प्राप्त उपलब्धियों का सदुपयोग रचनात्मक कार्यों में करने के बजाय दुरुपयोग करता है। वह अपनी बातों को मनवाने के लिए हिंसक एवं अड़ियल रवैया अपनाता है। अपने को श्रेष्ठ एवं दूसरों को तुच्छ समझता है। उसे मूल्यों की कोई समझ नहीं रह जाती है। ऐसी स्थिति में उस व्यक्ति के ऊपर किसी भी ज्ञान, उपदेश या सन्देश का कोई प्रभाव नहीं पड़ता। इसका कारण है कि अहंकारी व्यक्ति अहं के मद में इस कदर चूर रहता है कि उसे अच्छे और बुरे का ज्ञान नहीं रह जाता, और न ही उसे भयावह परिणति की चिंता होती है। ऐसा व्यक्ति लाख योग्य होने के बावजूद विवेकहीन एवं पथभ्रष्ट हो जाता है। उसकी अन्तरात्मा में स्थित देवत्व के स्थान पर दानवता अपना वर्चस्व कायम कर लेती है। कहने के लिए वह इनसान होता है, परन्तु उसके अन्दर इनसानियत नाम की कोई चीज नहीं होती। वह मानव होते हुए भी दानव तुल्य बन जाता है तथा उसके खुद का अहंकार ही उसके पतन का कारण बन जाता है। उसके अहंकार का अंत भी उस व्यक्ति के अन्त के साथ ही होता है। आपने महाशक्तिशाली एवं विद्वान राजा रावण, हिरण्यकश्यप, दुर्योधन का नाम सुना होगा, जिनके जीवन का अंत भी उनके अहंकार के कारण हुआ।

सही मायने में अहं हमारे मन का वहम् है। यह झूठा दर्प है, जो हमें कहीं का नहीं छोड़ता है। यह हमें तब छोड़ता है, जब हमारे जीवन का अंत हो जाता है। अहं हमेशा नकारात्मक भाव एवं विध्वंसात्मक कृत है, जो कभी भी किसी का कल्याण नहीं करता। ऐसे व्यक्ति के अन्दर गुणों का नहीं, अवगुणों का समावेश होता है। क्या आपको मालूम है—

- अहंकार स्वयं में निहित ज्ञान, योग्यता एवं शान्ति का नकारात्मक प्रयोग है।
- यह रिश्तों के निर्वहन में सबसे बड़ी रुकावट है।
- यह हमारा जिद्दी एवं अड़ियल व्यवहार है।
- यह झूठा गर्व है, जिसकी परिणति हमेशा दुखद होती है।
- अहंकारी व्यक्ति को रिश्ते, नाते एवं मूल्यों से कोई लेना-देना नहीं होता।
- अहंकार क्रोध को जन्म देता है, जो व्यक्ति के समूल नाश का कारण बनता है।

अत: अपने अन्दर के अहं को निकाल फेंकें एवं विनम्रता को अंगीकार करें। ध्यान रखें—किसी भी व्यक्ति की उपलब्धियाँ कितनी भी बड़ी क्यों न हों, उसे बददिमागी का हक नहीं है। आप उत्कृष्ट कार्यों के लिए गर्व जरूर करें परन्तु अहं नहीं। यह अनल की तरह होता है और दूसरों को जलाने के पूर्व खुद को जला देता है। अत: यदि आप अपने व्यक्तित्व को सुन्दर बनाना चाहते हैं तो अहंकार एवं क्रोध का त्याग करें। अहंकार के संदर्भ में एक बहुत ही रोचक प्रसंग है। पानी से भरे कलश के ऊपर एक कटोरी रखी हुई थी। एक दिन कटोरी ने कलश से कहा— 'भाई! तुम तो बड़े उदार हो और सदा दूसरों को देते ही रहते हो। कोई भी खाली

बर्तन तुम्हारे पास आता है तो तुम उसमें अपना जल उड़ेल देते हो, किसी को खाली नहीं जाने देते।' कलश ने कहा—'हाँ। यह तो मेरा कर्तव्य है। मैं अपने पास आनेवाले हर पात्र को भर देता हूँ। मेरा सब कुछ दूसरों के लिए है।' कटोरी बोली—लेकिन तुम कभी मुझे नहीं भरते, जबकि मैं हमेशा तुम्हारे सिर पर ही मौजूद रहती हूँ।' कलश बोला—'इसमें मेरा क्या दोष? दोष तुम्हारे अभिमानी स्वभाव का है। तुम मान-अभिमान की चाह के साथ सदा मेरे सिर पर चढ़ी रहती हो, जबकि अन्य पात्र मेरे समक्ष आकर झुक जाते हैं। अपनी पात्रता प्रमाणित करते हैं। तुम भी अभिमान छोड़ो, विनम्र बनो, मैं तुम्हें भी भर दूँगा।'

वस्तुतः सुन्दर व्यक्तित्व का निर्माण विनम्रता एवं पात्रता के विकास एवं अभिमान के त्याग से ही होता है। अहंकार व्यक्तित्व निर्माण में सबसे बड़ी बाधा है। आपने पहले के समय में देखा होगा कि किसी भी कार्यक्रम में धरती पर बैठाकर भोजन कराया जाता था। अहंकार जितना घना होता है, अज्ञानता उतनी अधिक होती है और अहं जितना पतला होता है, ज्ञान उतना उज्ज्वल होता है। सन्देह अविश्वास का दूत है और अविश्वास ही है अज्ञानता का आश्रय। अहंकार आसक्ति लाता है और आसक्ति से आती है अज्ञानता और अज्ञानता ही दुख का कारण है। सन्देह से ही अविश्वास आता है और अविश्वास ही है जड़त्व। आलस्य से ही मूढ़ता आती है और मूढ़ता ही है अज्ञानता। बाधा प्राप्त काम ही है क्रोध और क्रोध ही है हिंसा का बंधु। अतः व्यक्तित्व निर्माण हेतु क्रोध एवं अहंकार से बाहर निकलें, अन्यथा हम सुन्दर व्यक्तित्व के बजाय निम्न व्यक्तित्व का मालिक बन बैठेंगे। इस संदर्भ में एक उदाहरण उल्लेखनीय है—

एक राजा संत गरीब दास के दर्शन को पहुँचा। अपने राजसी अहंकार से प्रेरित होकर वह संत गरीब दास जी से बोला—'महाराज! आपको किसी भी वस्तु की आवश्यकता हो तो मुझे बताइएगा। मैं आपकी सेवा में तुरन्त प्रस्तुत कर दूँगा।' संत बोले—'राजन! तुम्हारे पास अपना क्या है, जो मुझे दोगे?' राजा बोले—'महाराज! सभी कुछ तो मेरा ही है।' यह सुनकर संत बोले—'राजन! यह तुम्हारा भ्रम है कि यह सब तुम्हारा है। तुम्हारा शरीर तुम्हारे माता-पिता ने दिया है, धन-धान्य धरती माँ का दिया हुआ है, राजपाट भी तुम्हारा नहीं है, यह प्रजा का दिया हुआ है। प्रजा के कारण ही तुम राजा बने हो। अगर प्रजा न होती तो तुम राजा नहीं होते। इस संसार में मात्र धर्म ही सच्ची सम्पत्ति है। यदि तुम्हें धर्म का ज्ञान है और तुम धर्म का पालन करते हुए प्रजा की सेवा और रक्षा करोगे तभी सच्चे सौभाग्य के अधिकारी बनोगे।' संत के ये वचन सुनकर राजा का अहंकार समाप्त हो गया।

अहंकार के संदर्भ में नीचे दिया गया उदाहरण भी बहुत शिक्षाप्रद है—

एक राजा बहुत अहंकारी था। एक दिन उसके गुरु ने कहा—'राजन! हमारे राज्य में एक परमज्ञानी, महासंत का आगमन हुआ है। उनका नाम महात्मा बुद्ध है। तुम्हें उनके स्वागत में जाना चाहिए।' राजा ने उत्तर दिया—'गुरुवर! मैं उनका स्वागत

करने क्यों जाऊँ? मैं राजा हूँ और सभी मुझसे मिलने महल में आते हैं। उन्हें यदि मुझसे मिलना होगा, तो वे स्वयं महल में आएँगे।' कुलगुरु ने कहा—'वत्स! तुम अपने अहंकार के वशीभूत होकर जो कह रहे हो, वह सही नहीं है। बुद्ध भी राजा के पुत्र थे परन्तु उन्होंने राज-पाट का त्याग कर एक भिक्षु बनना स्वीकार किया। इसका अर्थ है कि राज्य के मुकाबले उसका त्याग ज्यादा बड़ा सिद्ध होता है। राज्य के लोभ का संवरण और राज-शक्ति पर अहं करना ठीक नहीं है। मुनष्य की महानता उसकी विनम्रता एवं त्याग में है। विनम्रता एवं त्याग के अभाव में व्यक्ति पद और आयु में बड़ा होने पर भी एक अहंकार का पुतला बनकर रह जाता है। वह किसी के सम्मान का पात्र नहीं होता।' कुलगुरु के शब्दों से राजा को अपनी भूल का ज्ञान हुआ और वे महात्मा बुद्ध के उद्‌बोधन को सुनने पहुँचे। उनके उद्‌बोधन को सुनकर राजा का जीवन सदा के लिए बदल गया।

लोभ एवं भय का त्याग

इस संसार में व्यक्ति सबसे ज्यादा जिस चीज से प्रभावित होता है, वह है लोभ और भय। लोभ और भय दोनों ही सुन्दर व्यक्तित्व निर्माण में बाधक हैं। ये दोनों ही ऐसे अवगुण हैं, जो व्यक्ति की जिन्दगी को निरन्तर किसी-न-किसी रूप में पीछे ढकेलते रहते हैं। लोभयुक्त कारकों की वजह से व्यक्ति का मन बाह्य संसार की ओर आकर्षित होता है एवं भयभीत करनेवाले कारकों की वजह से वह अपनी सुरक्षा करता है। भय के कारण वह कोई कार्य नहीं करना चाहता, और लोभ के कारण सब कुछ करना चाहता है। आप गौर करें तो पाएँगे कि अधिकांश व्यक्ति किसी-न-किसी प्रकार के भय से भयभीत होता है और किसी-न-किसी भय के साये में जीवन जी रहा होता है। जीवन की वर्तमान समस्याएँ, भविष्य की चिंता, अतीत में हो चुकी भूलें उसे परेशान करती हैं। अपने इस डर को दूर करने के लिए वह निरन्तर प्रयास करता है, मेहनत करता है और जीवन में सफल होना चाहता है। फिर भी वह भय से छुटकारा नहीं प्राप्त कर पाता है। उसके मन में विभिन्न प्रकार के भय जैसे—लोग क्या कहेंगे का भय, असफल होने का भय, किसी अनहोनी का भय और कुछ नहीं तो मृत्यु का भय ही उसे भयभीत करता है कि न जाने कब और कैसे उसकी मृत्यु हो जाए। इस प्रकार का भय व्यक्ति के अन्दर बने रहने से मानसिक शान्ति, एकाग्रता व सृजनात्मकता में कमी आती है, और किसी भी कार्य को बेहतर ढंग से करने में वह सक्षम नहीं रह जाता है। भय केवल नकारात्मक ही नहीं होता, सकारात्मक भी होता है। सीमित भय के कारण व्यक्ति नियमित रहकर समय पर कार्य करता है लेकिन अत्यधिक भय उसे कार्य करने में अक्षम बनाता है।

इस तरह देखा जाए तो थोड़ा भय तो हमारे जीवन के लिए ठीक है लेकिन ज्यादा भय हानिकारक है। अत्यधिक भय के कारण हम न तो भयभीत करनेवाली

परिस्थितियों का सामना कर पाते हैं, और न ही कुछ करने में सक्षम होते हैं। यदि हम अच्छे व्यक्तित्व का मालिक बनना चाहते हैं तो सर्वप्रथम भय को मन से बाहर निकालना होगा, भयभीत जीवन से खुद को मुक्त करना होगा। जितना हम भय से भयभीत रहेंगे, उतने ही कमजोर व आत्महीनता से घिरे रहेंगे। ठीक इसके विपरीत हम जितने साहसी बनेंगे, अपनी कमजोरियों को दूर करने में सफल तथा आत्म-विश्वास से भरपूर होते जाएँगे। भय हमें तब तक डरावना लगता है, जब तक हम उसका सामना नहीं करते हैं। इसलिए हमें भयभीत करनेवाले कारकों को ढूँढ़ कर उन्हें दूर करने का प्रयास करना चाहिए। भय से बचने का सबसे सहज तरीका है कि जिस कार्य से भय लगे, पहले उसे ही कर डालें।

लोभ एवं भय दोनों ही व्यक्ति की सूक्ष्म एवं आन्तरिक कमजोरियाँ हैं, जिन्हें दूर करना चाहिए। लोभ के कारण व्यक्ति अपने जीवन में कभी भी संतुष्ट नहीं हो पाता और अधिक पाने की लालसा उसके जीवन में ऐसा भटकाव लाती है कि वह अपने जीवन, लक्ष्य एवं गंतव्य से बहुत दूर चला जाता है। लोभ वह आकर्षण है, जिसकी ओर जाने पर हम सांसारिक दलदल में धँसते चले जाते हैं और इससे बाहर निकलने के लिए छटपटाते रहते हैं, लेकिन इस दलदल की कीचड़ हमें लगातार डुबाती रहती है। अतः लोभ का संवरण करें, नहीं तो लोभ रूपी रोग आपके व्यक्तित्व को खोखला बनाकर ही छोड़ेगा। इस संसार में उत्थान और पतन के दो मार्ग हैं, जो परस्पर विरोधी दिशाओं में चलते हैं। इसमें से एक है परमार्थ और दूसरा है स्वार्थ। इन्हें ही पुण्य-पाप, श्रेय-प्रेय आदि नामों से पुकारते हैं। प्रशंसा-निंदा, स्वर्ग-नरक, शान्ति-अशान्ति के मार्ग भी यही है। इनमें से मनुष्य किसी का भी स्वेच्छापूर्वक चुनाव कर सकता है, और अपना भविष्य शान्तिमय या क्लेशमय बना सकता है। श्रेय मार्ग पर चलते हुए मनुष्य मानवता की महानता को अपनाकर अंत में देवत्व तक जा पहुँचता है और आनन्दमयी परिस्थितियों का रसास्वादन करता है। इसके विपरीत प्रेय मार्ग पर चलनेवाला व्यक्ति पशुता का वरण करता है, और अंत में असुरता की स्थिति में पहुँचकर नरक जैसी अशान्त एवं क्षुब्ध मनोदशा के उद्वेगों में झुलसने लगता है। निर्णय आपको लेना है कि आप अपने व्यक्तित्व में किन बातों को शामिल करना चाहते हैं।

यह जानते हुए भी कि स्वार्थ का परिणाम दुख और परमार्थ का परिणाम सुख होता है लोग गलती करते हैं। परमार्थ का मार्ग छोड़कर स्वार्थ के मार्ग पर चलते हैं। वे लोभ का संवरण नहीं कर पाते और इसके आवेग में गलती-पर-गलती करते चले जाते हैं। श्रेय की इच्छा रहते हुए भी प्रेय की ओर मन लगा रहता है, और मन में संकोच, लज्जा एवं आशंका होते हुए भी पैर उसी दिशा में बढ़ने लगते हैं। सुख का मार्ग छोड़कर दुख की ओर, स्वर्ग का मार्ग छोड़कर नरक की ओर चलने के लिए जो शक्ति विवश करती है, उसी का नाम माया-मोह है। अनीति की विशेषता यह है कि

इससे तुरन्त लाभ होता है, किन्तु पीछे कठिनाई उत्पन्न होती है। इसके विपरीत नीति का मार्ग ऐसा है, जिस पर चलने वाले को आरम्भ में बहुत कठिनाई होती है। तप और त्याग करना पड़ता है परन्तु बाद में लाभ दृष्टिगोचर होता है। लोभी लोगों को तुरन्त का लाभ दिखाई देता है और देर से लाभ पाने हेतु उनके पास धैर्य एवं साहस नहीं होता। तुरन्त लाभ पाने की ओर आकर्षित होना और भविष्य के दुष्परिणामों पर ध्यान न देना ही माया है। दूसरे शब्दों में हम इस मूर्खता को अदूरदर्शिता, अविवेक, अधीरता या विचारहीनता कह सकते हैं। भुल-भुलैया के जाल में फँसे हुए मनुष्य को बाहर निकलने के लिए सही रास्ता ढूँढ़ने में बुद्धि का प्रयोग करना पड़ता है, तब कहीं सही रास्ता मिलता है। इस मायानगरी में हर चीज के दो रूप हैं—बाहर कुछ और तथा भीतर कुछ और। इसमें वास्तविकता क्या है, यह जाने बिना धोखा होने का बड़ा डर रहता है।

रूप और सौन्दर्य, जिसके ऊपर लोग मरे-कटे जा रहे हैं, चमड़ी की चमक मात्र है। धन यानी सोना, चाँदी, ताँबे और कागज के टुकड़े उनकी अपनी एक निराली दुनिया है जो एक हाथ से दूसरे और दूसरे से तीसरे हाथ में मस्ती के साथ रहते हैं। ये बहुत दिनों तक कहीं भी नहीं ठहर सकते, फिर भी लोग सोचते हैं कि हमारे पास इतना धन जमा है। मैं इतनी सम्पत्ति का स्वामी हूँ। यह सब भ्रम है। इस भ्रम में न रहें क्योंकि जमीन-जायदाद, सोना-चाँदी तथा अन्य वस्तुएँ एक हाथ से दूसरे हाथों में चली जाती हैं। ये वस्तुएँ ज्यों-की-त्यों रहती हैं लेकिन स्वामित्व जताने वाले एक के बाद दूसरे, तीसरे क्रमशः आते हैं और मरते-खपते चले जाते हैं। जानेवालों में से हर एक खाली हाथ प्रयाण करता है और उसके उत्तराधिकारी सोचते हैं कि मुझे दौलत मिल गई। दौलत हँसती है कि बेवकूफ! तू जितना सदुपयोग कर ले, उतना तेरा लाभ है। जमा सम्पत्ति तो तीसरे-चौथे या अन्य को उसी क्रम में हस्तान्तरित होती रहेगी, जैसे तुम्हें हुई है। दौलत मुस्कुराती है, पर बेचारा दर्शक जो खुद को उसका स्वामी समझता है। वह इन बातों को समझ नहीं पाता और अपने धनी होने के अभिमान में इतराता फिरता है। जादू की नगरी में लोग व्यर्थ ही बावले बने फिरते हैं। काम और लोभ से वशीभूत होकर वासना और तृष्णा से ग्रसित होकर हम क्या-क्या अनर्थ नहीं करते। अतः माया-मोह, लोभ, अहं, भय से बाहर निकलें, रूप, सौन्दर्य और धन के चक्कर में न पड़ें। ये सब नश्वर हैं। याद रखें—

आपके व्यक्तित्व में निहित गुण, आपके खुद के मूल्य कभी भी एक हाथ से दूसरे हाथ में हस्तानान्तरित नहीं होंगे। ये सदैव आपके पास एवं आपके साथ होंगे। इसलिए बाह्य रूप और सौन्दर्य की जगह आन्तरिक सौन्दर्य को निखारें ताकि आपके व्यक्तित्व की चर्चा सर्वत्र हो और आप अनमोल बन सकें।

रूप और सौन्दर्य पर मोहित होकर व्यक्ति विकारग्रस्त हो जाता है। इस विकार में उसे मिलता कुछ नहीं लेकिन नष्ट बहुत कुछ होता है। मानसिक शान्ति, स्वास्थ्य एवं भविष्य सब कुछ दाँव पर लगाकर व्यक्ति इस रूप-सौन्दर्य को हासिल करना चाहता है। धन की भी यही बात है कि जमीन, तिजोरी, बैंक और कारखानों में अपनी समझी जानेवाली दौलत को छोड़कर खाली हाथ चला जाता है। उसके साथ कुछ भी नहीं जाता फिर भी माया-मोह में भ्रमित होकर थोड़े लाभ के लिए वह भविष्य को अंधकारमय बना लेता है। दूरगामी परिणामों की चिन्ता न करते हुए तुरन्त का लाभ सोचने से मनुष्य दुष्कर्म करने पर उतारू हो जाता है। यदि उसके सोचने का ढंग बदल जाए कि उसे स्थायी शान्ति कैसे मिलेगी ? लोभ का हर्ष तथा सुख एवं शान्ति का औचित्य क्या है ? तो उसके देखने का दृष्टिकोण बदल जाएगा। तब वह इस तरह सोचेगा जैसा बुद्धिमान सोचते हैं, और वैसा करेगा जो भलेमानस करते हैं। खुद की सुख-शान्ति और संसार का कल्याण इसी बुद्धिमता के विकास पर निर्भर है। लक्ष्य प्राप्ति का प्रधान अवलम्बन यह है कि मनुष्य दूरदर्शी बने। आज का कार्य करने से पूर्व कल की सम्भावनाओं को ध्यान में रखे। अतीत पर चिंता करने के बजाय वर्तमान पर चिन्तन करे और विवेक से काम ले। व्यक्तित्व-निर्माण पर ध्यान दे तथा वह करे जो करने योग्य हो, वह सोचे जो सोचने योग्य हो। जो उचित हो उसे अपनाए और जो अनुचित दिखाई दे, उससे अलग हो जाए। आप ऐसा तब कर सकते हैं जब आपको व्यक्तित्व का अर्थ एवं औचित्य मालूम हो तथा स्वार्थ, लोभ, माया-मोह से आप विमुक्त हों। मेरा आपसे बारम्बार अनुरोध है कि आप इस जीवन के मूल्य को समझें। व्यक्तित्व निर्माण पर ध्यान दें। अगर आप अपने जीवन को अनमोल बनाना चाहते हैं तो स्वार्थ, लोभ, लालच, माया-मोह के बंधन से बाहर निकलें और सुन्दर व्यक्तित्व निर्माण की दिशा में सार्थक प्रयास करें।

व्यक्तित्व संसार की सबसे खूबसूरत एवं शक्तिशाली चीज है। इस जीवन के अनेक आयाम हैं जिसके अन्दर बौद्धिक, व्यावहारिक, भावनात्मक एवं आध्यात्मिक शक्तियाँ अन्तर्निहित है। व्यक्तित्व के परिष्कार, परिमार्जन से ये प्रसुप्त शक्तियाँ जागृत होती हैं और तभी उन बेशकीमती सम्पदाओं का उपयोग किया जा सकता है। हम इतने शक्तिशाली एवं बहुआयामी व्यक्तित्व के धनी होने के बावजूद असहायता और असमर्थता का रोना रोते हैं तथा स्वयं को इस संसार का सबसे दुर्भाग्यशाली व्यक्ति मान बैठते हैं। इसका कारण यह है कि हमने कभी अपने अन्दर झाँकना नहीं सीखा, अपनी शक्तियों को ताकत के रूप में उपयोग करना नहीं जाना। ईश्वर प्रदत्त शक्तियों पर विश्वास नहीं किया और निराशा में पड़े रहते हैं। इस घने कुहासे में आशा की प्रकाशमान किरणें हैं—व्यक्तित्व रूपी संसाधन का सही सदुपयोग। व्यक्तित्व रूपी चादर के अन्दर अनेक अनमोल वस्तुएँ बिखरी पड़ी हैं। हमें उन्हें सहेजकर-परखकर उनका सही उपयोग करना आना चाहिए। सांसारिक जीवन का

सारा क्रिया-कलाप, व्यवहार के उपयोग पर टिका है। भौतिक सफलता के लिए यह द्वार का कार्य करता है और बौद्धिक सम्पदा इस प्रक्रिया को अपनी मंजिल तक पहुँचाती है। सफलता का लाभ हमें तभी मिलता है, जब हमें व्यक्तित्व के सभी आयामों का उपयोग करने की तकनीक मालूम होती है।

यह विडम्बना है कि हमारे पास बुद्धि होकर भी हम बुद्धिमान नहीं हैं। हम एक चेतनशील प्राणी होकर भी अचेतन हैं। हमारे अन्दर असीम शक्ति है, फिर भी हम भयभीत और शक्तिहीन बने हुए हैं। हमें न खुद की शक्तियों पर और न ही उस सर्वशक्तिमान पर विश्वास है। सर्वप्रथम हमें खुद पर विश्वास करना होगा। अगर हम अपनी बौद्धिक सम्पदा का सदुपयोग सार्थक दिशा में करना चाहते हैं तो इसके लिए कुछ बातों पर विशेष ध्यान देने की जरूरत है। पहली—धाराप्रवाह सकारात्मक सोच और हम कितनी जल्दी सोचते हैं? हमारी सोच का प्रवाह टूटता तो नहीं? सोच में व्यतिक्रम तो नहीं आता है? ये सारी बातें हमारी बौद्धिक प्रतिभा का परिचायक हैं। अत: सोच का पैनापन एवं प्रवाह को सदा श्रेष्ठ बनाए रखने का प्रयास करना चाहिए। हमारे इरादे दृढ़ हों, संकल्प मजबूत हो, परन्तु इन्हें पाने की प्रक्रिया कई प्रकार की होनी चाहिए। अगर हम किसी एक ही प्रक्रिया का चयन करते हैं तो इसका तात्पर्य है कि हम अड़ियल स्वभाव के हैं। हम जिद्दी हैं कि इसे इसी तरीके से करेंगे, जबकि कार्य करने के अनेक तरीके हैं। एक में सफलता नहीं मिले तो दूसरे तरीके से उसे प्राप्त किया जा सकता है। बुद्धि सम्पदा तभी बन सकती है, जब इसमें मौलिकता हो। यह न तो किसी की नकल हो और न बेढब हो। हम जो भी सोचें सबसे जुदा हो, जो भी बोलें आकर्षक हों और जो भी करें, खास पहचान लिये हुए हो। हमारा अपना एक अनोखा अंदाज होना चाहिए जो केवल हमारा अपना हो और किसी का नहीं। यह गुण ही मौलिकता है और यह गुण सब में होता है, बस उसे पहचानने एवं निखारने की जरूरत है।

शिक्षा और संस्कार व्यक्तित्व के निर्णायक तत्त्व हैं। मनुष्य के स्वभाव में अच्छी और बुरी दोनों प्रकार की प्रवृत्तियाँ होती हैं और ये प्रवृत्तियाँ शिक्षा, संस्कार और वातावरण के अनुरूप फूलती-फलती हैं। जहाँ जिस प्रवृत्ति के लोग ज्यादा होंगे, वहाँ वैसा ही वातावरण उत्पन्न होगा। इन अर्थों में मनुष्य का स्वभाव इस बात पर निर्भर करता है कि वह कैसे व्यक्तियों के साथ रहता है। कैसे व्यक्तियों की संगत करता है। दृढ़ संकल्पी और निष्ठावान व्यक्तियों की बात अलग है, अन्यथा प्राय: व्यक्ति अपने निकटतम व्यक्तियों और परिस्थितियों से प्रभावित होकर ही कोई क्रिया-कलाप या गतिविधियाँ अपनाता है। कहा भी गया है :

संगत से गुण होत है, संगत से गुण जात।
बांस-फांस मिसरी, एक ही भाव बिकात॥

जैसे लोगों के साथ रहना पड़ता है, जिनका निकट सम्पर्क मिलता है, उनके गुण

ही सबल हो कर व्यक्ति को अपने समान बना लेते हैं। मिसरी की डली में पड़ी हुई बांस की फांस भी मिसरी के भाव ही बिकती है। व्यक्ति कोई अपना बना-बनाया व्यक्तित्व लेकर नहीं आता। बचपन में उसे जिस तरह के बच्चों की संगति मिलती है, जैसा परिवार एवं समाज का माहौल मिलता है, वह वैसा ही हाव-भाव, रीति-नीति अपनाता है। उसी अनुरूप उसकी आदत बनती है। वे ही आदतें आगे चलकर अपने स्वभाव अनुरूप लोगों को खोज लेती हैं और उसी अनुरूप उसका व्यक्तित्व हो जाता है। परिस्थितिवश अच्छे लोग भी जब बुरे वातावरण एवं बुरी संगत में फस जाते हैं तो व्यक्तित्व में अपेक्षित दृढ़ता न होने को कारण अच्छे स्वभाव के लोग भी बुरी आदतें सीख लेते हैं। जैसे—नशा। इसकी कोई आवश्यकता और उपयोगिता नहीं है, फिर भी लोग नशा करते हैं। सौ में से निन्यानवे लोग अपने नशेबाज यार-दोस्तों के आग्रह पर बीड़ी-सिगरेट का कश लेते हैं। शराब पीना शुरू कर देते हैं और धीरे-धीरे यह आदत उनके स्वभाव में इस कदर बस जाती है कि छोड़े नहीं छूटती। नशे की तरह ही जुआ खेलना, गाली-गलौज करना, मुफ्तखोरी करना, निठल्ले बैठकर समय बर्बाद करना आदि कितनी ही ऐसी दुष्प्रवृत्तियाँ हैं, जिन्हें व्यक्ति अपनी मित्र मंडली में ही रहकर सीखता है। जिन व्यक्तियों से हम मित्रता करते हैं, स्वाभाविक ही उनकी दुष्प्रवृत्तियों से भी मित्रता करने लगते हैं और न जाने कैसी-कैसी गंदी आदतें सीख जाते हैं। यहाँ तक कि कोई व्यक्ति व्यभिचारी या चरित्रहीन बनता है तो उसके इस पतन का कारण भी संगत ही रहती है, अन्यथा प्रारम्भिक जीवन में तो सभी सदाचारी ही रहते हैं।

किसी भी व्यक्ति के व्यक्तित्व का निर्माण पारिवारिक माहौल एवं उसकी भावनाओं की पृष्ठभूमि पर होता है। जैसा वह सोचता-समझता और विचार करता है और जैसे परिवेश में रहता है, प्राय: वैसा ही बन जाता है। उत्कृष्ट भावनाओं से ओत-प्रोत व्यक्ति उच्च स्तर की ओर, महानता की ओर अग्रसर होता है। अनिष्टकारी, दीन और निष्कृष्ट भावनाओं से युक्त मनुष्य का जीवन दुखी, उदासीन तथा पतनोन्मुख होता है, क्योंकि भीतरी भावनाओं के अनुरूप ही बाहरी क्रियाकलाप होते हैं और वैसे ही परिणाम भी उत्पन्न होते हैं। काम से अधिक उस भावना का महत्त्व होता है, जो इस क्रिया का संचालन करती है। जो काम शुद्ध हृदय से होता है देखने में वह छोटा भले ही हो, परन्तु उसका फल बड़ा ही महत्त्वपूर्ण होता है। बड़े-से-बड़ा काम भी अगर हीन भावना से किया जाए तो उसकी कोई बड़ी कीमत नहीं हो सकती और छोटा काम भी मन से किया जाए तो उसकी परिणति उत्कृष्ट होती है। दृढ़ भावना रचनात्मक प्रवृत्तियों का विकास करती है। दृढ़ भावना और कार्य करने की क्षमता के संयोग से ही पूर्ण सफलता सम्भव है। भावनाओं का प्रभाव बाह्य शरीर पर भी लक्षित हुए बिना नहीं रहता है। पापी, कुकर्मी तथा आततायी पुरुषों की मुखाकृति ही बतला देती है कि वह कैसा आदमी है। मनुष्य की निकृष्टता या उत्कृष्टता के भाव उसकी

प्रत्येक क्रिया, रहन-सहन व बोलचाल से परिलक्षित होते हैं। इन्हीं के आधार पर औरों से मान-सम्मान, मैत्री, आत्मीयता आदि की प्राप्ति होती है। जिनकी भावनाएँ ऊँची, दृढ़ और रचनात्मक होती हैं, उनकी समीपता से लोगों को प्रेरणा मिलती है और वे भी दृढ़ व्यक्तित्व के मालिक बनते हैं।

मन की दुर्बलता को त्यागें

आपने यह लोकोक्ति सुनी होगी—'मन के हारे हार है, मन के जीते जीत।'

आप किसी चीज को जीतना चाहते हैं तो पहले उसे मन से जीतना होगा। इसी सन्दर्भ में नेपोलियन महान जैसे व्यक्ति ने कहा था—'मैं किसी भी युद्ध को रणक्षेत्र में जीतने के पहले मन-मस्तिष्क में जीत लेता हूँ।' मन की शक्ति सब से बड़ी शक्ति है। मन में हो विश्वास तो आप कुछ भी कर सकते हैं। असम्भव को सम्भव और कठिन को सहज बनाना आपके मन की बात है। केवल मन में विश्वास रखें और मन को सबल बनाएँ। अत: महत्त्वपूर्ण यह है कि सर्वप्रथम मन की दुर्बलता को त्यागें। जिन्दगी की जंग जीतने तथा सपने को साकार करने के लिए मन की दुर्बलता को त्यागना होगा, दुर्बलता के विरुद्ध युद्ध करना होगा। साहसी एवं वीर बनना होगा, स्वयं पर विश्वास रखना होगा। हमें इस बात का स्मरण रखना होगा कि—

> *हम सर्वशक्तिमान पिता की संतान हैं, हमें उनकी शक्ति से स्वयं को जोड़े रखना होगा।*

विफलता दुर्बलता नहीं है, बल्कि सच्चे मन से चेष्टा न करना दुर्बलता है। यदि चेष्टा करने पर भी तुम्हारा मनोरथ विफल होता है तो चेष्टा करना नहीं छोड़ो बल्कि और जोर लगाओ। नकारात्मक सोच को मन से बाहर निकाल फेंको। दुर्बलता मन की कमजोरी है, मन को दृढ़ बनाओ। दुर्बल मन हमेशा संदिग्ध रहता है, डोलता रहता है, विश्वास खो बैठता है। दुर्बल मन अशान्ति में, सुख-दुख में डूब जाता है। पूछने पर कहता है अच्छा हूँ, पर रहता है अशान्त। अशान्त रहने से जीवन का क्षय होता रहता है। दुर्बल मन में प्रेम भक्ति का स्थान नहीं रह पाता। दूसरे की दुर्दशा देख, दूसरे की व्यथा देख, दूसरे की मृत्यु देख मन कमजोर पड़ जाता है, निराश एवं उदास हो जाता है, दुखी हो जाता है, रोने लगता है। ये सभी दुर्बलताएँ हैं, इससे बाहर निकलें।

तुम स्वयं को पहचानो। मत कहो कि मुझसे यह काम नहीं हो सकता। मैं भीरु या कायर हूँ। मेरे भाग्य में नहीं है। मैं यह नहीं कर सकता, मैं वह नहीं कर सकता। इस प्रकार की नकारात्मक सोच को मन से निकालो। मन को सबल बनाओ। मन की दुर्बलता ही दुख का कारण है और दुख का कारण चाह की अप्राप्ति ही है। किसी के दुख का कारण न बनो, कोई तुम्हारे दुख का कारण न बनेगा। तुम ठीक-ठीक समझ लो कि तुम अपने, अपने परिवार एवं देश के वर्तमान और भविष्य के लिए

उत्तरदायी हो। नाम व यश की आशा से कोई काम करना ठीक नहीं है। कोई भी काम निःस्वार्थ भाव से करने से ही कार्य उत्कृष्ट होता है। निष्काम करने से आपका नाम एवं यश होता है। ध्यान रखें—अपने लिए जो भी किया जाए, वही है सकाम और दूसरों के लिए जो किया जाए वही है निष्काम। तुम दूसरे से जैसा पाने की इच्छा रखते हो, दूसरे को वैसे ही देने की चेष्टा करो। सभी लोग तुम्हें पसन्द करेंगे, प्यार करेंगे। तुम्हारे व्यक्तित्व की चर्चा करेंगे। याद रखें—

जीवन की सार्थकता साबित करने के लिए व्यक्तित्व निर्माण पहले है और सफलता बाद में।

उपर्युक्त विश्लेषण से स्पष्ट है कि हर व्यक्ति सुन्दर व्यक्तित्व का निर्माण तो करना चाहता है परन्तु ऊपर बताए गए तत्त्वों को अपने जीवन में समाहित नहीं करता। आप उपरोक्त तत्त्वों को अपने अन्दर समाहित करें। उपर्युक्त तत्त्व व्यक्तित्व निर्माण हेतु आवश्यक हैं। इन तत्त्वों की सारगर्भित बातों को जीवन में उतार कर आप सुन्दर व्यक्तित्व के मालिक बन सकते हैं। सही मायने में आप सुन्दर व्यक्तित्व का निर्माण कर लेते हैं तो आपका जीवन अनमोल है और आप जीवन की सार्थकता साबित करने में सफल हैं।

अध्याय-4

व्यक्तित्व को प्रभावित करनेवाले कारक
(Factors influencing the personality)

किसी भी व्यक्ति का व्यक्तित्व किसी एक कारक से प्रभावित नहीं होता, बल्कि यह विभिन्न कारकों से प्रभावित होता है। उन कारकों में महत्त्वपूर्ण हैं—आनुवंशिकता, जैविक, मनोवैज्ञानिक, सामाजिक एवं सांस्कृतिक कारक। ये सारे कारक व्यक्तित्व को निर्धारित करते हैं। हम जिन कारकों से ज्यादा प्रभावित होते हैं, उसी अनुरूप हमारे व्यक्तित्व का निर्धारण होता है। किसी भी व्यक्ति का व्यक्तित्व अच्छा है या बुरा, सामान्य है या असामान्य यह उसके माता-पिता से प्राप्त गुणों, सोच, संगत एवं परिवेश से प्रभावित होता है। ऐसा नहीं है कि किसी एक कारक से प्रभावित होकर हम अच्छे व्यक्तित्व के मालिक बन जाते हैं। अच्छे व्यक्तित्व का मालिक बनने के लिए सभी कारकों पर ध्यान देना आवश्यक है। ऐसा नहीं है कि कोई व्यक्ति जन्मजात तेज है, शारीरिक रूप से सुन्दर है तो वह सुन्दर व्यक्तित्व का मालिक बन जाएगा। सुन्दर व्यक्तित्व का मालिक बनने के लिए उसे सांस्कृतिक एवं सामाजिक कारकों पर भी ध्यान देना होगा। किसी एक कारक पर ध्यान देकर हम अच्छे व्यक्तित्व के मालिक नहीं बन सकते। व्यक्तित्व निर्माण में हर कारक का अपना महत्त्व है और हर कारक का प्रभाव व्यक्तित्व निर्माण पर पड़ता है। आइए हम उन कारकों की चर्चा करें जो हमारे व्यक्तित्व को प्रभावित करते हैं।

गौतम बुद्ध का व्यक्तित्व प्रकार (Heriditory factors)

व्यक्तित्व की उत्पत्ति एवं विकास में आनुवंशिकता (Heridity) की भूमिका महत्त्वपूर्ण है। किसी व्यक्ति का बाह्य रूप-रंग, शक्ल-सूरत, चेहरा, शारीरिक बनावट तथा आवाज केवल खानदान के अनुरूप नहीं होती, बल्कि बहुत सारे आन्तरिक गुण भी खानदान से मिलते-जुलते होते हैं। इसका कारण है कि माता-पिता के क्रोमोजोम्स के मिलने से जर्मसेल का निर्माण होता है। इस जर्मसेल में खानदानी शारीरिक विशेषताएँ तथा शीलगुण उपस्थित रहते हैं, जो व्यक्तित्व की उत्पत्ति तथा विकास में

सहायक होते हैं। यही कारण है कि बच्चों की अधिकांश शारीरिक विशेषताएँ उनके माता–पिता, नाना–नानी या दादा–दादी से मिलती–जुलती रहती हैं, और बहुत सारे आन्तरिक गुण भी उनके खानदान के किसी न किसी सदस्य से मिलते हैं। आनुवंशिक गुणों का वहन गुण सूत्र के द्वारा एक पीढ़ी से दूसरी पीढ़ी में किया जाता है। जिस कारण हम किसी बच्चे के रूप–रंग को देखकर कहते हैं कि इस बच्चे का चेहरा माँ से मिल रहा है, और दूसरे बच्चे को देखकर कहते हैं कि पिता पर गया है। इसी प्रकार बच्चे की आवाज, बुद्धि, स्वभाव, स्वास्थ्य इत्यादि का विश्लेषण भी उसके माता–पिता, दादा–दादी या नाना–नानी से करते हैं। आनुवंशिकता का प्रभाव निम्न क्षेत्र में पड़ता है—

शारीरिक बनावट (Physiqe) : विभिन्न व्यक्तियों की शारीरिक बनावट अलग–अलग होती है, इसका कारण जैविक कारक है। यह व्यक्ति की शारीरिक बनावट तथा विकास में अहम भूमिका अदा करता है। जीन दो प्रकार का होता है— जीनो टाइप एवं फिनोटाइप। किसी भी व्यक्ति का शारीरिक बनावट उसके माता–पिता के ऑटो क्रोमोसोम्स के अनुरूप परिलक्षित होती है। क्रेशमर, शेल्डन, एडलर जैसे मनोवैज्ञानिकों ने भी व्यक्तित्व निर्माण एवं विकास में शारीरिक बनावट को प्रधानता दी है। दैनिक जीवन में भी देखा जाता है कि सुन्दर तथा स्वस्थ बच्चों को देखकर समाज के लोग उन्हें प्यार तथा स्नेह देते हैं तथा कुरूप बच्चों को देखकर प्रतिकूल व्यवहार करते हैं। इन दोनों प्रकार के व्यवहार का प्रभाव बच्चे के व्यक्तित्व विकास पर पड़ता है। समाज के द्वारा दिया गया प्यार, स्नेह व्यक्तित्व निर्माण एवं विकास में अनुकूल सहयोग देता है, जबकि समाज द्वारा दिया गया प्रतिकूल व्यवहार असामान्य व्यक्तित्व को जन्म देता है। इस प्रकार शारीरिक बनावट व्यक्तित्व निर्धारण में सहायक है।

टेम्परामेन्ट (Temperament) : टेम्परामेंट दूसरा कारक है, जिसका आगमन जैविक कारक के अन्तर्गत होता है। यही कारण है कि प्रत्येक नवजात शिशु का व्यवहार अलग–अलग होता है। उनकी आवाज, स्तनपान का तरीका, चंचलता, बॉडी लैंग्वेज भी अलग–अलग होती है। इन सारी बातों का प्रभाव व्यक्ति के व्यक्तित्व विकास पर पड़ता है। अगर बच्चे की आवाज सुरीली एवं मधुर होती है, उसकी चंचलता एवं बॉडी लैंग्वेज आकर्षक होती है तो उसे सभी प्यार करते हैं। वैसे बच्चों का व्यक्तित्व विकास सामान्य होता है। मुन (Munn) जैसे मनोवैज्ञानिक का मानना है कि शिशुओं का सामान्य व्यवहार टेम्परामेंट तथा संवेगात्मक व्यवहार जन्मजात होता है और इसमें एकरूपता (Uniformity) बच्चों के विकास की सभी अवस्थाओं में पाई जाती है। टेम्परामेंट का वृहत प्रभाव व्यक्तित्व विकास पर पड़ता है। जिस व्यक्ति का टेम्परामेंट जैसा होता है, उसी अनुरूप उसका व्यक्तित्व बनता है।

बुद्धि (Intelligence) : बुद्धि का संचरण जीनोटाइप गुण–सूत्र से आता है

लेकिन हम बुद्धि के विकास सोच को व्यापक बनाकर, अच्छे लोगों की संगत कर परिवेश एवं परिस्थिति से बेहतर समायोजन कर ला सकते हैं। बुद्धि का गहरा सम्बन्ध व्यक्तित्व विकास से रहता है। अध्ययन के आधार पर देखा गया है कि वातावरण में अभियोजन का प्रभाव व्यक्तित्व विकास पर पड़ता है, और आप जानते हैं कि अभियोजन बुद्धि से प्रभावित होता है। मन्दबुद्धि का व्यक्ति परिवेश के साथ, उत्पन्न हालात के साथ अभियोजन सही रूप से नहीं कर पाता है। ऐसा भी देखा गया है कि तीव्र वुद्धि वाले व्यक्ति का अभियोजन भी वातावरण में सही रूप से नहीं हो पाता है। समाज के लोग प्रतिभावान व्यक्ति के विचारों को वास्तविक रूप में नहीं समझ पाते हैं और उसका मजाक बनाते हैं। सामान्य बुद्धि के व्यक्ति समाज के लोगों के विचारों को बेहतर समझते हैं, और समाज के लोगों को ध्यान में रखकर व्यवहार करते हैं। फलतः वैसे लोगों को समाज ज्यादा तरजीह देता है, जिसका अच्छा प्रभाव व्यक्तित्व विकास पर पड़ता है।

स्नायुमण्डल (Nervous System) : स्नायु-मण्डल भी व्यक्तित्व विकास को प्रभावित करता है। केम्प का कहना है कि स्वतः संचालित स्नायुमण्डल (A.N.S.) के कारण शारीरिक इच्छाएँ उत्पन्न होती हैं तथा केन्द्रीय स्नायु-मण्डल (C.N.S.) के द्वारा इन इच्छाओं की पूर्ति की जाती है। जिस व्यक्ति के अन्दर इन दोनों प्रकार के स्नायु-मण्डल में पारस्परिक सन्तुलन एवं सहयोग बना रहता है उसमें सामान्य व्यक्तित्व की उत्पत्ति होती है।

स्वास्थ्य (Health) : स्वास्थ्य भी व्यक्तित्व विकास को प्रभावित करता है। जो बच्चा स्वस्थ होता है वह समाज के अन्य बच्चों के साथ अच्छी तरह खेलता-कूदता है तथा अपने विचारों का आदान-प्रदान करता है। फलतः उसमें सामान्य व्यक्तित्व का विकास होता है। जबकि बीमार तथा रोगी बच्चा चिड़चिड़े स्वभाव का हो जाता है। बात-बात में रोना तथा दब्बू बनकर रहना उसकी आदत बन जाती है। ऐसे बच्चे में सामान्य व्यक्तित्व का विकास नहीं होता है।

अन्तःस्त्रावी ग्रन्थियाँ (Endocrine glands) : मानव शरीर में दो प्रकार की ग्रन्थियाँ पाई जाती हैं—नलिका ग्रंथि व नलिका-विहीन ग्रंथि। नलिका ग्रंथि के द्वारा शरीर का पसीना, पेशाब तथा पाखाना बाहर निकलता है। इस ग्रंथि का प्रभाव व्यक्तित्व विकास पर नहीं पड़ता है। अन्तःस्त्रावी ग्रंथि के अन्तर्गत नलिका-विहीन ग्रंथियाँ भी आती हैं। नालिका-विहीन ग्रंथियों से जो हार्मोन स्त्रावित होता है, उसका प्रभाव व्यक्तित्व विकास पर पड़ता है। ये ग्रंथियाँ संख्या में अनेक होती हैं और इन ग्रंथियों से स्त्रावित हार्मोन का स्त्राव व्यक्ति के व्यवहार में परिवर्तन लाता है। और इस परिवर्तन का प्रभाव व्यक्तित्व निर्माण पर पड़ता है। कुछ ऐसी ग्रंथियाँ हैं जो अपने हारमोन के माध्यम से दूसरी ग्रन्थि के कार्यों को निष्क्रिय करती हैं तथा कुछ ऐसी ग्रंथियाँ होती हैं, जो दूसरी ग्रन्थियों के कार्यों को क्रियाशील बनाती हैं। इन सारी

अन्त:क्रियाओं का प्रभाव व्यक्तित्व विकास पर पड़ता है।

जैसे—थाइरॉयड ग्लैंड द्वारा स्रावित हार्मोन का सम्बन्ध शारीरिक बनावट, बुद्धि तथा संवेग से रहता है। जब यह ग्रन्थि सामान्य मात्रा में हार्मोन का स्राव करती है तो व्यक्तित्व विकास समान्य होता है। जब ये ग्रंथियाँ अधिक हार्मोन का स्राव करती हैं तो व्यक्ति अधिक मोटा और लम्बा हो जाता है। ऐसा व्यक्ति अपने अन्दर अधिक शक्ति का अनुभव करता है। हमेशा वह अपने आप को किसी कार्य में व्यस्त रखता है। जब यह ग्रंथि कम हार्मोन का स्राव करती है तो व्यक्ति बौना हो जाता है, थकावट का शिकार बना रहता है। इस ग्रंथि से जो हार्मोन स्रावित होता है, उसे थाइरोक्सिन कहते हैं। इसका मुख्य संघटक आयोडीन है, जिसकी कमी से घेघा रोग हो जाता है और शरीर मोटा हो जाता है। थाइरोक्सिन हार्मोन की कमी से बच्चा मानसिक रूप से कमजोर हो जाता है। मानसिक दुर्बलता को क्रेटिनिज्म कहते हैं। ऐसा बच्चा शरीर से बौना तथा बुद्धि से कमजोर होता है। जब इस हार्मोन का स्राव अधिक होता है तो बच्चा बहुत लम्बा और दुबला-पतला होता है। इस ग्रंथि की अतिसक्रियता से जो रोग उत्पन्न होता है उसे गंभीर रोग कहा जाता है। इस ग्रंथि का प्रभाव संवेगात्मक प्रतिक्रिया पर भी पड़ता है। जब व्यक्ति अधिक तनावपूर्ण एवं संकट की स्थिति में होता है तो इस ग्रंथि की सक्रियता बढ़ जाती है।

पाराथाइरायड (Parathyroids) : मटर के दाने के आकार के समान चार छोटी-छोटी ग्रंथियाँ थाइराइड ग्रंथि के क्षेत्र में स्थित हैं, जिन्हें पाराथाइराइड ग्रंथि कहते हैं। इन ग्रंथियों से जो हार्मोन निकलता है वह कैल्सियम मेटाबोलिज्म के लिए आवश्यक है। इसकी कमी से पेशियों में तनाव, विकृति उत्पन्न होती है जिसमें पेशीय कम्पन, ऐंठन, मरोड़, संवेगात्मक अस्थिरता के लक्षण दिखाई देते हैं।

एड्रीनल ग्रंथि (Adrenal gland) : अंत:स्रावी ग्रंथियों की यह जोड़ी किडनी के ऊपर स्थित होती है। प्रत्येक ग्रंथि के दो भाग होते हैं, बाहरी भाग को एड्रीनल कार्टेस तथा केन्द्रीय भाग को मेडुला कहते हैं। कार्टेस से कई हार्मोन का स्राव होता है, जिन्हें स्टेरायडस या कौर्टीन भी कहते हैं। मेडुला से एड्रीनल तथा नॉर-एड्रीनल दो तरह के हार्मोन निकलते हैं जिन्हें क्रमश: एपिनेफ्रीन तथा नॉरएपिनेफ्रीन कहा जाता है। कौर्टीन की कमी के कारण थकान, भूख की कमी, चिड़चिड़ापन, अनिद्रा आदि लक्षण विकसित हो जाते हैं। भय, क्रोध आदि संवेगों की अवस्था में एड्रीनल हॉर्मोन का स्राव अधिक होता है, जिससे शारीरिक गतिशीलता बढ़ जाती है और व्यक्ति व्यवहार करता है।

यौन ग्रंथि (Gonads) : पुरुष तथा स्त्री में अलग-अलग यौन ग्रंथियाँ पाई जाती हैं, जिन्हें क्रमश: अंड-ग्रंथि (Testis) तथा अंडाशय (Ovary) कहते हैं।

पिट्यूटरी ग्रंथि द्वारा स्रावित हार्मोन भी व्यक्तित्व विकास को प्रभावित करता है। इसे मास्टर ग्लैंड भी कहते हैं। इसके दो भाग हैं—अग्रखंड (anterior lobe) तथा

पिंडल खंड (Posterior lobe)। अग्रखंड से अनेक हार्मोन निकलते हैं, जिसमें सोमेटोट्रोपीन महत्त्वपूर्ण है। इसके सामान्य स्राव से सामान्य व्यक्तित्व तथा अधिक स्राव से ज्यादा लम्बा आदमी बन जाता है। जब यह हार्मोन सामान्य मात्रा में स्रावित करता है तो व्यक्ति का शारीरिक विकास अच्छा होता है। अधिक स्राव होने पर व्यक्ति लम्बा होता है। उपरोक्त सभी प्रकार के हार्मोन का प्रत्यक्ष एवं अप्रत्यक्ष प्रभाव व्यक्तित्व विकास पर पड़ता है।

मनो-सामाजिक कारक (Psycho-socio factors)

इसे वातावरणीय कारक भी कहते हैं। व्यक्तित्व विकास में वंशानुक्रम कारक का जितना महत्त्वपूर्ण स्थान है, उतना ही महत्त्वपूर्ण स्थान मनोवैज्ञानिक एवं सामाजिक कारक का है। किसी एक के अभाव में सुन्दर व्यक्तित्व निर्माण की कल्पना करना असम्भव है। आप जानते हैं बच्चों का पालन-पोषण जैसे परिवेश में होता है, उसी अनुरूप बच्चे का व्यक्तित्व विकास होता है। दो विभिन्न संस्कृतियों में रहने वाले बच्चों के पालन-पोषण में भिन्नता होने के कारण उनका व्यक्तित्व अलग-अलग होता है। एक ही संस्कृति में रहने वाले सभी बच्चों के पालन-पोषण का तरीका समान नहीं होने के कारण भी विभिन्नता पाई जाती है। इसका कारण है माता-पिता के मनोवैज्ञानिक विचार, उनकी सोच, सगे-सम्बधियों के संगत का प्रभाव, पारिवारिक माहौल का प्रभाव। उपरोक्त सभी कारकों का प्रभाव व्यक्तित्व विकास पर पड़ता है। मनोवैज्ञानिकों का मानना है कि जब बच्चे का पालन-पोषण मनोवैज्ञानिक वातावरण में होता है तो बच्चे में सामान्य व्यक्तित्व का विकास होता है लेकिन मनोवैज्ञानिक वातावरण के अभाव में किया गया पालन-पोषण बच्चों में असामान्य व्यक्तित्व का विकास करता है। जैसे—जिस बच्चे के माता-पिता नौकरी में होते हैं या दोनों स्वर्गीय होते हैं या दोनों में से कोई एक स्वर्गीय होता है तो ऐसे बच्चे का पालन-पोषण प्राय: कोई आया करती है या कोई सगा-सम्बन्धी करता है। ये लोग बच्चे का लालन-पालन उस मनोयोग से नहीं करते, जो बच्चे के माता-पिता करते। अनाथालय में पलने वाले बच्चों का लालन-पालन भी उस मनोयोग से नहीं होता जो उनके माता-पिता के रहने पर होता है। अत: ऐसे बच्चों का लालन-पालन अमनोवैज्ञानिक वातावरण में होता है। ऐसे में बच्चे को अधिक प्यार या अधिक तिरस्कार मिलता है। फलत: बच्चा असामान्य व्यक्तित्व का हो जाता है।

माता-पिता की मनोवृत्ति का प्रभाव भी बच्चों के व्यक्तित्व विकास पर पड़ता है। मनोवैज्ञानिकों का मानना है कि आनेवाले बच्चों के प्रति और उनके लालन-पालन के प्रति माता-पिता की मनोवृत्ति अनुकूल रहती है तो बच्चे में सामान्य व्यक्तित्व का विकास होता है और प्रतिकूल मनोवृत्ति होती है तो असामान्य व्यक्तित्व का विकास होता है। आपने देखा होगा कि एक ही माता-पिता अपनी संतति में पुत्र

को अधिक स्नेह देते हैं तथा पुत्री के प्रति प्रतिकूल मनोवृत्ति रखते है, जिसका बुरा प्रभाव व्यक्तित्व विकास पर पड़ता है। बच्चों में अहम तथा बच्चियों में हीन भावना का विकास होता है। परिवार का आकार भी व्यक्तित्व विकास को प्रभावित करता है। जिस परिवार में बच्चों की संख्या अधिक होती है, उस परिवार में बच्चों की देख-रेख समुचित ढंग से नहीं होती है। उन्हें आवश्यकताओं की पूर्ति एवं प्रेम, स्नेह सही रूप में नहीं मिल पाता है। फलत: बच्चों में असामान्य व्यक्तित्व का आगमन हो जाता है। आपने यह लोकोक्ति सुनी भी होगी—'ज्यादा योगी मठ उजाड़।' ठीक इसके विपरीत जब बच्चों की संख्या कम होती है तो माता-पिता बच्चों की देख-रेख उचित ढंग से करते हैं। उनकी आवश्यकताओं की पूर्ति ससमय करते हैं। फलत: बच्चों में सामान्य व्यक्तित्व का विकास होता है। कहने का आशय है कि जो माता-पिता अपने बच्चों की परवरिश एवं व्यक्तित्व निर्माण पर समुचित ध्यान देते हैं, उनके बच्चे का व्यक्तित्व विकास अच्छा होता है।

व्यक्तित्व की उत्पत्ति और विकास में परिवार के अनुशासन का स्थान महत्त्वपूर्ण होता है। जिस परिवार में अनुशासन का अभाव रहता है, बड़े-छोटे आपस में किसी मुद्दे को लेकर तू-तू, मैं-मैं करते रहते हैं, अपने को श्रेष्ठ और दूसरे को मूर्ख समझते हैं, जिस परिवार में प्यार, सहयोग, सद्भाव, सहिष्णुता जैसे गुणों का अभाव होता है, वैसे परिवार के बच्चों का व्यक्तित्व विकास असामान्य रूप से होता है। लेकिन जिस परिवार में प्यार, सहयोग, सद्भाव, अनुशासन का माहौल रहता है, और छोटे-बड़े सभी सदस्य अनुशासन के महत्त्व को समझते हैं, परिवार के सदस्य कायदे-कानून को मानते हैं और वे अनुशासित नियमों से प्रभावित होते हैं, किसी भी मुद्दे का समाधान मिल-जुलकर करते हैं, एक-दूसरे की सलाह का सम्मान करते हैं, वैसे परिवार के बच्चे के अन्दर आपसी प्यार, सहयोग, सद्भाव, मिल-जुलकर रहने की प्रवृत्ति, क्षमा, त्याग जैसे गुण स्वत: उनके संस्कार में शामिल हो जाते हैं। फलत: बच्चे उत्तम व्यक्तित्व को ग्रहण करते हैं। ऐसे बच्चों का व्यक्तित्व विकास सामान्य होता है। अत: परिवार का अनुशासन भी व्यक्तित्व विकास को प्रभावित करता है।

परिवार की आर्थिक स्थिति भी व्यक्तित्व विकास को प्रभावित करती है। जिस परिवार की आर्थिक स्थिति बहुत अच्छी या बहुत खराब रहती है, वैसे परिवार के बच्चे में सामान्यत: असामान्य व्यक्तित्व का विकास होता है। लेकिन जिस परिवार की आर्थिक स्थिति समान्य रहती है, वैसे परिवार के बच्चे में सामान्य व्यक्तित्व का विकास होता है। जिस परिवार में इकलौता लड़का रहता है उसे परिवार के हर सदस्य आवश्यकता से अधिक लाड़-प्यार देते हैं। उसकी सुख-सुविधा एवं आवश्यकता का अधिक ध्यान देते हैं। वैसे परिवार के बच्चे का व्यक्तित्व विकास असामान्य रूप से होता है। इसका कारण यह है कि ऐसा लड़का अधिक प्यार-स्नेह मिलने के कारण आरामतलबी हो जाता है। बिना मेहनत किए सुख-सुविधा प्राप्त

करना चाहता है। नतीजा, वह आलसी और कामचोर व्यक्तित्व का मालिक बन जाता है। ऐसा व्यक्ति जीवन में बेहतर नहीं कर पाता और दूसरों की सफलता देख ईर्ष्या करता है।

मनोवैज्ञानिक निर्धारक (Psychological Determinants)

मानव व्यवहार तथा व्यक्तित्व को प्रभावित करने की दृष्टि से मनोवैज्ञानिक कारक की भूमिका महत्त्वपूर्ण है। कुछ महत्त्वपूर्ण मनोवैज्ञानिक कारकों का उल्लेख नीचे दिया जा रहा है।

बुद्धि और मानसिक विकास : बालक की बुद्धि और मानसिक विकास का उसके व्यक्तित्व के निर्धारण में महत्त्वपूर्ण हाथ है। कोई कैसे व्यहार करता है यह उसकी बुद्धि और मानसिक क्षमताओं पर बहुत कुछ निर्भर करता है। व्यक्ति का सम्पूर्ण समायोजन, सीखने की प्रक्रिया और उनमें सफलता, ज्ञान, कौशलों का अर्जन, निर्णय लेने की क्षमता, समस्याओं को सुलझाने की योग्यता तथा व्यक्तियों और परिस्थितियों से तालमेल रखने का कौशल सभी कुछ उसके बौद्धिक विकास पर ही निर्भर करता है। एक तरह से व्यक्ति का सम्पूर्ण व्यवहार उसकी बुद्धि से ही नियंत्रित होता है। किसी भी व्यक्ति का व्यवहार वही बनता है जो उसकी बुद्धि और मानसिक क्षमता द्वारा बनाया जाता है।

रुचियाँ एवं दृष्टिकोण (Interests & Attitudes) : व्यक्ति की रुचियाँ और दृष्टिकोण उसके व्यवहार करने के तरीकों तथा व्यक्तित्व विकास पर काफी प्रभाव डालते हैं। हम उन्हीं बातों को कहना, सुनना तथा करना चाहते हैं जिनमें हमारी किसी न किसी तरह से रुचि होती है। जिनके प्रति सकरात्मक दृष्टिकोण होता है उन नाते-रिश्तों तथा व्यक्तियों को पसन्द किया जाता है। उनका सान्निध्य हमें अच्छा लगता है। और जिनके प्रति नकारात्मक दृष्टिकोण होता है, उनसे हम दूर भागना चाहते हैं। इस तरह हमारा व्यवहार किसी व्यक्ति, वस्तु या विचारों के प्रति कैसा रहता है, यह बहुत कुछ हमारी रुचियों तथा दृष्टिकोण पर निर्भर करता है। हमारा व्यक्तित्व भी उन्हीं रंगों में रँग जाता है जैसा हमारा दृष्टिकोण होता है। इसमें कोई संदेह नहीं है और इस तरह रुचियाँ और दृष्टिकोण मनोवैज्ञानिक निर्धारकों के रूप में सशक्त भूमिका निभाता है।

महत्त्वाकांक्षा का स्तर एवं उपलब्धि प्रेरणा (Level of aspiration and achievement motivation) : व्यक्तित्व की महत्त्वाकांक्षा एवं उपलब्धि अभिप्रेरणा का स्तर उसके व्यक्तित्व के निर्धारण में भूमिका निभाता है। जिसके अन्दर कोई महत्त्वाकांक्षा ही नहीं होगी वह कुछ पाने के लिए प्रयत्न ही क्यों करेगा ? जो व्यक्ति किसी उपलब्धि को पाने के लिए अभिप्रेरित नहीं रहेगा, उसका व्यक्तित्व भी निकम्मे, आलसी और सुस्त व्यक्ति के रूप में ही बन जाएगा। ऐसा व्यक्ति भाग्य को

कर्म से अधिक प्रधानता देता है, और जो कुछ प्राप्त होता रहेगा उसी में सन्तुष्टि अनुभव करेगा। दूसरी ओर जहाँ महत्त्वाकांक्षा अधिक होगी, उपलब्धि अभिप्रेरणा का स्तर अधिक होगा वहाँ व्यक्ति संघर्षशील बनेगा, सक्रिय होकर जीवन में कुछ प्राप्त करना चाहेगा, आत्मविश्वासी होगा तथा भाग्य से अधिक कर्म पर विश्वास करेगा। नि:संदेह इस प्रकार का महत्त्वाकांक्षी तथा उच्च प्रेरित व्यक्ति का व्यक्तित्व महत्त्वाकांक्षाहीन तथा निम्न अभिप्रेरणा उपलब्धि वाले व्यक्ति से सर्वथा पृथक होगा। इस तरह व्यक्ति के अन्दर जिस प्रकार की उपलब्धि, अभिप्रेरणा और महत्त्वाकांक्षा का स्तर होगा, उसी रूप में उसका व्यवहार और व्यक्तित्व भी ढल जाएगा।

इच्छाशक्ति (Will Power) : इच्छाशक्ति को व्यवहार का नियंत्रक और चालक शक्ति कहा जाता है। दृढ़ इच्छा शक्ति वाले व्यक्ति संवेगात्मक रूप से काफी सन्तुलित होते हैं और ये जो ठान लेते हैं उसे पूरा करने में जी-जान लगा देते हैं। उनमें पर्याप्त निर्णय क्षमता तथा आश्चर्यजनक धैर्य देखने को मिलता है। इसके विपरीत कमजोर इच्छाशक्ति वाले व्यक्तियों का व्यक्तित्व कमजोर तथा सर्वथा असमंजस की स्थिति में रहता है। वे क्या करें और क्या न करें की दुविधा में पड़े रहते हैं। उन्हें स्वयं पर विश्वास ही नहीं होता। अत: कुछ विशेष कार्य करने या विशेष सफलता हासिल करने की बात उनके जीवन में कम ही होती है। इस तरह इच्छाशक्ति की सबलता और निर्बलता व्यक्ति के व्यक्तित्व निर्माण में बहुत बड़ा अन्तर पैदा कर देती है।

संवेगात्मक और स्वभावगत विशेषताएँ (Emotional and Temperamantal make-up) : व्यक्ति का स्वभाव तथा संवेगात्मक विशेषताएँ उसके व्यवहार एवं व्यक्तित्व को दिशा प्रदान करने में महत्त्वपूर्ण भूमिका निभाती हैं। व्यक्ति में जिस प्रकार के सकारात्मक एवं नकारात्मक संवेगों की अधिकता होगी, संवेगात्मक परिपक्वता का जो स्तर होगा, जैसी स्वभावगत प्रकृति और विशेषताएँ होंगी और आदतों, भावनाओं तथा स्थायी भावों का जिस प्रकार का संगठन होगा, उसका विचारों एवं वस्तुओं के प्रति वैसा ही दृष्टिकोण बनेगा तथा उसका व्यवहार और व्यक्तित्व उसी प्रकार के रंग में रँगा दिखाई देगा। एक क्रोधी और ईर्ष्यालु व्यक्तित्व कुछ और ही तरह का बनेगा, जबकि शान्त प्रकृति वाले सबके हित की बात सोचने वाले व्यक्ति का व्यवहार और व्यक्तित्व खूबसूरत साँचे में ढला प्रतीत होगा। इस प्रकार स्वभावगत विशेषताएँ व्यक्तित्व को साँचों में ढालने की भूमिका निभाती हैं।

सामाजिक निर्धारक (Social Determinants)

हमारा अधिकांश व्यवहार अर्जित होता है और इस अर्जन के पीछे वातावरणजन्य अनुभव अपना पूरा प्रभाव दिखाते हैं। वातावरण सम्बन्धी इन अनुभवों को प्रदान करने में व्यक्ति के सामाजिक एवं सांस्कृतिक परिवेश में निहित शक्तियाँ, संस्थाएँ

तथा परिस्थितियाँ काफी सशक्त भूमिका निभाती हैं। व्यक्तित्व को प्रभावित करने में सामाजिक निर्धारक के मुख्य तत्त्वों का वर्णन निम्न है—

घर एवं परिवार (Home and family) : व्यक्तित्व निर्माण में पारिवारिक जीवन का बहुत अधिक महत्त्व है। जिस घर और परिवार का माहौल स्वस्थ, सुन्दर एवं शान्त होता है वहाँ बच्चे के व्यक्तित्व विकास के लिए समुचित अवसर प्राप्त होता है। वैसे घर और परिवार में रहने वाले सदस्यों का व्यक्तित्व विकास अच्छा होता है। ठीक इसके विपरीत यदि घर का माहौल कोलाहल भरा, कटुतापूर्ण होता है तो बच्चे के व्यक्तित्व को गलत दिशा दे सकता है। घर और परिवार के वातावरण में बच्चे के व्यक्तित्व विकास को प्रभावित करने में माता-पिता की भूमिका महत्त्वपूर्ण होती है। माता-पिता की शिक्षा, उनके सामाजिक व्यवहार, उनके बीच का आपसी सम्बन्ध, रुचि, अभिरुचि और चरित्र बच्चों के व्यक्तित्व को सबसे अधिक प्रभावित करता है। माता-पिता का बच्चों के प्रति दृष्टिकोण कैसा है और बच्चों के साथ उनका व्यवहार कैसा है? वे बच्चों को ज्यादा लाड़-प्यार करते हैं या उनकी उपेक्षा करते हैं। इन सभी बातों का प्रभाव बच्चों के व्यक्तित्व को प्रभावित करता है।

परिवार में बच्चों की संख्या और उसका जन्मक्रम भी व्यक्तित्व को प्रभावित करता है। परिवार में बच्चे कितने हैं, वे कितने भाई-बहन हैं, वह सबसे पहला बच्चा है या अंतिम, इन बातों पर भी बच्चे के व्यक्तित्व का विकास निर्भर करता है। परिवार की सामाजिक एवं आर्थिक स्थिति कैसी है। वे किन मान्यताओं, विश्वास अथवा मूल्यों में श्रद्धा रखते हैं? किस संस्कृति एवं धर्म को अपनाते हैं? ये सारी बातें बच्चों के व्यक्तित्व विकास को प्रभावित करती हैं। ध्यान रखें—बच्चे के व्यक्तित्व विकास पर न केवल माता-पिता का आपसी व्यवहार, सम्बन्ध दृष्टिकोण प्रभावित करता है, बल्कि घर में रहनेवाले परिवार के हर सदस्य का व्यवहार और व्यक्तित्व बालक के व्यक्तित्व पर प्रभाव डालने की पूरी क्षमता रखता है। बालक जाने-अनजाने में वही सब कुछ करने और बनने का प्रयत्न करता है जैसा आचरण और व्यवहार अपने परिवार के सदस्यों को करते देखता है।

विद्यालय का वातावरण (School environment) : बच्चे के व्यक्तित्व विकास में विद्यालय के वातावरण का विशेष महत्त्व है। अध्यापक, प्रधानाध्यापक, सहपाठियों के व्यक्तित्व सम्बन्धी गुण, शिक्षण विधियाँ, पाठान्तर क्रियाओं का आयोजन, विद्यालय द्वारा निर्धारित ऊँचे आदर्श एवं मूल्य और विद्यालय का सामान्य वातावरण आदि सभी तत्त्व बच्चे के व्यक्तित्व विकास को प्रभावित करते हैं। यही कारण है कि जिन विद्यालयों के परिवेश, परिस्थितियों तथा पढ़ाई-लिखाई के स्तर के बारे में काफी प्रसिद्धि होती है, उनमें प्रवेश पाने के लिए भीड़ लगी रहती है। ऐसे विद्यालयों से निकले हुए विद्यार्थियों में व्यक्तित्व सम्बन्धी एक विशेष गुण तथा पहचान होती है। जबकि सामान्य तथा निम्न दर्जे के विद्यालयों और उनमें प्राप्त

वातावरण सम्बन्धी अनुभवों में से निकले हुए विद्यार्थियों के व्यक्तित्व सम्बन्धी अन्तरों को बड़े ही स्पष्ट रूप से देखा जा सकता है, और यही बात यह सिद्ध करने में पूरी तरह समर्थ है कि विद्यालय का वातावरण व्यक्तित्व विकास में काफी अहम भूमिका निभाता है।

पास-पड़ोस (Neighbour hood) : पास-पड़ोस में जो व्यक्ति रहते हैं और जिन बालकों के साथ बालक खेलता है, अपना समय व्यतीत करता है, उन सभी का व्यवहार और व्यक्तित्व बच्चों के व्यक्तित्व विकास को प्रभावित करता है। यही कारण है कि व्यक्ति घर बसाने हेतु पास-पड़ोस का ध्यान रखता है।

धार्मिक संस्थाएँ (Religious institutions) : गुरुद्वारे, मठ, मन्दिर, चर्च आदि धार्मिक स्थान जिनमें चलने वाली धार्मिक तथा सामाजिक गतिविधियाँ आदि बालक के दिल और दिमाग पर प्रारंभ से ही बड़े ही शान्त रूप में गम्भीर एवं स्थायी प्रभाव छोड़ने की क्षमता रखती हैं। इन धार्मिक संस्थाओं की गतिविधियों का प्रभाव व्यक्ति के व्यवहार एवं व्यक्तित्व के निर्धारण में शक्तिशाली भूमिका निभाते हैं।

सामाजिक संगठन, संस्थाएँ एवं साधन : बालक के सामाजिक परिवेश में कई तरह की संस्थाएँ, समूह, संगठन कार्य करते हैं, जो अपनी गहरी छाप बालक के व्यक्तित्व पर अंकित रखने की क्षमता रखते हैं। कई तरह की सामाजिक संस्थाएँ, क्लब, मनोरंजन तथा संप्रेषण के साथ (रेडियो, टेलीविजन, फिल्म आदि) साहित्यिक तथा ललित कलाओं से सम्बन्धित संस्थाएँ, प्रचार के साधन, समाचार, पत्र-पत्रिकाएँ, पुस्तकें तथा अन्य सभी तरह के साहित्य आदि किसी न किसी रूप में बालक के व्यक्तित्व को मोड़ने में प्रभावकारी सिद्ध होते हैं। जब बालक दूरदर्शन या चलचित्र पर्दे पर मार-धाड़ और सेक्स से प्रताड़ित फिल्में देखता है तो उसका व्यवहार और व्यक्तित्व भी हिंसा और यौन अपराधों के साँचे में ढलने लगता है। इसमें बच्चे का क्या कसूर? सामाजिक वातावरण में जो भी बातें सीखी जाती हैं, उनका प्रभाव व्यक्तित्व पर पड़ता है। किशोर बालक और बालिकाओं पर सिनेमा और उपन्यास के नायक और नायिकाओं का जो प्रभाव पड़ता है वह उनके व्यवहार और व्यक्तित्व को प्रभावित करने में कितना समर्थ सिद्ध हो सकता है, यह बात किसी से छुपी नहीं है। इस तरह बालक अपने चारों ओर फैले सामाजिक वातावरण में जो कुछ भी देखता, सुनता और पढ़ता है, उसे अपने जीवन में उतारने का प्रयत्न करता है और उसी अनुकूल उसका व्यक्तित्व भी उसी साँचे में ढलता चला जाता है।

सामाजिक कारक (Social factors)

व्यक्तित्व विकास पर परिवार की सामाजिक-आर्थिक स्थिति का भी प्रभाव पड़ता है। आर्थिक असुरक्षा से संवेगात्मक असुरक्षा आती है। गरीब परिवार में जन्म लेने

वाले बच्चों की आवश्यकताओं की पूर्ति नहीं होने से वे निराशा की भावना से पीड़ित हो जाते हैं। आर्थिक रूप से सम्पन्न परिवार के बच्चे के अच्छे खान-पान, पहनावे एवं सुख-सुविधा को देखकर उनमें हीनता, ईर्ष्या और खिन्नता की भावना आ जाती है और उनमें सामाजिक निराशाएँ (Social Frustration) उत्पन्न होती हैं। धनी परिवार के बच्चों को गरीब परिवार के बच्चों की तुलना में समाज में ज्यादा सम्मान मिलता है। इस प्रकार सामाजिक असामंजस्य बढ़ने से व्यक्तित्व पर बुरा प्रभाव पड़ता है। सीबॉल के अनुसार पारिवारिक आय में कमी होने से ईर्ष्या में वृद्धि होती है तथा बच्चों में निराशा का भाव उत्पन्न होता है।

दूसरी ओर धनी परिवार के बच्चे पैसे की अधिकता के कारण सभी आवश्यकताओं की पूर्ति सहजता से करते हैं, जिस कारण वे आलसी, विलासी, शरारती और चरित्र-भ्रष्ट हो सकते हैं। लेकिन हमेशा ऐसी बात नहीं देखी जाती है। आइजेक एवं कॉक्सन का मानना है कि उच्च सामाजिक आर्थिक स्थिति वाले परिवार के बच्चे में बहिर्मुखता अधिक और स्नायु रोग पाया जाता है। हॉलिंग एवं रेडलिच के अनुसार उच्च वर्ग की अपेक्षा निम्न वर्ग के व्यक्तियों में चरित्र-विकृति अधिक पाई गई है। कहने का आशय है कि सामाजिक-आर्थिक स्थिति का प्रभाव किसी न किसी रूप में व्यक्तित्व विकास को प्रभावित करता है।

सामाजिक आर्थिक कारक (Social economic factors)

व्यक्तित्व विकास पर सामाजिक एवं आर्थिक स्थितियों का प्रभाव पड़ता है। यह सत्य है कि कभी-कभी गरीबी वरदान बन जाती है और अमीरी अभिशाप, परन्तु अधिकांश परिस्थितियों में सामाजिक एवं आर्थिक सम्पन्नता प्रभावशाली व्यक्तित्व के विकास में सहायक होती है। हिलिमविट ने निम्न सामाजिक आर्थिक वर्ग की अपेक्षा मध्य सामाजिक आर्थिक वर्ग के लोगों में अधिक सन्तुलन पाया। कैनर के अनुसार गरीब परिवार के बच्चों में परिपक्वता तथा आत्मविश्वास की कमी पाई जाती है।

परिवेश का प्रभाव : आस-पास के परिवेश एवं परिवार के परिवेश का भी प्रभाव बच्चे के व्यक्तित्व को प्रभावित करता है। अगर परिवार का माहौल, आस-पास का माहौल, शान्त, सहयोगपूर्ण एवं सद्भावपूर्ण होता है तो बच्चे में सामान्य व्यक्तित्व का विकास होता है। इसी प्रकार पड़ोस में रहने वाले लोगों का प्रभाव भी व्यक्तित्व विकास पर पड़ता है। अच्छे पड़ोसी सद्गुण का विकास करते हैं तथा बुरे पड़ोसी बच्चों में अवगुणों का विकास करते हैं। संगति का प्रभाव भी व्यक्तित्व विकास पर पड़ता है। बुरे लोगों की संगत में रहने से असामान्य व्यक्तित्व का विकास होता है और अच्छे लोगों की संगत में रहने से अच्छे व्यक्तित्व का विकास होता है। अध्ययन के आधार पर देखा गया है कि माता-पिता तथा परिवार का

आदर्श, उनके जीवन-सिद्धांत और जीवन शैली, ये सभी बच्चे के व्यक्तित्व को सबसे ज्यादा प्रभावित करते हैं। यही कारण है कि माता-पिता और बच्चों के आदर्शों में समानता पाई जाती है। माता-पिता का व्यवसाय भी बच्चों के व्यक्तित्व को प्रभावित करता है। माता-पिता जिस व्यवसाय में रहते हैं, उस व्यवसाय में निहित गुणों का प्रभाव बच्चों पर पड़ता है। खेल का प्रभाव भी व्यक्तित्व विकास को प्रभावित करता है। बच्चे खेल-खेल में बहुत से सिद्धान्तों को सीखते हैं और उसके अनुरूप कार्य करते हैं जिसका अच्छा प्रभाव उनके व्यक्तित्व विकास पर पड़ता है। स्कूल का प्रभाव भी बच्चों के व्यक्तित्व विकास पर पड़ता है। जिस स्कूल में पढ़ाई-लिखाई का माहौल तथा अनुशासन रहता है और शिक्षक पढ़ाई का महत्त्व समझते हैं वे अपने बच्चों को शिक्षा का महत्त्व समझाते हैं, उन्हें अच्छे स्कूल में पढ़ाते है। स्कूल शिक्षकों के बीच आपसी सम्बन्ध अच्छे रहते हैं और शिक्षकों की मनोवृत्ति पढ़ने-पढ़ाने की होती है। उनके बीच प्रेम, सहयोग, सद्भाव का गुण देखने को मिलता है। वैसे स्कूल के बच्चों में सामान्य व्यक्तित्व का विकास होता है लेकिन जिस स्कूल में उपरोक्त बातों का अभाव रहता है, उसका बुरा प्रभाव उस स्कूल के बच्चे के व्यक्तित्व विकास पर पड़ता है। एन.सी.सी. स्काउट गाइड का भी प्रभाव व्यक्तित्व विकास पर पड़ता है। एन.सी.सी. तथा स्काउट से जुड़े बच्चों में व्यक्तित्व का विकास एक अच्छे नागरिक के रूप में होता है।

किसी भी व्यक्ति की सफलता और असफलता उसके व्यक्तित्व विकास में महत्त्वपूर्ण भूमिका अदा करती है। जब व्यक्ति बार-बार सफलता प्राप्त करता है तो इसका अर्थ है कि बच्चों ने अच्छी शिक्षा ग्रहण की है और अच्छे गुणों को अपनाया है। इस प्रकार की सफलता व्यक्ति में श्रेष्ठता के भाव को विकसित करती है। वे हमेशा अच्छा बनने एवं अच्छा करने की बात सोचते हैं। ठीक इसके विपरीत जो व्यक्ति बार-बार असफल होते हैं और विफलता से हार मान लेते हैं वे उत्पन्न समस्याओं के साथ अभियोजन ठीक से नहीं कर पाते हैं। वैसे व्यक्ति असामान्यता का शिकार हो जाते हैं। बार-बार हाथ लगने वाली असफलता व्यक्ति में हीन-भाव (inferiority complex) पैदा करती है। उनके मन में नकारात्मक सोच घर बना लेती है और व्यक्ति में असुरक्षा की भावना पनपती है। ऐसा व्यक्ति समाज से कतराने लगता है और अभियोजन के अभाव में वैसे व्यक्ति का जीवन अस्त-व्यस्त हो जाता है। मनोवैज्ञानिकों का मानना है कि कभी सफलता और कभी असफलता मिलने से जीवन सन्तुलित रहता है एवं सामान्य व्यक्तित्व का विकास होता है।

सांस्कृतिक वातावरण (Cultural environment)

सांस्कृतिक परिवेश भी बालक के व्यक्तित्व विकास पर विशेष प्रभाव डालता है।

बालक जिस समाज में रहता है, उसका सांस्कृतिक स्वरूप क्या है, इस बात का बालक के व्यवहार, आचार-विचार तथा व्यक्तित्व पर गहरा प्रभाव पड़ता है। लोग कैसे रहते हैं, क्या सोचते हैं, क्या खाते-पीते हैं, आपस में किस तरह व्यवहार एवं आचरण करते हैं, किस तरह के वस्त्र आदि पहनते हैं, उनका जीवन दर्शन क्या है, सामाजिक एवं धार्मिक मान्यताएँ किस प्रकार की हैं, दूसरी जाति, धर्म, वर्ण, प्रांत तथा देशों के नागरिकों के प्रति उनका व्यवहार एवं दृष्टि कैसी है, उनमें किस प्रकार के संस्कार तथा संस्थाएँ हैं, दूसरे लिंग के प्रति उनका क्या दृष्टिकोण है और उनके जीवनयापन की शैली क्या है, इस प्रकार की सभी बातें जो सांस्कृतिक परिवेश का प्रतिनिधित्व करती हैं, बालक को प्रारम्भ से ही अपने रंग में रँगना, प्रारंभ कर देती हैं। एक विशेष सांस्कृतिक वातावरण में पला हुआ व्यक्ति अपने व्यक्तित्व सम्बन्धी विशेषताओं में दूसरों से काफी भिन्न इसीलिए नजर आता है। एक ऐसा सांस्कृतिक वातावरण जहाँ महिलाओं को निम्न श्रेणी का स्तर दिया जाता है, उस वातावरण में बड़े होने वाले बालक से महिलाओं के प्रति यथेष्ठ सम्मान प्रदर्शित करने की अपेक्षा कम ही होती है। एक दूसरा सांस्कृतिक वातावरण जहाँ बुजुर्गों की, विशेषकर वृद्धा अवस्था में, देखभाल तथा सेवा आदि जैसी बातें आचरण में नहीं होतीं वहाँ बुजुर्गों तथा नवयुवकों का व्यवहार और आचरण उसी रूप में ढल जाता है। यूरोपीय देशों में इस प्रकार के वृद्ध और लाचार माँ-बाप को अपने परिवार से अलग होकर एकाकी जीवन बिताने को मजबूर होना इसी प्रकार के सांस्कृतिक कारकों का ही प्रतिफल है। ऐसे परिवेश में पले-बढ़े युवा दम्पतियों को अपने वृद्ध माँ-बाप तथा सास-ससुर को इस तरह तिरस्कृत कर देने में कोई भी अपराध भावना का अनुभव नहीं होता, क्योंकि उनके व्यक्तित्व का निर्माण उस सांस्कृतिक परिवेश में वैसा ही हो जाता है। दूसरी ओर भारतीय परिवेश में पले हुए व्यक्ति में अपने बुजुर्गों के प्रति सम्मान प्रकट करना तथा वृद्ध माता-पिता की सेवा करना आदि बातें शुरू से घर कर लेती हैं, और इस प्रकार के दृष्टिकोण और विचारों से युक्त व्यक्तित्व का निर्माण कार्य सांस्कृतिक परिवेश के प्रभावस्वरूप ही होता है। इस प्रकार यह भलीभाँति कहा जा सकता है कि व्यक्ति के व्यक्तित्व को निर्धारित करने में उसके सांस्कृतिक परिवेश एवं वातावरण का प्रभाव पड़ता है।

सांस्कृतिक कारक

सांस्कृतिक कारक का भी प्रभाव व्यक्तित्व विकास पर पड़ता है। पूर्वजों के रहन-सहन, खान-पान, आचार-विचार तथा जीवन-शैली इत्यादि के तरीके को संस्कृति कहते हैं, और जिस परिवार एवं समाज की जैसी संस्कृति रहती है, उसके अनुरूप व्यक्तित्व की उत्पत्ति एवं विकास होता है। पहाड़ी इलाके का भौगोलिक वातावरण

एवं शहरी इलाके के भौगोलिक वातावरण में भिन्नता पाई जाती है। उनके खान-पान, रहन-सहन अलग-अलग होते हैं। फलतः पहाड़ी इलाकों के लोगों की संस्कृति, शहरी इलाकों के लोगों की संस्कृति से भिन्न होती है। विभिन्न भौगोलिक स्थान के वातावरण में अन्तर रहने के कारण तथा विभिन्न संस्कृतियों के कारण एक-दूसरे के बीच विभिन्नता पाई जाती है। इस प्रकार की विभिन्नता व्यक्ति के व्यक्तित्व विकास को ही केवल प्रभावित नहीं करती, बल्कि उनके रूप-रंग आकार-प्रकार तथा शारीरिक लम्बाई को भी प्रभावित करती है। जिस प्रकार गीली मिट्टी से कुम्हार, घड़ा, सुराही, दीपक तथा तरह-तरह के बर्तन बनाता है, उसी प्रकार माता-पिता अपने बच्चे के व्यक्तित्व को जिस साँचे में ढालना चाहते हैं, ढाल सकते हैं। ध्यान रखें कोई भी बच्चा जन्म से अपराधी या आदर्श पैदा नहीं होता है। वह अपराधी या आदर्श बनता है, अपने कर्मों एवं अच्छे गुणों को निखारकर। शोएफेल्ड के अनुसार बच्चा एक कच्ची सामग्री है जिसको संस्कृति अपने अनुकूल पक्के माल के रूप में ढाल लेती है। संस्कृति इस काम को विशेष प्रशिक्षण द्वारा करती है। बच्चों को ऐसे व्यवहारों को अर्जित करने के लिए प्रेरित किया जाता है, जो संस्कृति के मापदंडों के अनुकूल होते हैं, और ऐसे व्यवहारों से बचने के लिए बाध्य किया जाता है जो उस संस्कृति के लिए अवांछित होते हैं। उसे क्या करना चाहिए और क्या नहीं करना चाहिए इसकी शिक्षा संस्कृति से मिलती है।

यहाँ आदर्श एवं उच्च व्यक्तित्व निर्माण हेतु कुछ ऐसे सुझाव दिए जा रहे हैं, जिन्हें आत्मसात् कर अच्छे व्यक्तित्व का निर्माण किया जा सकता है :

- बच्चों का पालन-पोषण प्रेमपूर्वक वातावरण में करें ताकि उन्हें प्रेम का अर्थ समझ आए। उनकी शारीरिक एवं मानसिक आवश्यकताओं की पूर्ति ससमय सद्‌भावपूर्ण वातावरण में करें।
- उन्हें जीवन एवं कर्म का मूल्य समझाएँ।
- उन्हें समय का मूल्य समझाएँ ताकि वे समय का प्रबंधन करना सीखें।
- उचित समय पर उचित कार्य करने की शिक्षा बच्चों को दें। केवल उन्हें शिक्षा ही न दें बल्कि उन्हें शिक्षा का मर्म समझाएँ।
- उन्हें अनुशासन का अर्थ एवं औचित्य समझाएँ, ताकि वे जिन्दगी जीने का गुर सीख सकें।
- बच्चों की प्रतिभा एवं अभिरुचि को ध्यान में रखें और उन्हें उसी क्षेत्र में आगे बढ़ने के लिए माहौल उपलब्ध कराएँ।
- बच्चों को मनोवैज्ञानिक सिद्धांत के आधार पर शिक्षा दें जिससे बच्चे तनाव में न रहें। बच्चों को शिक्षा एक माता, एक पिता, एक मित्र, एक निर्देशक और एक शिक्षक बनकर देनी चाहिए। माँ प्रेम, स्नेह, दुलार एवं

बच्चों की विशेषताओं को ध्यान में रखकर जब शिक्षा देती है तो वह शिक्षा कारगर होती है।

- बच्चों को शिक्षा उनकी योग्यता, रुचि, झुकाव तथा भविष्य की योजना को ध्यान में रखकर दें ताकि वे सफल व्यक्ति बन सकें।
- गलती के लिये दंड तथा सही काम के लिए इनाम देने की प्रवृत्ति रखें।
- बच्चों को मूल्यों का महत्त्व समझाएँ।

अध्याय-5

प्रभावशाली व्यक्तित्व बनाने के कारगर उपाय

(Effective measures for ideal personality)

हर व्यक्ति प्रभावशाली व्यक्तित्व का मालिक बनना चाहता है और व्यक्तित्व ही हमारी पहचान है। व्यक्तित्व के आधार पर ही हम किसी व्यक्ति को दूसरे से अलग कर पाते हैं। व्यक्तित्व में निहित गुणों के आधार पर ही हम किसी व्यक्ति को अच्छे, बुरे, सफल, असफल, संत, महात्मा जैसे शब्दों से नवाजते हैं। कहने का आशय है कि व्यक्तित्व के आधार पर ही हमारी पहचान बनती है, और व्यक्तित्व में निहित गुणों के आधार पर ही हमें मान-सम्मान या दुत्कार मिलता है। हर व्यक्ति चाहता है कि सर्वत्र उसकी प्रशंसा हो और उसे मान-सम्मान मिले। दुनिया का ऐसा कोई व्यक्ति नहीं होगा, जो प्रभावशाली व्यक्तित्व का मालिक नहीं बनना चाहता हो। परन्तु दुख की बात यह है कि अधिकांश व्यक्ति इस बात पर मनन नहीं करते कि प्रभावशाली व्यक्तित्व का मालिक बनने हेतु क्या कारगर उपाय करने की जरूरत है? हम अपने व्यक्तित्व को प्रभावशाली कैसे बनाएँ? प्रभावशाली व्यक्तित्व बनाने हेतु क्या करें? हमारे व्यक्तित्व की चर्चा सर्वत्र कैसे हो? हमें मान-सम्मान एवं यश की प्राप्ति कैसे हो? ये समस्त प्रश्न विचारण हेतु अतिमहत्त्वपूर्ण हैं। इन प्रश्नों पर गम्भीरतापूर्वक विचार करके ही हम अपने व्यक्तित्व को सुन्दर एवं प्रभावशाली बना सकते हैं। किसी भी क्षेत्र में बेहतर करने, खुद को स्थापित करने तथा सफलता के शिखर को छूने में प्रभावशाली व्यक्तित्व की भूमिका महत्त्वपूर्ण है। जिस व्यक्ति का व्यक्तित्व सुन्दर एवं प्रभावशाली होता है, वह किसी भी क्षेत्र में बेहतर करता है और कार्य को ससमय एवं उत्कृष्ट ढंग से निष्पादित कर अपनी अलग पहचान बनाने में कामयाब होता है। आप भी चाहते हैं कि आपका व्यक्तित्व सुन्दर हो तो इसके लिए बाल्यावस्था से व्यक्तित्व निर्माण पर ध्यान दें। प्रभावशाली व्यक्तित्व का मालिक बनने के लिए स्वयं के अन्दर निहित गुणों को पहचानने, निखारने तथा दूसरों में निहित अच्छे गुणों को आत्मसात् करने की जरूरत है। ये कार्य हमें हर अवस्था में करने होंगे। हमें हर छोटे-छोटे कार्य को बेहतर ढंग से

करने का जज्बा और हर परिस्थिति एवं हर क्षेत्र में बेहतर अवसर ढूँढ़ने की जरूरत है। खुद के कृत्य एवं आचरण की समीक्षा करने की जरूरत है। कृत गलती को स्वीकार कर उसमें सुधार लाने की जरूरत है ताकि हम अपने व्यक्तित्व में निखार ला सकें।

माता-पिता को भी चाहिए कि वे अपने व्यक्तित्व में अच्छे गुणों को शामिल करें और सुन्दर व्यक्तित्व निर्माण हेतु बच्चों के हर क्रिया-कलाप पर ध्यान दें। उनकी अभिरुचि एवं प्रतिभा को निखारें और बाल्यावस्था से ही बच्चों के व्यक्तित्व निर्माण में सहयोग करें। कहने का आशय यह है कि खुद एवं बच्चों का व्यक्तित्व प्रभावशाली हो सके, इसके लिए उन सभी कारगर उपायों पर ध्यान देने की जरूरत है, जिससे सुन्दर व्यक्तित्व का निर्माण हो सके। अच्छे व्यक्तित्व का मालिक बनकर ही हम अपनी छाप दूसरों पर छोड़ सकते हैं, अपनी अलग पहचान बना सकते हैं। अत: व्यक्तित्व को प्रभावी बनाने हेतु शैशवावस्था से ही बच्चों के हर क्रिया-कलाप पर ध्यान रखें।

शायद आपको नहीं मालूम—कोई भी व्यक्ति जन्म से अच्छा या बुरा नहीं होता, बल्कि वह अच्छा या बुरा अपने आचरण एवं कर्म से बनता है। यह भी सही है कि कोई भी व्यक्ति जन्म से महान नहीं होता और न ही कोई व्यक्ति जन्म से अपराधी, व्यभिचारी या दुराचारी होता है। अगर कोई व्यक्ति अच्छा-बुरा, अपराधी-दुराचारी, महान या दुष्ट बनता है तो अपने कामों से, आचरण से, गुणों या अवगुणों को आत्मसात् करने और संगत से बनता है। जैसे लोगों से वह संगत करता है और जैसी सोच रखता है, वैसा ही कर्म करता है और वैसा ही बनता है। यदि वह अच्छा कर्म करता है, अच्छे लोगों की संगत करता है, सकारात्मक सोच रखता है, अच्छे गुणों को आत्मसात् करता है, बड़ों की बातों को मानता है, अनुशासन का अर्थ एवं औचित्य समझता है, समय-प्रबंधन की कला जानता है, जीवन एवं कर्म का मूल्य समझता है तो निश्चित रूप से उसका व्यक्तित्व सुन्दर एवं आकर्षक होता है। हर व्यक्ति उसकी प्रशंसा करता है और ऐसा व्यक्ति प्रभावशाली व्यक्तित्व का मालिक कहलाता है। ठीक इसके विपरीत जो व्यक्ति गलत कर्म करता है, गलत लोगों की संगत में रहता है, गलत सोच रखता है, अच्छाई के बजाय बुराई को आत्मसात् करता है, जीवन एवं कर्म का मूल्य नहीं समझता और मूल्यों से परे कार्य करता है तो वह निम्न व्यक्तित्व का मालिक बन जाता है। कहने का आशय है कि प्रभावशाली व्यक्तित्व का मालिक बनने के लिए शुरू से ही सकारात्मक सोच, अच्छे लोगों की संगत एवं अच्छे गुणों को ग्रहण करने की जरूरत है।

आप कैसे व्यक्तित्व के मालिक बनना चाहते हैं यह आपकी सोच, नजरिए एवं कर्मों की परिणति पर निर्भर करता है। जैसी आपकी सोच, वैसा नजरिया और जैसा नजरिया वैसा कृत्य और जैसा कृत्य वैसा व्यक्तित्व। व्यक्तित्व का अर्थ आपके नजरिये

पर निर्भर करता है कि आपके नजरिये में व्यक्तित्व का अर्थ एवं औचित्य क्या है? आप जीवन एवं कर्म का मूल्य क्या समझते हैं? आप क्या सपना देखते हैं और सपने को कैसे साकार करते हैं? ये सारी बातें आपकी सोच पर निर्भर करती हैं। जैसी सोच, वैसा व्यक्तित्व। मैं तो सिर्फ इतना कहूँगा कि आप अपनी सोच को बदलें। सोच की दिशा सकारात्मक, रचनात्मक एवं दूरदर्शी रखें, कर्म एवं समय का मूल्य समझें। इस अनमोल जीवन का मूल्य समझें। ऐसा कर के ही आप अच्छे व्यक्तित्व के मालिक बन सकते हैं। ध्यान रखें, किसी व्यक्ति में निहित गुणों एवं उत्कृष्ट कर्मों की प्रशंसा होती है, अवगुणों की नहीं। किसी व्यक्ति के बाह्य सौन्दर्य की पूजा नहीं, उसके आन्तरिक सौन्दर्य की पूजा होती है। आपने सुना भी होगा—

> *व्यक्ति कर्म से महान बनता है, रूप से नहीं।*

किसी व्यक्ति की पहचान ऊँचे घराने में जन्म लेने से नहीं होती, बल्कि उत्कृष्ट कर्म करने से होती है। याद रखें—

> *जिस व्यक्ति का व्यक्तित्व सुन्दर होता है, उसका कर्म भी सुन्दर होता है।*

आप खुद सोचें और बताएँ कि जिस व्यक्ति का कर्म एवं व्यक्तित्व सुन्दर होगा उसकी प्रशंसा नहीं होगी तो क्या अकर्मण्य व्यक्ति की प्रशंसा होगी? आपका भी जवाब होगा—नहीं, सदैव अच्छे कर्म एवं गुणों की प्रशंसा होती है। किसी भी व्यक्ति का व्यक्तित्व उसके कुशल व्यवहार, अच्छे कृत्य एवं गुणों के लिए याद किया जाता है। इसलिए व्यवहारकुशल बनें, उत्कृष्ट कर्म करें एवं अच्छे गुणों को ग्रहण करें। याद रखें—

> *साधन-सम्पन्न परिवार में जन्म लेने से किसी व्यक्ति का व्यक्तित्व प्रभावशाली नहीं बन जाता, बल्कि प्रभावशाली व्यक्तित्व का मालिक बनने के लिए बहुत सारे गुणों एवं अच्छी आदतों को स्वयं के अन्दर विकसित करना होता है।*

आप भी प्रभावशाली व्यक्तित्व के मालिक बनना चाहते हैं तो अच्छे गुणों को ग्रहण करें। अच्छे गुणों को आत्मसात् करने के लिए दर-दर भटकने की जरूरत नहीं है और न ही ऊँची डिग्री की जरूरत है। आपको सिर्फ अपनी सोच एवं आचरण में बदलाव लाने एवं ससमय कर्म करने की जरूरत है। खुद का मूल्य समझने एवं अपने अन्दर छुपी शक्तियों को पहचानने तथा निखारने की जरूरत है। सकारात्मक सोचने एवं अच्छे लोगों की संगत करने की जरूरत है। अच्छे-बुरे की पहचान तथा सही-गलत में अन्तर समझने की जरूरत है। आप ऐसा कर अच्छे व्यक्तित्व के मालिक बन सकते हैं। आप अपने व्यक्तित्व को जिस साँचे में ढालना चाहते है, ढाल

सकते हैं। इतनी प्रतिभा एवं क्षमता आपके अन्दर है। जरूरत है केवल अपने अन्दर छुपी शक्तियों एवं गुणों को पहचानने, निखारने, सकारात्मक सोचने तथा रचनात्मक कार्य करने की। खुद पर विश्वास रखें और खुद के कृत्य की समीक्षा करें। खुद और दूसरों के कृत्य एवं जीवन में घटित घटनाओं का अध्ययन करें। उन घटनाओं से तथा खुद की गलतियों से सीख लें। आप महान व्यक्तियों की जीवनियों से सीख लें और उसे जीवन में उतारें। आप अपने अन्दर की खामियों को खूबियों में बदलकर देखें। आप भी अच्छे व्यक्तित्व के मालिक बन जाएँगे। आपके भी व्यक्तित्व की चर्चा सर्वत्र होगी। आपसे दोस्ती करने के लिए लोग लालायित रहेंगे। आपको सर्वत्र मान–सम्मान मिलेगा। ध्यान रखें—

व्यक्तित्व को प्रभावशाली बनाने में माता-पिता, शिक्षक एवं बड़ों की भूमिका महत्त्वपूर्ण है।

इनके मार्ग–निर्देशन में ही हम व्यक्तित्व के मायने समझते हैं। अच्छे गुणों को आत्मसात् कर ऊँचे व्यक्तित्व के मालिक बनते हैं। जिस दिन आपको यह महसूस हो कि आप अच्छे व्यक्तित्व के मालिक नहीं हैं या आपके व्यक्तित्व में अनेक खामियाँ हैं तो इसके लिए चिन्ता नहीं, चिंतन करें। आप अपनी गलतियों को स्वीकार करें तथा खामियों को दूर करें। ऐसा कर आप अपने व्यक्तित्व में सुधार ला सकते हैं। यह बात सही है कि व्यक्तित्व निर्माण एक दिन की प्रक्रिया नहीं, बल्कि नियमित प्रक्रिया है, जो नवजात अवस्था से शुरू होती है और जीवन के अंतिम पड़ाव तक चलती रहती है। आप इस प्रक्रिया को जीवन्त रखें और हर उम्र, समय एवं परिस्थिति से सीख लेकर प्रभावशाली व्यक्तित्व का मालिक बनने की दिशा में प्रयासरत रहें। व्यक्तित्व निर्माण में बहुत सारी समस्याएँ आएँगी परन्तु आगत समस्याओं से परेशान न हों, बल्कि समस्या को चुनौती के रूप में स्वीकार करें। चुनौतियों का मुकाबला करने का साहस विकसित करें। अच्छे लोगों की संगत करें और अच्छी संगत में रहकर अच्छी आदतों को ग्रहण करें। व्यवहारकुशल बनें तथा दूसरों के साथ समंजन एवं समन्वय स्थापित कर व्यक्तित्व में निखार लाने का प्रयास जारी रखें। याद रखें—

व्यक्तित्व को प्रभावशाली बनाने के लिए बाजार में ऐसी कोई दवा (Medicine) नहीं है, जिस दवा को पीकर या पिलाकर व्यक्तित्व को प्रभावशाली बनाया जा सके। खुद का आचरण, सौम्य, शालीन व्यवहार, सहनशीलता, सीखने एवं सिखाने की प्रवृत्ति, क्षमा, समर्पण, त्याग का भाव, खुश रहने की कला, सकारात्मक सोच एवं रचनात्मक कृत्य जैसे गुणों को अपने अन्दर समाहित करके ही प्रभावशाली व्यक्तित्व का मालिक बना जा सकता है।

आप भी प्रभावशाली व्यक्तित्व के मालिक बनना चाहते हैं तो जिन्दगी जीने की कला सीखें। अपने व्यवहार में विनम्रता, शिष्टता एवं शालीनता को शामिल करें, वाणी में मधुरता, लोच, आचरण में सौम्यता, शालीनता अपनाएँ। मन में दया, क्षमा, त्याग का भाव रखें। विचार को उन्नत, व्यापक एवं दूरदर्शी बनाएँ। कहने का आशय है कि उपर्युक्त गुणों को जीवन में आत्मसात् कर के ही प्रभावशाली व्यक्तित्व का मालिक बना जा सकता है।

इस संदर्भ में मैं आपको अपने जीवन का एक प्रसंग सुनाना चाहूँगा। मेरा व्यक्तित्व वैसा नहीं था, जैसा होना चाहिए। मेरा व्यक्तित्व साधारण से थोड़ा अच्छा था। मेरे अन्दर धैर्य एवं सहनशीलता जैसे गुणों की कमी तथा क्रोध एवं आवेश की अधिकता थी। बात-बात में क्रोधित हो जाना मेरी आदत में शुमार था। मेरे अन्दर खुद की गलती स्वीकार करने की आदत न थी और न ही अपनी गलतियों से सीख लेने की प्रवृत्ति। बात-बात में क्रोध करना, दूसरों को डाँटना, कटु व्यवहार करना मेरी आदत सी बन गई थी। मेरे सगे-सम्बन्धी एवं दोस्तगण भी मुझसे बातें करने से कतराते थे। इन अवगुणों को मैंने तब महसूस किया, जब मैं बिहार लोक सेवा आयोग द्वारा संचालित प्रतियोगिता परीक्षा की तैयारी करने पटना गया। मेरे साथ मेरे एक अच्छे मित्र प्रमोद कान्त पाठक रहा करते थे। वे बहुत ही सौम्य, शान्त, सहनशील, मधुर एवं मृदुभाषी थे। इतने अच्छे व्यक्तित्व के धनी व्यक्ति भी यदा-कदा हमारे रूखे व्यवहार से अप्रसन्नचित्त हो जाते थे। मेरी बातों से उनके दिल को ठेस पहुँचती थी, जिस कारण हम दोनों में यदा-कदा तकरार हो जाती थी। फलतः एक-दो दिनों तक हम दोनों के बीच कोई बातचीत नहीं होती थी। एक दिन उन्होंने मुझसे कहा कि तुम्हारी योग्यता एवं मेहनत पर मुझे कोई संशय नहीं है। तुम्हारे अन्दर इतनी प्रतिभा है कि तुम बिहार लोक सेवा आयोग की परीक्षा में अवश्य सफल होगे, परन्तु तुम्हारा यह कटु व्यवहार एवं बात-बात में क्रोध करना तुम्हारे लिए परेशानी का कारण बनेगा। बहुत से मामलों में तुम अन्य लोगों से बहुत अच्छे हो, परन्तु तुम्हारे अन्दर जो अवगुण है उस अवगुण के कारण सफलता पाने के उपरान्त भी तुम अच्छे व्यक्तित्व के मालिक नहीं बन पाओगे। तुम्हें जो लोकप्रियता मिलनी चाहिए, वह लोकप्रियता नहीं मिल पाएगी। तुमसे लोग कटे-कटे रहेंगे।

बात-बात में क्रोध करना, किसी भी व्यक्ति को डाँटना, कटु व्यवहार करना, खुद की गलती स्वीकार नहीं करना और दूसरों को गलत ठहराना तुम्हारे लिए दुखदायी होगा। तुम अपने लक्ष्य में कामयाब तो हो जाओगे, लेकिन तुम्हारा यह व्यवहार तुम्हें एवं दूसरों को कष्ट पहुँचाएगा। जब तुम्हारे जीवन में ऐसा व्यक्ति मिलेगा, जो तुम्हारे साथ भी वैसा ही व्यवहार करेगा जैसा तुम दूसरों के साथ करते हो तो तुम खुद सीख जाओगे कि दूसरों की भावना को ठेस पहुँचाना कितना दुखद होता है। व्यवहारकुशलता सफलता को बनाए रखने के लिए कितनी महत्त्वपूर्ण है।

मेरे मित्र द्वारा कही गई बातें मेरे दिल को छू गईं। मैंने उसी दिन यह संकल्प लिया कि अच्छे व्यक्तित्व का मालिक बनकर दिखाऊँगा। मैं अपने अन्दर के अवगुणों को सुधारने में लग गया। जब भी मैं गलती करता, मुझे अपने दोस्त की कही बातें याद आ जातीं, जिसकी परिणति यह हुई कि मैं अपने लक्ष्य को पाने और अच्छे व्यक्तित्व निर्माण में कामयाब रहा। मेरा चयन उप समाहर्ता के पद पर हो गया। मैं उप समाहर्ता पद पर चयनित होने के उपरान्त अपने दायित्वों का निर्वहन सफलतापूर्वक कर रहा हूँ। आज मुझे लोग अच्छे व्यक्ति के रूप में जानते हैं। मैंने इन बातों को अपने अनमोल रत्न पीयूष, शुभम, प्रीति को भी सिखाया, और आज वे भी अच्छे व्यक्तित्व के मालिक हैं। सच्चाई यह है कि आज भी मैं अपने व्यक्तित्व को और सुन्दर बनाने की दिशा में प्रयासरत हूँ, और व्यक्तित्व को प्रभावशाली बनाने के लिए प्रतिदिन अपने अन्दर के गुणों को निखारने और हर व्यक्ति से कुछ न कुछ सीखने को तैयार रहता हूँ।

दोस्तो! आज भी मैं जब किसी व्यक्ति से बातें करता हूँ तो मेरे मन में मित्र महोदय की कही गई पंक्तियाँ याद आ जाती हैं, जो हमेशा अच्छा करने की सीख देती हैं। इसी का नतीजा है कि मैं धीरे-धीरे अपने व्यवहार तथा आदतों में सुधार लाकर अपने व्यक्तित्व को निखार सका। आज भी मैं अपनी खामियों के प्रति सतर्क रहता हूँ और व्यवहारकुशल बनने का प्रयास करता हूँ। आप भी प्रभावशाली व्यक्तित्व के मालिक बनना चाहते हैं तो अपनी गलतियों को स्वीकार करें, गलती में सुधार लाएँ और गलतियों से सीख लें। सुन्दर व्यक्तित्व का निर्माण करने के लिए सबसे महत्त्वपूर्ण है अपने अन्दर का माइनस प्वाइंट जानना। अपनी खामियों को दूर करना। आप दूसरों के प्रति द्वेष भाव नहीं, क्षमा भाव रखें। व्यवहार को सहनशील और मधुर बनाएँ। विनम्रता से दोस्ती करें, कड़ी मेहनत करें और हर पल का स्वागत मुस्कुराकर करें। आप ऐसा करके देखें, आपके चेहरे पर प्रसन्नता के प्रसून खिलने लगेंगे। व्यक्तित्व को प्रभावशाली बनाने के लिए नीचे कुछ कारगर उपायों की चर्चा की जा रही है। अगर आप भी प्रभावशाली व्यक्तित्व के मालिक बनना चाहते हैं तो उन बातों को जीवन में आत्मसात् करें। जिस दिन आप नीचे वर्णित बातों को जीवन में उतार लेंगे, आपके व्यक्तित्व में चार चाँद लग जाएँगे। आप प्रभावशाली व्यक्तित्व के मालिक बन जाएँगे। दूसरे व्यक्ति बरबस आपकी ओर खिंचे चले आएँगे और आपके व्यक्तित्व की प्रशंसा करेंगे। हर व्यक्ति आपकी संगत एवं दोस्ती करने के लिए लालायित रहेगा। उस स्थिति में आपके चेहरे की आभा खिल जाएगी, और आपको महसूस होगा कि आपके अन्दर एक अदृश्य शक्ति का प्रादुर्भाव हो रहा है, जो आपको अच्छे मार्ग पर चलने के लिए प्रेरित कर रहा है। आइए हम उन उपायों की चर्चा करें, जो प्रभावशाली व्यक्तित्व बनाने के लिए कारगर हैं।

व्यवहारकुशल बनें

किसी भी व्यक्ति के व्यक्तित्व का एक महत्त्वपूर्ण तत्त्व व्यवहार है। समाज में आपका परिचय व्यवहार से ही होता है, और आपका व्यवहार ही आपके व्यक्तित्व को दर्शाता है। जिस व्यक्ति का व्यवहार जितना शिष्ट, मृदुल व सहनशील होता है वह व्यक्ति अपने जीवन में उतना ही सफल होता है। यदि आपके व्यवहार में मृदुलता व सहनशीलता शामिल है तो आपके कार्य सहजता से हो जाते हैं। हर व्यक्ति आपको प्यार व सम्मान देता है। फलत: आपको हार्दिक खुशी और प्रसन्नता मिलती है, आपका मन प्रसन्नचित्त रहता है और आप सर्वत्र मान-सम्मान के पात्र बन जाते हैं। मनुस्मृति में भी उद्धृत है कि :

जिस बर्ताव की अपेक्षा आप दूसरों से रखते हैं,
वैसा ही व्यवहार आप दूसरों के साथ करें।

व्यवहारकुशलता से तात्पर्य वाणी में मधुरता, सहनशीलता व शिष्टाचारपूर्ण आचरण है। सहनशीलता किसी व्यक्ति के अन्दर पाया जानेवाला ऐसा गुण है, जो विकट परिस्थिति में भी तपाकर उसके व्यक्तित्व में और निखार लाता है। मधुरता आपको प्यार दिलाती है जबकि शिष्ट आचरण सम्मान दिलाता है। परन्तु सहनशीलता का अर्थ यह नहीं है कि आप बेवजह गाली सुनते रहें या दूसरे आपका शोषण करते रहे। आप जुल्म सहते रहें परन्तु अन्याय का प्रतिरोध न करें। ऐसा भी नहीं है कि आपकी सहनशीलता का कोई गलत लाभ उठाए और आप मूक दर्शक बने रहें। सहनशीलता का अर्थ खुद दुखों को सहन करके भी दूसरों का कल्याण करना है। दूसरों को खुश रखना है। भावनात्मक सम्बन्ध व संवेग को जिन्दा रखना है। मेरे विचार से सहनशीलता का सही अर्थ :

अपने व्यवहार में मृदुलता बनाए रखते हुए दूसरों की अच्छी परन्तु कड़वी बातों को विनम्रतापूर्वक स्वीकार कर सीख लेना है। खुद कष्टों को सहन कर के भी दूसरों का कल्याण करना है।

आप गौर करें तो पाएँगे कि बहुधा लोग दूसरों की अच्छी परन्तु कड़वी बातों पर खीझ जाते हैं। उनकी बातों पर क्रोध कर बैठते हैं। समझाने पर कहते हैं कि सहनशीलता की भी एक सीमा है। वे खुद ऊँची आवाज में कड़वी बातें बोलते हैं, परन्तु दूसरे से मधुर व्यवहार की अपेक्षा रखते हैं। ऐसे लोग अपने व्यवहार में सुधार नहीं लाते, परन्तु दूसरों से अच्छे व्यवहार की अपेक्षा करते हैं। वे खुद सहनशीलता का अर्थ नहीं समझते, परन्तु दूसरों को सहनशील बनने की शिक्षा देते हैं। दूसरों को शिक्षा देनी चाहिए, परन्तु तब जब आप खुद पहले अपने व्यवहार में सहनशीलता अपनाएँ। बात-बात में उग्र हो जाना, क्रोध करना या दूसरों के साथ अमर्यादित व्यवहार करना, खुद को हानि पहुँचाना है। खुद को विनाश की राह पर ले जाना है।

आपके अमर्यादित व्यवहार से आपकी कोई संगत करने को तैयार नहीं होता। आपको लोग असामाजिक कहते हैं। याद रखें—

अमर्यादित एवं अशिष्ट आचरण उद्दंडता है।

भूलकर भी किसी के साथ अशिष्ट आचरण एवं कटु व्यवहार न करें। सदैव अपने व्यवहार में शिष्टता, शालीनता एवं विनम्रता को शामिल करें और सहनशील बनें। सहनशील व्यक्ति विकट परिस्थिति को भी मुस्कुराते हुए झेल लेता है और उसे अपने मनोनुकूल बना लेता है। उसका मुस्कुराना खुद को और दूसरों को संबल देता है। ठीक इसके विपरीत जिस व्यक्ति को सहनशीलता का अर्थ एवं मर्म मालूम नहीं होता, वह जीत के करीब से लौट आता है। शायद ऐसे व्यक्ति को यह नहीं मालूम होता कि व्यवहार में मृदुलता एवं सहनशीलता उसे जीत के करीब ले जाती है। नतीजतन वह सफलता का स्वाद चखने में कामयाब होता है और सर्वत्र प्रशंसा के पात्र बन जाता है। ध्यान रखें—

यदि आपके व्यक्तित्व में विनम्रता शामिल है तो आपकी शक्ति द्विगुणित हो जाती है।

भूलकर भी अपने व्यवहार से विनम्रता, शिष्टता एवं सहनशीलता को अलग न करें, क्योंकि व्यवहारकुशल बनने हेतु सहनशीलता, शिष्टता एवं विनम्रता का होना आवश्यक है। याद रखें—

विनम्रता का अर्थ झुकना नहीं, स्वयं को कमजोर समझना या व्यर्थ का निवेदन करना नहीं और न ही अपने मूल्यों पर गलत होने की मुहर लगाना है। बल्कि विनम्रता का अर्थ आत्म-सम्मान के साथ दूसरों का सम्मान करना और स्वयं को सभ्य ढंग से प्रस्तुत करना है।

सही मायने में व्यवहार व्यक्ति का दर्पण है। हमारे हर क्रिया-कलाप, सोच-विचार, विश्वास एवं भावों की झलक हमारे व्यवहार में प्रत्यक्ष दिखाई पड़ती है। हमारा हर क्रिया-कलाप हमारे व्यवहार में झलकता है। व्यक्ति के व्यवहार में ही उसकी छवि दृष्टिगोचर होती है। हम जैसे होते हैं, वैसा ही हम व्यवहार करते हैं। हमारे व्यक्तित्व की संरचना में कुछ दृश्य एवं कुछ अदृश्य तत्त्व होते हैं। जो दिखाई देता है, वह हमारा व्यवहार होता है और जो अदृश्य होता है, उसमें हमारी आस्था, विश्वास, विचार एवं भाव छिपे होते हैं। इन्हीं तत्त्वों के आधार पर हमारी छवि बनती एवं बिगड़ती है। यदि हमारा व्यवहार, मधुर, सौम्य एवं शिष्ट होता है तो हमारी लोकप्रियता बढ़ती है। ठीक इसके विपरीत यदि हमारा व्यवहार कटु एवं अमर्यादित

है तो हम द्वेष के पात्र बनते हैं। यदि हमारा व्यक्तित्व सारगर्भित है तो हम हर कार्य बेहतर ढंग से निष्पादित करते हैं। यदि हमारा व्यवहार शिष्ट एवं शालीन है तो कृत कार्य की गुणवत्ता एवं उत्पादकता बढ़ जाती है। फलतः हमारा नाम एवं यश फैलता है और हम प्रभावशाली व्यक्तित्व के मालिक बनने में कामयाब होते हैं। ऐसे व्यक्तित्व के धनी व्यक्ति सर्वत्र अपनी अमिट छाप छोड़ जाते हैं। याद रखें—

हमारा व्यवहार हमारी जीवन-शैली का एक अभिन्न अंग है।

विचारणीय बिन्दु यह है कि क्या हमारे व्यवहार में शिष्टता, शालीनता एवं विनम्रता शामिल है? अगर शामिल है तो अच्छी बात है और नहीं है तो आप अपने व्यवहार में शिष्टता, शालीनता एवं विनम्रता को शामिल करें, ताकि आप भी प्रभावशाली व्यक्तित्व के मालिक बन सकें।

यह सच्चाई है कि हमारे साथ जैसी परिस्थितियाँ होती हैं और हम जैसे माहौल में रहते हैं, उसी अनुरूप हम व्यवहार करने लगते हैं। व्यवहार के माध्यम से हम न केवल अपनी भावनाओं की अभिव्यक्ति करते हैं, बल्कि अपने व्यक्तित्व को भी प्रस्तुत करते हैं। हम किसी व्यक्ति द्वारा प्रदर्शित व्यवहार को देखकर, जानकर ही उसके व्यक्तित्व का आकलन करते हैं। यदि किसी व्यक्ति का व्यवहार शिष्ट, शालीन, मधुर एवं सहनशील है तो हम कहते हैं कि वह व्यक्ति सुन्दर व्यक्तित्व का मालिक है। ऐसे व्यक्ति से मिलने हेतु हर व्यक्ति लालायित तथा दोस्ती करने को आतुर होता है। अतः व्यक्तित्व को निखारने तथा प्रभावशाली व्यक्तित्व का मालिक बनने के लिए महत्त्वपूर्ण है कि हम व्यवहारकुशल बनें। आपके व्यवहार से ही कोई मित्र और शत्रु बनता है। किसी भी व्यक्ति का पहले व्यवहार देखा जाता है, तब उसकी योग्यता। आपका व्यवहार आपके बारे में बहुत कुछ कह जाता है। अतः महत्त्वपूर्ण यह है कि हमारा व्यवहार कैसा है? क्या हम व्यवहारकुशल हैं? क्या हमें परिस्थितियों के अनुसार दूसरों के साथ सही ढंग से व्यवहार करने की कला आती है? ये सारे प्रश्न विचारणीय हैं। व्यवहार का प्रदर्शन जिन्दगी जीने की कला है। इस कला में निखार लाकर ही हम बेहतर आदमी बन सकते हैं और व्यावहारिक जीवन में अपने कर्तव्यों का निर्वहन सही ढंग से कर सकते हैं।

व्यवहारकुशल बनने के लिए महत्त्वपूर्ण है कि हम अपने व्यवहार में समझदारी और विनम्रता दोनों को शामिल करें। प्रभावशाली व्यक्तित्व के निर्माण हेतु समझदारी और विनम्रता दोनों तत्त्वों की आवश्यकता है। समझदारी के अभाव में हम अपने व्यवहार की सही अभिव्यक्ति नहीं दे पाते हैं और विनम्रता के अभाव में व्यवहार की खूबसूरती नहीं उभर पाती है। व्यवहारकुशल व्यक्ति अपने अच्छे व्यवहार से दूसरों को क्षण भर में प्रभावित कर लेता है, और किसी अपरिचित या अजनबी को भी अपना सहयोगी बना लेता है। व्यवहारकुशलता में वह शक्ति निहित है, जिसके

माध्यम से व्यक्ति जीवन का भरपूर आनन्द ले पाता है, और जिन्दगी जीने की कला में निपुण बनता है। वह किसी भी परिस्थिति को मुस्कुराते हुए झेल सकता है, और दूसरे लोगों के साथ प्रेमपूर्वक रह सकता है। इसके विपरीत तो व्यक्ति होता है वह अभाव में चिड़चिड़ा बन जाता है। पारिवारिक सदस्यों के बीच भी तालमेल व सामंजस्य नहीं बैठा पाता है। नतीजा, वह जिन्दगी का मर्म नहीं समझ पाता और न ही जिन्दगी जीने की कला में निपुण बन पाता है। ऐसा व्यक्ति जीवन का आनन्द नहीं उठा पाता है, और खुद की जिन्दगी उसके लिए बोझ बन जाती है। अगर आप चाहते हैं कि आपकी जिन्दगी सुखद, अनमोल एवं हसीन बनी रहे तो व्यवहारकुशल बनें। ध्यान रखें—

हमारे हर कृत्य से हमारा व्यवहार झलकता है। कार्य करने का ढंग, बोलने का ढंग, चलने का ढंग, रहने का ढंग हमारे व्यक्तित्व के बारे में बहुत कुछ कह जाता है।

हमें स्वयं से प्रश्न करना चाहिए कि कहीं हमारे व्यवहार से किसी दूसरों को दुख तो नहीं पहुँचता है? कहीं ऐसा तो नहीं है कि हमारा व्यवहार दूसरों के प्रति रूखा है? क्या हमारे व्यवहार में समझदारी व विनम्रता की कमी है? अगर ऐसा है तो अपने व्यवहार में बदलाव लाएँ। ध्यान रखें—दिखावे के लिए किया गया व्यवहार अपनी उपयोगिता गँवा देता है। व्यवहार दिखावे के लिए नहीं अपने व्यक्तित्व में निखार लाने के लिए करें। याद रखें—

व्यवहार ही व्यक्तित्व का दर्पण है। यदि आपके व्यवहार में समझदारी का पुट है, कर्तव्यशीलता का संपुट है तो किया गया व्यवहार न केवल व्यक्तित्व में निखार लाता है, बल्कि अपने उद्देश्यों को भी पूरा करने में सफल होता है।

स्थान, समय एवं परिस्थिति के अनुसार व्यवहार करने की समझ होना ही व्यवहारकुशलता है। समझदार होने के लिए जरूरी है कि हम अपने जीवन की छोटी-छोटी गलतियों व भूलों को नजरअंदाज न करें। गलतियों को स्वीकार करें तथा उनसे सीख लें। कृत्य गलतियों में सुधार लाएँ तथा अपने व्यवहार में नयापन खोजें। हमारा व्यवहार ऐसा होना चाहिए, जो दूसरों को अच्छा लगे, लोगों के मन में प्रसन्नता का भाव जागृत करे, दूसरों को खुशी और सम्मान मिले तथा आपको भी सन्तुष्टि हो। ठीक उसके विपरीत यदि आपका व्यवहार लोगों को दुख पहुँचाता है, मन में चुभन व पीड़ा उत्पन्न करता है तो ऐसे व्यवहार में बदलाव लाने की जरूरत है, अन्यथा आप प्रभावशाली व्यक्तित्व के मालिक बनने की बजाय निम्न व्यक्तित्व के मालिक बन बैठेंगे।

शायद आपको नहीं मालूम—

व्यवहारकुशल व्यक्ति अपने अच्छे व्यवहार के माध्यम से न केवल अपनी समस्याओं को सुलझा पाने में सफल होते हैं, अपितु समस्याओं को जटिल बनने से भी रोकते हैं।

इस सन्दर्भ में एक बहुत ही रोचक व शिक्षाप्रद प्रसंग है। अंग्रेजी शासन काल के मेवाड़ परगना की बात है। उस समय मेवाड़ परगना के शासक फतेह सिंह थे। बरसात के दिनों में अतिवृष्टि होने के कारण फतह सागर झील का एक हिस्सा टूट गया। फलतः पानी के बहाव में उस इलाके का पुल टूट गया और रेल की पटरी बह गई, जिस कारण बड़े पैमाने पर जान-माल की क्षति हुई। यह मामला अदालत में गया। अंग्रेजी हुकूमत ने फैसला सुनाया कि झील के पानी से हुए नुकसान का मुआवजा महाराजा दें। न्यायालय के फैसले की एक प्रति महाराजा को भेजी गई। फैसले की प्रति पढ़ने के बाद महाराजा ने विनम्रतापूर्वक न्यायालय को लिखा—'न्यायालय का फैसला मुझे मंजूर है। मैं नुकसान का मुआवजा देने को भी तैयार हूँ लेकिन एक आपत्ति मेरी ओर से भी है। वह यह है कि झील पहले से थी और पुल बाद में बनाया गया। रेल लाइन भी बाद में बिछाई गई। रेल लाइन व पुल बनाते समय झील का ध्यान रखा जाना चाहिए था, परन्तु उसका ध्यान नहीं रखा गया, उनकी इस टिप्पणी पर न्यायालय को अपना फैसला बदलने के लिए मजबूर होना पड़ा। हर्जाना, मुआवजा सभी माफ कर दिया गया। उपर्युक्त प्रसंग से स्पष्ट है कि यदि व्यक्ति आनेवाली परिस्थितियों के प्रति समझदारी से काम ले, शान्तिपूर्ण विवेक का इस्तेमाल करे और विपरीत परिस्थिति में भी व्यवहार को विनम्र रखे तो समस्याओं को आसानी से सुलझाया जा सकता है।

अतः महत्त्वपूर्ण यह है कि परिस्थिति विशेष में हमें कैसा व्यवहार करना है, इसका निर्णय हमें खुद लेना होता है। हमारे निर्णय व व्यवहार समस्याओं को सुलझा भी सकते हैं और उलझा भी सकते हैं। ध्यान रखें—

जिद व अहंकार में किया गया व्यवहार सामान्य सी बात को भी राई का पहाड़ बना देता है, जबकि विनम्रतापूर्ण व्यवहार बड़ी से बड़ी समस्या को भी सरल बना देता है। कटु व्यवहार आनन्दमय जीवन को भी दुखद बना देता है।

याद रखें—

व्यवहार वही शोभा देता है, जिसमें विनम्रता हो, शिष्टता हो, समझदारी हो।

हमारा व्यवहार ही हमारे व्यक्तित्व का परिचय दूसरों से कराता है और उनसे

हमारा सम्बन्ध जोड़ता है। हम स्वयं भी दूसरों के व्यवहार से प्रभावित होते हैं, और उसी अनुरूप उनके प्रति सोच बनाते हैं। कई बार हमें दूसरों द्वारा किया जानेवाला व्यवहार बहुत अच्छा लगता है, और कई बार बुरा भी लगता है। अच्छे व्यवहार के कारण हम दूसरों से मित्रता कर लेते हैं, और बुरे व्यवहार के कारण शत्रुता। ऐसा भी नहीं है कि अच्छा व्यवहार करने वाला व्यक्ति हमेशा अच्छा व्यवहार करेगा, और बुरा व्यवहार करने वाला व्यक्ति हमेशा बुरा व्यवहार करेगा। दूसरों द्वारा किए जाने वाले व्यवहार पर हमारा नियंत्रण नहीं हो सकता लेकिन हम स्वयं के व्यवहार, विचार व कार्यों पर नियंत्रण कर सकते हैं। यही व्यवहार करने की कला और प्रभावशाली व्यक्तित्व का मालिक बनने का मूल मंत्र है।

आप गौर करें तो पाएँगे कि कोई भी व्यक्ति बुरा नहीं होता, बुराई तो केवल उसकी वृत्तियों में होती है। यदि कोई व्यक्ति बुरा लगता है, इसका मतलब पर है कि उसका आचरण शिष्ट एवं व्यवहारकुशल नहीं है। आप किसी व्यक्ति के प्रति बुरा व्यवहार न करें, भले ही उसमें कितनी भी बुराई क्यों न हो। उस व्यक्ति के अन्दर निहित बुराई को दूर करने का प्रयास करें। जिस प्रकार डॉक्टर रोगी व्यक्ति के रोग को दूर भगाता है, उसी प्रकार हमें भी दूसरे व्यक्ति की बुराई को दूर भगाना चाहिए। हमें उस व्यक्ति की बुराई से नफरत करनी चाहिए व्यक्ति से नहीं, लेकिन व्यावहारिक जगत में होता यह है कि हम उस व्यक्ति की बुराई से घृणा एवं नफरत करने की बजाय उस व्यक्ति से घृणा करने लगते हैं। उस व्यक्ति के प्रति नकारात्मक सोच रखने लगते हैं। आपके इस तरह के व्यवहार से दूसरे व्यक्ति की बुराई यथावत रहती है, उल्टे आप उसकी लगातार निंदा करने के कारण खुद की वृत्तियों को दूषित कर लेते हैं। यदि हम दूसरों के प्रति बुरा व्यवहार या नफरत करते हैं तो हमें ही ज्यादा नुकसान उठाना पड़ता है। हमारी ही शान्ति हाहाकार में तबदील हो जाती है और हम सकारात्मक सोच पाने की स्थिति में नहीं होते। अत: महत्त्वपूर्ण यह है कि खुद व्यवहारकुशल रहते हुए दूसरों को व्यवहारकुशल बनाने में मदद करें। ध्यान रखें—

> *कटु व्यवहार करना न तो दूसरों के लिए हितकर है और न ही स्वयं के लिए।*

यदि हम किसी को अपना अच्छा मित्र नहीं बना सकते, दूसरों के साथ अच्छे सम्बन्ध नहीं जोड़ सकते तो, उसे अपना शत्रु भी नहीं बनाना चाहिए। इसी संदर्भ में लेखक ने अपनी पुस्तक 'जिन्दगी : एक कला' में लिखा है कि— 'अच्छे लोगों में यही विशेषता है कि वे बुरे लोगों में भी अच्छाई ढूँढ़ते हैं।' आप भी दूसरे व्यक्ति में अच्छाई ढूँढ़े। अच्छाई ढूँढ़ने पर आप खुद अच्छे बनते हैं। महत्त्वपूर्ण यह है कि हम किसी भी व्यक्ति को अपना मित्र बनाने से पहले उसके बारे में विभिन्न तरीकों से परखें-समझें तदुपरान्त निर्णय लें। सोच-परख कर रखी गई रिश्तों की नींव मजबूत

एवं टिकाऊ तथा लिया गया निर्णय सुखद होता है। कई बार ऐसा भी होता है कि बहुत लम्बी एवं गहरी दोस्ती में भी दरार पड़ जाती है। द्वेष एवं तनाव उत्पन्न होता है, और फिर शुरू होती है एक-दूसरे से बदला लेने की भावना। अत: खुद और दूसरों के प्रति हमेशा अपना व्यवहार संयमित, मृदुल एवं सहनशील रखें। दरार को अपने सौम्य एवं सहनशील व्यवहार से पाटने का प्रयास करें। दोस्तो! मेरा आपसे विनम्र अनुरोध है कि आप प्रभावशाली व्यक्तित्व के मालिक बनना चाहते हैं तो अपने व्यवहार को संयमित रखें एवं मृदुलता, समझदारी तथा सहनशीलता जैसे गुणों को अपने व्यवहार में शामिल करें।

गलती स्वीकार करें

हर व्यक्ति गलती करता है और गलती करना मनुष्य की नियति है। गलती करके ही हम सीखते हैं और सीखने के लिए गलती होना जरूरी है। महत्त्वपूर्ण यह है कि हम गलती को छुपाएँ नहीं, स्वीकार करें अन्यथा गलती छुपाने के चक्कर में हम बड़ी-बड़ी गलती कर बैठते हैं। दोस्तो! गलती मनुष्य से ही होती है। दूसरे शब्दों में हम कह सकते हैं कि कार्य करनेवालों से ही गलती होती है। अत: गलती होने पर परेशान होने या गलती को छुपाने की जरूरत नहीं, बल्कि गलती को स्वीकार करने एवं गलती से सीख लेने की जरूरत है। व्यक्तित्व में निखार लाने का यह सबसे अच्छा रास्ता है। गलती को स्वीकार नहीं करना बहुत बड़ी गलती है, ऐसी गलती भूलकर भी न करें। अत: जीवन के किसी मोड़ पर कभी भी किसी प्रकार की गलती हो जाए चाहे वह गलती छोटी हो या बड़ी, जैसे ही इसका एहसास हो, बेझिझक बिना किसी संशय व संकोच तथा समय गँवाये गलती को स्वीकार करें। गलती स्वीकार करने से लाभ ही लाभ है। गलती स्वीकार करने से नया सीखने एवं नया करने का अवसर मिलता है। ध्यान रखें—

> *गलती छोटी हो या बड़ी, अपने से छोटे के साथ हो या बड़े के साथ,*
> *कृत गलती के लिए क्षमा माँगें, खेद प्रकट करें।*

गलती से सीख लें और इसमें सुधार लाएँ। अगर गलती सुधार योग्य हो तो, उसमें सुधार लाएँ तथा सुधार योग्य न हो तो इस से सीख लें कि भविष्य में इस प्रकार की गलती नहीं करूँगा। भविष्य में ऐसी गलती नहीं दुहराने का संकल्प लें। क्षमा और खेद प्रकट करें। क्षमा या खेद प्रकट करने का बर्ताव केवल बड़ों के साथ ही नहीं, छोटों के साथ भी रखें। ऐसा करने से आप बड़ों की नजर में सम्मान के पात्र एवं छोटों की नजर में आदर्श बन जाते हैं। ऐसी आदतें आपके व्यक्तित्व को ऊपर उठाती हैं तथा आपको आगे बढ़ने की राह एवं नई-नई बातों को सीखने का अवसर उपलब्ध कराती हैं।

ठीक इसके विपरीत जो व्यक्ति गलती करने के बाद भी अपनी गलती को स्वीकार नहीं करते, उल्टे अपनी गलती पर अडिग रहते हैं या गलती को छुपाने का प्रयास करते हैं, वैसे व्यक्ति को अपनी गलती का खमियाजा खुद भुगतना पड़ता है। ऐसे व्यक्ति अपने जीवन में बहुत सी बातें नहीं सीख पाते हैं, और जीवन-पथ पर आगे बढ़ने में पिछड़ जाते हैं। ठीक इसके विपरीत गलती स्वीकार करने वाले व्यक्ति अपनी गलती में सुधार लाकर आगे बढ़ जाते हैं। संकीर्ण सोच रखने वाले व्यक्ति को लगता है कि उसने गलती छुपा कर दूसरों को धोखा दे दिया। लेकिन मेरा मानना है कि ऐसे व्यक्ति दूसरों को नहीं खुद को धोखा देते हैं। ऐसा व्यक्ति भले ही अपनी गलती स्वीकार नहीं कर खुद को बुद्धिमान एवं दूसरों को मूर्ख समझ ले परन्तु सच्चाई जब सामने आती है तो वह खुद और दूसरों की नजर में गिर जाता है। दूसरी महत्त्वपूर्ण बात यह है कि ऐसे व्यक्ति अपनी एक गलती छिपाने के प्रयास में लगातार गलती पर गलती करते चले जाते हैं, और एक समय ऐसा आता है कि वे खुद समस्याओं के मकड़जाल में घिर जाते हैं। उस स्थिति में चाहकर भी वे गलत कृत्यों से बाहर नहीं निकल पाते, और खुद के लिए दुस्सह स्थिति पैदा कर लेते हैं। जिस स्थिति से बाहर निकलना उनके लिए काल बन जाता है। तीसरी महत्त्वपूर्ण बात यह है कि गलती स्वीकार नहीं कर वे अपने कृत्य एवं आदत में सुधार नहीं ला पाते, नतीजतन वे नई बातों को सीखने का अवसर खो देते हैं। गलती करना उनकी आदत में शुमार हो जाता है। ऐसे व्यक्ति से लोग घृणा करने लगते हैं तथा हेय दृष्टि से देखते हैं। उनसे कोई संगत भी करने को तैयार नहीं होते, नतीजतन वे कहीं के नहीं रह जाते। बाद में पश्चात्ताप करने से भी कोई लाभ नहीं होता है, क्योंकि उनके जीवन का महत्त्वपूर्ण समय हाथ से निकल गया होता है। ऐसा व्यक्ति बाद में कितना भी ईमानदार बन जाए, उसके ऊपर कोई विश्वास करने को तैयार नहीं होता। अत: कृत्य गलती को स्वीकार करें, उसमें सुधार लाएँ एवं गलती से सीख लें। जो व्यक्ति गलती स्वीकार करते हैं, वे ही जीवन में अच्छा कर पाते हैं और जो गलती स्वीकार नहीं करते, वे आजीवन पछताते हैं। गलती स्वीकार नहीं करने वाले व्यक्ति को लगता है कि उसने गलती छिपा ली, परन्तु वास्तविकता यह है कि वह सच्चाई से मुँह मोड़ लेता है। बाद के दिनों में वह सच भी बोलता है तो लोग उसकी बातों पर विश्वास नहीं करते। नतीजतन वह दर-दर की ठोकरें खाता रहता है, परन्तु उसकी सुध लेनेवाला कोई नहीं होता। याद रखें—

> *गलती स्वीकार नहीं करना सच्चाई से मुँह मोड़ना है और सच्चाई से मुँह मोड़ना खुद को धोखा देना है।*

अत: महत्त्वपूर्ण यह है कि उत्पन्न परिस्थितियों से बचने के लिए गलती स्वीकार करें और इससे सीख लें। गलती से सीख लेकर और इसमें सुधार लाकर ही

अच्छे व्यक्तित्व का मालिक बना जा सकता है। इस भ्रम में न रहें कि गलती स्वीकार करने से आपको लोग बेवकूफ समझेंगे। आपके मान-सम्मान में कमी आएगी, और गलती स्वीकार नहीं करने से आप चालाक समझे जाएँगे। ध्यान रखें—

गलती स्वीकार करने से आपका मान-सम्मान बढ़ता है, घटता नहीं तथा गलती में सुधार लाकर आप जीवन में और अच्छा करते हैं।

दोस्तो! नीचे दी गई पंक्तियों को जीवन का मूल मंत्र बना लें—

गलती स्वीकार करना बुद्धिमानी है। खुद को बेहतर बनाने की राह है। गलती स्वीकार करना स्वयं को नीचा गिराना नहीं, बल्कि ऊपर उठाना है।

इस दुनिया में जितने भी व्यक्ति महान एवं सफल हुए हैं, गलती से सीख लेकर और गलती को स्वीकार कर। आप भी सफल व्यक्ति बनना चाहते हैं तो गलती को स्वीकार करें एवं सीख लें। भूलकर भी गलती को छिपाएँ नहीं, अन्यथा आप खुद के लिए दुस्सह स्थिति पैदा कर लेंगे और आपका जीवन औचित्यहीन बनकर रह जाएगा। मैं तो सिर्फ इतना कहूँगा कि गलती से सीख लें और अच्छे व्यक्तित्व के मालिक बनें। याद रखें—

गलती स्वीकार करने वाले व्यक्ति ही महान बनते हैं और गलती में सुधार लाकर सफल।

शायद आपको नहीं मालूम :

गलती को स्वीकार करना तथा कृत गलती में सुधार लाना ही लघुतर से महत्तर बनने की सबसे अच्छी राह है।

आप अपनी गलती स्वीकार करें। इससे लाभ ही लाभ है। आप ऐसा कर, दूसरी गलती करने से बचते हैं। कुछ नया करने का अवसर प्राप्त करते हैं। इतना ही नहीं गलती में सुधार लाकर हम भविष्य में होनेवाली हानि से बचते हैं। गलती स्वीकार कर लोगों की नजर में सम्मान के पात्र तथा बेहतर आदमी बनते हैं। हम ऐसा कर दूसरों के लिए सीख बन जाते हैं। आइए हम अपनी गलती को स्वीकार करने का संकल्प लें तथा इसमें सुधार लाकर अच्छे व्यक्तित्व के मालिक बनें।

खरा बोलें पर कड़वा नहीं

खरा अवश्य बोलें लेकिन कड़वा नहीं; क्योंकि कड़वा किसी भी व्यक्ति को अच्छा नहीं लगता। इसका कारण यह है कि खरी बातें खुद कड़वी होती हैं और यदि इन्हें कड़वे रूप में बोला जाए तो जहर बन जाती हैं। यही कारण है कि खरी बातें सार्थक

होने के बावजूद प्राय: लोगों को अच्छी नहीं लगतीं। इसका मतलब यह नहीं है कि हम खरी बातें न कहें। खरी बातें जरूर कहें, खरी बातें बोलने की आदत जरूर रखें, परन्तु खरी बातें विनम्रतापूर्वक समुचित समय एवं स्थान को ध्यान में रखकर कहें। कहने का आशय यह है कि आप अपने व्यक्तित्व में कड़वा बोलने की नहीं, खरा बोलने की आदत डालें। आप खरी बातें अवश्य बोलें, परन्तु मधुरता एवं विनम्रता के साथ बोलें ताकि सुनने वाले व्यक्ति अपने व्यक्तित्व में सुधार ला सकें। जैसे—कोई बालक उद्दंड है और आप उसे अनुशासन में रहने की कड़ी हिदायत देते हैं तो सम्भव है कि वह और उद्दंड बन जाए। यदि उसे प्यारपूर्वक अनुशासन का अर्थ एवं औचित्य समझाया जाए तो ज्यादा सम्भावना है कि वह अपने जीवन में बेहतर करे। अत: बोलना एक कला है और आप खरी बातों को प्यारपूर्वक विनम्रता के साथ बोलें। जो व्यक्ति बोलने की कला में निपुण होते हैं, वे कड़ी बातों को भी इतने सुन्दर ढंग से प्रस्तुत करते हैं कि दूसरे उनकी बातों को बड़े ही गौर से सुनते हैं। आप अपनी बातों को दूसरों के समक्ष कितना सुरुचिपूर्ण ढंग से रखते हैं, यह अति महत्त्वपूर्ण है। याद रखें—

> *जिन व्यक्तियों को बोलने की कला आती है, वे खरी बातों को भी दूसरों के समक्ष बेहतर ढंग से रखने में सफल होते हैं।*

यदि आप अच्छे व्यक्तित्व के मालिक बनना चाहते हैं तो कड़वा नहीं खरा बोलें। खरा बोलने का तात्पर्य सच बोलना, सुस्पष्ट व वास्तविक बोलने से है, किन्तु सच एवं स्पष्ट बोलने का मतलब यह नहीं है कि आप ऊँची आवाज में बोलें, असभ्य तरीके से बोलें। आपके बोलने का ढंग सदैव मर्यादित एवं अनुशासित होना चाहिए, ताकि आपका अन्त:सौन्दर्य निखर सके। अगर आपकी वाणी में अनुशासनहीनता झलकती हो तो ऐसा बर्ताव अच्छे व्यक्तित्व के लिए घातक और खुद के लिए शर्मनाक है। निश्चित रूप से सच बोलें, सच बोलना भी चाहिए। सच बोलने को जीवन की निधि बनाएँ परन्तु सच्ची बातें भी उचित स्थान, समय एवं व्यक्ति विशेष को ध्यान में रखकर करें। महात्मा गांधी ने भी कहा है—

> *विनम्रतापूर्वक शालीनता के साथ, कही गई खरी बातें भी मीठी लगती हैं।*
> *A man of truth must be always a man of Care)*

ऐसे कृत से आपके व्यक्तित्व में निखार आता है, और सर्वत्र आपकी प्रशंसा होती है। आपके इस व्यवहार से दूसरे भी सीख लेते हैं, और अपने आचरण में सुधार लाने का प्रयास करते हैं। इसलिए खरी बातें कड़ी नहीं मीठी बोलें, अन्यथा लाभ के बजाय हानि होगी।

शिष्टाचारी बनें

मनुष्य के अन्दर निहित गुणों में एक महत्त्वपूर्ण गुण शिष्टाचार है। यह मानवता की सबसे बड़ी पहचान है, और शिष्टाचार ही हमें मानव होने का एहसास कराता है। शायद आपको नहीं मालूम मनुष्य को मनुष्य की तरह रहना ही शोभा देता है। जो व्यक्ति अपने व्यक्तित्व में शील-स्वभाव मानवता के अनुरूप नहीं ढाल पाते, वे पशु से भी गए-गुजरे हैं। पशु तो पशु होता है, उसमें वह विवेक, बुद्धि नहीं होती कि वह अपने व्यक्तित्व को सुन्दरता के साँचे में ढाल सके। व्यक्तित्व को सुन्दर साँचे में ढालने का काम आपका है, क्योंकि आप एक विवेकशील प्राणी हैं। याद रखें—

> *शिष्टाचार मानवता का दर्पण है, जिसमें व्यक्तित्व के विभिन्न गुणों का स्वरूप दिखाई देता है।*

शिष्टाचार का प्रभाव खुद और दूसरों पर अच्छा पड़ता है, और इस कारण हमें दूसरों की सद्भावना, आत्मीयता और सहयोग की प्राप्ति होती है। समाज में हमारी लोकप्रियता बढ़ती है, और सम्मान मिलता है। इसके विपरीत अशिष्ट व्यवहार से हमें घृणा-द्वेष मिलता है, और ऐसे व्यक्ति की संगत करने को कोई तैयार नहीं होता। अशिष्ट व्यक्ति को दूसरों से किसी प्रकार का सहयोग नहीं मिलता, उल्टे अपने भी पराये बन जाते हैं। ऐसे व्यक्ति का विकास रुक जाता है और वह घृणा का पात्र बनकर रह जाता है। याद रखें—

> *शिष्टता और सद्व्यवहार से विरोधियों को भी अपना बनाया जा सकता है। यह ऐसा अमृत है, जिससे कटुता, प्रतिरोध और शत्रुता पिघल जाते हैं और दुश्मन भी दोस्त बन जाते हैं।*

शिष्टाचार व्यवहार की वह रीति-नीति है, जिसमें व्यक्ति एवं समाज की आंतरिक सभ्यता व संस्कृति के दर्शन होते हैं। परस्पर बातचीत, संबोधन से लेकर दूसरों की सेवा, सहयोग, सद्भावना, क्षमा, त्याग, सम्मानयुक्त भावनाएँ आदि तक में शिष्टाचार आ जाते हैं। शिष्टाचार हमारे आचरण एवं व्यवहार का नैतिक मापदंड है, जिस पर सभ्यता व संस्कृति का पैमाना बनता है। एक-दूसरे के प्रति सद्भावना, सहानुभूति, सहयोग आदि शिष्टाचार के मूलाधार हैं। इन मूल भावनाओं से प्रेरित होकर व्यक्ति दूसरों के प्रति नम्रता, विनम्रता, उदारता का आचरण प्रदर्शित करता है। शिष्टाचार की महत्ता सर्वत्र है। अपने घर में, समाज में, कार्यालय में भीतर और बाहर, छोटे एवं बड़े तथा हर व्यक्ति के साथ शिष्ट बनें। यदि आपके भीतर शिष्टाचार है तो बहुत से गुण आपको स्वतः प्राप्त हो जाते हैं। ध्यान रखें—

शिक्षा, सम्पन्नता एवं प्रतिष्ठा की दृष्टि से कोई भी व्यक्ति कितना भी बड़ा क्यों न हो परन्तु उसके अन्दर शिष्टाचार नहीं है तो सब व्यर्थ है।

यह गुण किसी विद्यालय में प्रवेश लेकर अर्जित नहीं किया जा सकता बल्कि इसका ज्ञान एवं अनुभव प्राप्त करने के लिए सम्पर्क व पारस्परिक व्यवहार का अध्ययन तथा क्रियात्मक अभ्यास महत्त्वपूर्ण है।

दुख की बात यह है कि अधिकांश व्यक्ति शिष्टाचार का अर्थ नहीं समझते और शिष्टाचार को बंदिश मानते हैं। उन्हें लगता है कि शिष्टाचार में बँधकर जीवन नहीं जीया जा सकता, परन्तु उनके समक्ष अगर दूसरा अशिष्ट व्यवहार करता है तो वे दुखी होते हैं। ऐसे व्यक्ति स्वयं शिष्टाचार का पालन नहीं करते, परन्तु दूसरों से शिष्टाचार की उम्मीद करते हैं। कुछ लोग शिष्टाचार तोड़कर अपने को बड़ा आदमी मानते हैं, जबकि यह उनके मन का भ्रम है। प्राय: व्यक्ति को यह नहीं मालूम होता है कि किस अवसर पर किस व्यक्ति के साथ कैसा व्यवहार किया जाना चाहिए। कहाँ किस प्रकार उठना-बैठना चाहिए, कैसे चलना व बोलना चाहिए। अपनी बातें दूसरों के सामने कैसे रखनी चाहिए। यदि आप खुशी के अवसर पर शोक और शोक के अवसर पर खुशी की बातें करेंगे या बच्चों के समक्ष वैराग्य व अध्यात्म तथा वृद्धजनों के साथ शरारतें, हास्य-विनोद की बातें करेंगे तो उल्टे आप आलोचना के पात्र बन जाएँगे। जैसे—आप गर्मी में चुस्त भड़कीले कपड़े और शीत में हलके कपड़े पहनें तो देखने, सुनने वाले के मन में आपके प्रति आदर नहीं उपेक्षा और तिरस्कार का भाव ही आएगा। कहने का आशय है कि दूसरे शिष्ट बनें, उसके लिए पहले खुद शिष्ट बनना होगा।

खान-पान, वेशभूषा, उठने-बैठने, चलने-रुकने, आने-जाने हर जगह शिष्टाचार की आवश्यकता है। सर्वत्र शिष्टाचार प्रदर्शित करें और किसी भी व्यक्ति के साथ शिष्टाचार बरतने में कोई कोताही न बरतें। शिष्टाचार व्यक्तित्व का आभूषण है। हम दूसरे व्यक्ति के शिष्टाचार को देखकर ही उसके व्यक्तित्व की प्रशंसा करते हैं। शिष्टता व्यक्ति के अंग-अंग और उसके हर कार्य में झलकनी चाहिए। शिष्टाचार की सर्वांगपूर्ण परिभाषा नहीं दी जा सकती, यह खुद एवं दूसरों की नजर में प्रदर्शित उत्तम व्यवहार है। जो व्यक्ति स्वयं शिष्टाचार का पालन नहीं करता, परन्तु दूसरों से शिष्टाचार की उम्मीद करता है वह निम्न व्यक्तित्व का मालिक होता है। प्राय: व्यक्ति को शिष्टाचार से लेना-देना नहीं होता, जबकि शिष्टाचार व्यक्ति द्वारा सम्पादित हर क्रियाओं का नियमन करता है, और उसके स्वरूप का निर्धारण करता है। इतना कहा जा सकता है कि दूसरों से आप स्वयं के लिए जैसा सम्मान चाहते हैं, उसी प्रकार का सम्मान आप भी दूसरों के साथ रखें। आपको दूसरों की जिन बातों एवं व्यवहार से आपकी भावनाओं को ठेस पहुँचती है, वैसा व्यवहार आप भी दूसरों के प्रति न करें।

सद्‌व्यवहार, शिष्टाचार का ही अंग है। शिष्टाचार मन, वचन, कर्म से किसी को हानि नहीं पहुँचाता और न ही मन से किसी का बुरा चाहता है। विनम्रता और मधुरतायुक्त व्यवहार ही उसके जीवन का अंग होता है। शिष्टाचार में अभिमान की कोई गुंजाइश नहीं होती। जिस प्रकार फलों के बोझ से वृक्ष नीचे झुक जाता है, उसी तरह शिष्टाचार में निपुण व्यक्ति का धन व ऐश्वर्य बढ़ने से उसकी नम्रता व विनयशीलता बढ़ जाती है। शिष्टाचार ऐसा सद्‌गुण है, जिसे अभ्यास और आचरण द्वारा प्राप्त किया जा सकता है। इसके लिए सकारात्मकता, संवेदनशीलता और हृदय की कोमलता आवश्यक है। इसका आधार आत्मिक संयोग से है, शिष्टाचार में कृत्रिमता का कोई स्थान नहीं है। कुछ भी हो, किसी भी रूप में अशिष्टता का प्रदर्शन मानवता के नाम पर कलंक है। किसी भी समाज में बढ़ती हुई अशिष्टता देश, धर्म और जाति के लिए हानिकारक है। शिष्टाचार हमारी सभ्यता और संस्कृति का दर्पण है, और किसी भी प्रकार की अशिष्टता, असभ्यता और पिछड़ेपन की निशानी है। अत: अच्छे व्यक्तित्व का मालिक बनने के लिए शिष्टाचार से दोस्ती करें और सभ्य समाज के निर्माण एवं मानवता को जीवंत रखने के लिए शिष्टाचारी बनें।

अनुशासित बनें

अनुशासन का शाब्दिक अर्थ है—अनु माने—पीछे और शासन माने—नीति-नियम कानून। हम जिस समाज में रहते हैं उसके द्वारा निर्धारित नीति-नियम और कायदे-कानून का अनुसरण करना ही अनुशासन है। कहने का आशय है कि किसी भी संस्था, समाज एवं राष्ट्र को चलाने के लिए बनाए गए नीति नियमों का अनुपालन करना ही अनुशासन है। जो व्यक्ति निर्धारित नियम-कानून का पालन करता है, वह खुद बेहतर करता है और समाज को आगे बढ़ाने में कामयाब होता है। आपने सुना होगा—'अनुशासन ही देश को महान बनाता है।' देश को महान बनाने के लिए खुद अनुशासित बनें। एक अच्छा नागरिक बनने तथा सभ्य समाज के निर्माण में अनुशासन की भूमिका महत्त्वपूर्ण है। यह हमें आजादी का अर्थ एवं जीवन जीने का गुर सिखाता है। खुद को संयमित व नियंत्रित रखता है। यह दैनिक एवं विशेष कार्यों के ससमय निष्पादन करने की सीख देता है तथा कर्तव्यों एवं दायित्वों के बीच समन्वय स्थापित कर जीवन को सन्तुलित बनाता है। यह शारीरिक, मानसिक, आर्थिक व सामुदायिक विकास के मार्ग को प्रशस्त करता है।

अनुशासन केवल खुद की जिन्दगी को बेहतर ढंग से जीने के लिए ही आवश्यक नहीं है, बल्कि परिवार, समाज व राष्ट्र को खुशहाल बनाने के लिए भी आवश्यक है। किसी भी संस्था को बेहतर ढंग से चलाने में अनुशासन की भूमिका महत्त्वपूर्ण है। अनुशासित व्यक्ति खुद बेहतर करते हैं और दूसरों को भी बेहतर करने में मदद करते हैं। इसके विपरीत अनुशासनहीन व्यक्ति किसी भी कार्य को समय पर नहीं

कर पाते हैं। जब वे खुद बेहतर नहीं करेंगे तो दूसरों को क्या मदद करेंगे ? आप गौर करें तो पाएँगे कि प्रकृति ने भी स्वयं को अनुशासनबद्ध कर के रखा है। हमें भी खुद को अनुशासनबद्ध रखने की जरूरत है। अनुशासन में रहने और अनुशासन पर चलने से हमें लाभ ही लाभ है। आप गौर करें तो पाएँगे कि प्रकृति का अनुशासन सभी जीव-जन्तुओं पर समान रूप से लागू होता है, जबकि मानव जीवन का अनुशासन देश, काल, परिस्थितियों के अनुसार बदलता रहता है। अनुशासन खुद को नियमित रखने का माध्यम है, जो व्यक्ति और समाज को सही दिशा एवं गति देने में सहायक है। यह हमें नदी के दो किनारों की तरह रोक कर रखता है, ताकि हम अपने मार्ग से बहकने एवं भटकने न पाएँ। यह हमारे जीवन-पथ पर एक सीमा रेखा खींच देता है, जिसकी सीमा के अन्दर रहने से हमें लाभ-ही-लाभ होता है। सीमा-रेखा को पार करने पर नुकसान की सम्भावना ज्यादा होती है। जो व्यक्ति सीमा-रेखा पार करते हैं, वे नकारात्मक परिणति खुद भुगतते हैं। आज प्रकृति और मानव जीवन दोनों का ही अनुशासन गड़बड़ाया हुआ है। मनुष्य के अवांछनीय कार्यों के कारण ही प्रकृति के अनुशासन में बहुत सी गड़बड़ियाँ उत्पन्न होने लगी हैं, जिसका खमियाजा हम सबों को भुगतना पड़ रहा है। वातावरण में प्रदूषण की मात्रा बढ़ने से स्वास्थ्य पर प्रतिकूल प्रभाव पड़ रहा है, विभिन्न प्रकार की बीमारियाँ फैल रही हैं। हम शारीरिक और मानसिक रूप से विभिन्न बीमारियों का शिकार हो रहे हैं। याद रखें—

> *जब तक हम अनुशासन के महत्त्व को अपने व्यक्तित्व में समाहित नहीं करेंगे तब तक प्रकृति हमें इस अनुशासनहीनता का दंड विभिन्न रूपों में देती रहेगी।*

अनुशासन व अनुशासनहीनता को समझने के लिए पानी का उदाहरण उपयुक्त है। पानी बाढ़ के रूप में भी बहता है और नदी, नहर और बाँध के द्वारा भी बहता है। बाढ़ का पानी अनुशासनविहीन होता है, उसके बहने व बँधने की कोई विधि नहीं होती है। इसलिए उस पानी का कोई लाभ नहीं पहुँच पाता, वह केवल नुकसान ही पहुँचाता है। इसके विपरीत बाँध का पानी मर्यादा में रहता है, तटों की मर्यादा के कारण वह बँधा रहता है। उसका बहाव एक निश्चित दिशा में होता है, जिस कारण उसका लाभ सबों को मिलता है। हमें भी अपने जीवन को टटोलना चाहिए कि हमारा जीवन अनुशासन के दायरे में है या नहीं ? अनुशासन मतलब जीवन के सिद्धान्त, कर्तव्यों की समझ, नीति-नियम, मर्यादाएँ, सीमाएँ, मूल्यों की जानकारी हमारे व्यक्तित्व में शामिल है या नहीं ? क्या हम अपने कर्तव्यों व दायित्वों का अनुपालन कर पा रहे हैं ? अनुशासन इसलिए जरूरी है कि जीवन की ऊर्जा एवं समय व्यर्थ में बर्बाद न हो, अमूल्य संसाधन के दुरुपयोग की जगह, सदुपयोग हो ताकि हम अच्छे व्यक्तित्व के मालिक बन सकें। हम संयमित जीवन जी सकें, सही मार्ग पर चल कर अपने

गंतव्य तक पहुँच सकें। सिद्धि की प्राप्ति एवं जीवन की साधना पूरी कर सकें। जीवन की समस्त गतिविधियों को नियंत्रित व व्यवस्थित रखना तथा मानवीय मूल्यों की परिधि में रहकर जीवन-पथ पर चलना ही अनुशासन है। अनुशासन जीवन जीने का एक निश्चित और नियमित तरीका है। जीवन जीने की कला है। इसके द्वारा हम जीवन के नक्शे में प्रत्येक पहलू को यथास्थान चित्रित करते हैं तथा मानवीय गुणों को उभारकर आदर्शों को सुन्दर रंगों से भरने में कामयाब होते हैं। ऐसा करने से जीवन की अलौकिकता झलकती है, और हम जीवन के औचित्य को साकार करने में सफल होते हैं। सभी प्रकार की उन्नति, सफलता, विकास और प्रगति पथ पर आगे बढ़ने के लिए अनुशासन का अर्थ एवं औचित्य समझने की आवश्यकता है। हम अनुशासन के साथ बँधकर ही जीवन की सार्थकता साबित कर सकते हैं। याद रखें—

> *अनुशासित व्यक्ति ही जीवन में सफल होते हैं और अनुशासन की राह पर चलकर देश को महान बनाते हैं। यदि आप भी महान बनना चाहते हैं तो अनुशासित बनें। महान व्यक्ति के अन्दर अनुशासन कूट-कूट कर भरा होता है।*

अनुशासन दो प्रकार का होता है, बाह्य और आंतरिक। बाह्य अनुशासन दूसरों द्वारा लागू किया जाता है और आन्तरिक अनुशासन स्वयं द्वारा। यदि मनुष्य पूर्णतः आंतरिक अनुशासन का अवलम्बन लिये रहे तो उसे फिर बाह्य अनुशासन की आवश्यकता नहीं होती। अनुशासन की राह पर चलने में सबसे बड़ी बाधा है अनियमितता की आदत। सामर्थ्य का जितना महत्त्व है, उससे अधिक महत्त्व इस बात का है कि जो कुछ आपके पास उपलब्ध है, उसी को योजनाबद्ध तरीके से नियत क्रम व्यवस्था अपनाकर सुद्देश्य प्राप्ति के लिए नियोजित किया जाए तो आपको सफलता भी मिलेगी और आपके व्यक्तित्व में निखार भी आएगा।

अतः सदैव अनुशासन का महत्त्व समझें और अनुशासनबद्ध रहकर सफल बनें, इसी में खुद और दूसरों का कल्याण है।

अहंकार से दूर रहें

अहंकार एक प्रकार का अनल है, जो खुद को जलाकर शान्त होता है। यह मन का वहम और दर्प है, जो व्यक्ति के अन्दर तब उत्पन्न होता है, जब वह स्वयं को श्रेष्ठ और शक्तिमान समझने लगता है। जब कोई व्यक्ति यह मानने लगता है कि मैं ही सब कुछ हूँ, दूसरा कुछ भी नहीं। मैं जो कहता और करता हूँ, वही श्रेष्ठ है। यह दुनिया मेरे ही इशारे पर चल रही है। वही सृष्टि का सबसे महत्त्वपूर्ण घटक है, और उसके बिना कुछ भी नहीं हो सकता। उस प्रकार का भाव अहंकार है। अहंकारी व्यक्ति को स्वयं पर इतना घमंड हो जाता है कि वह खुद को दुनिया से अलग एवं

विशिष्ट समझने लगता है, जबकि यह सच्चाई नहीं है। यदि कोई व्यक्ति ऐसा सोचता है तो यह उस व्यक्ति की अज्ञानता, मन का वहम एवं नकारात्मक सोच है। ऐसा व्यक्ति व्यर्थ के भ्रम एवं निरर्थक उद्वेग में खुद को शक्तिमान समझने लगता है। उसे यह पता ही नहीं होता कि इस जीवन का औचित्य क्या है और यह अनमोल जीवन उसे क्यों मिला है? उसके अन्दर निहित अहंकार का आधार क्या है? किसी भी प्रकार का अहंकार झूठ की बुनियाद पर टिका होता है, जो खुद अधारहीन, अर्थहीन एवं बेबुनियाद है। उसका दुष्परिणाम कितना भयावह होगा, इस बात की जानकारी भी उसे नहीं होती है। ऐसा व्यक्ति अहंकार के दर्प में स्वयं को दूसरों से बड़ा सिद्ध करने के फेर में लगा रहता है। इस फेर में वह अपनी शक्ति एवं समय को व्यर्थ ही गँवाता रहता है, और अंततः दुखद एवं भयावह परिणति का शिकार हो जाता है। उसे उस बात की जानकारी तब होती है, जब वह अपना सर्वस्व गँवा चुका होता है। इस सन्दर्भ में एक प्रसंग अतिप्रासंगिक है—

दक्षिण भारत में एक बड़े ही ज्ञानी तपस्वी साधु हुए, जिनका नाम था—सदाशिव ब्रह्मेन्द्र स्वामी। यह प्रसंग उस समय का है, जब वे अपने गुरु के आश्रम में वेदान्त का अध्ययन कर रहे थे। उनका पूरा समय वेदों के अध्ययन में ही व्यतीत होता था। एक दिन गुरु आश्रम में एक विद्वान पंडित पधारे, जिनसे किसी विषय पर सदाशिव स्वामी से बहस हो गई। सदाशिव स्वामी ने अपने तर्कों से उनके तर्कों को तहस-नहस कर डाला। सदाशिव स्वामी की प्रचंड विद्वत्ता के सामने उनकी एक न चली और अन्ततः उन्हें क्षमा-याचना करनी पड़ी। इस घटना ने सदाशिव स्वामी को पुलकित कर दिया। उन्होंने बड़े ही उत्साहपूर्वक यह घटना अपने गुरुदेव को सुनाई और सोचा कि इस घटना से प्रसन्न होकर गुरुदेव उनकी पीठ थपथपाएँगे लेकिन हुआ उल्टा।

गुरु ने सदाशिव को कड़ी फटकार लगाते हुए कहा—"पुत्र! श्रेष्ठ चिंतन की सार्थकता तब है, जब उससे श्रेष्ठ चरित्र बने और श्रेष्ठ चरित्र तब सार्थक है जब वह श्रेष्ठ व्यवहार बनकर प्रकट हो। तुमने वेदान्त का चिंतन तो किया पर ज्ञानानिष्ठ साधक का चरित्र गढ़ नहीं सके, और न ही तुम ज्ञाननिष्ठ साधक का व्यवहार करने में समर्थ हो पाए। इसलिए तुम्हारे अब तक के सारे अध्यात्म चिंतन को बस धिक्कार योग्य ही माना जा सकता है।" गुरु के इन वचनों को सुनकर सदाशिव स्वामी का अहं भाव चूर-चूर हो गया। गुरु ने उन्हें बताया कि यह बात हमेशा ध्यान रखना कि चिंतन का उद्देश्य स्वयं के चरित्र को विनिर्मित करना है, न कि दूसरों को तर्क से पराजित कर स्वयं के अहंकार की तुष्टि करना। तर्क-कुतर्क करने वाले का चिंतन कभी भी बेहतर चरित्र का निर्माण नहीं कर पाता है। इसके विपरीत यदि तर्क-कुतर्क के उलझन से बचा जाए तो स्वयं एक नया चरित्र गढ़ा जा सकता है। इस तरह सदाशिव के गुरु ने सदाशिव को मौन रहकर अपने चिंतन को विकसित करने के

लिए कहा, न कि तर्क–कुतर्क के माध्यम से स्वयं की विद्वत्ता का प्रदर्शन करने के लिए। हमारे जीवन में यही होता है कि हम अपने जीवन में झुकना पसन्द नहीं करते और अपने अहंकार के आगोश में आकर दूसरों के तर्कों को अपने तर्कों से पराजित करने में लगे रहते हैं। हम यह सिद्ध करने में लगे रहते हैं कि हम सही हैं और दूसरा गलत है। इस प्रक्रिया में हमारे जीवन का अधिकांश समय व्यर्थ चला जाता है। हमारी ऊर्जा बर्बाद हो जाती है, और हम कुछ भी बेहतर हस्तगत नहीं कर पाते। याद रखें—

> *किसी व्यक्ति के व्यक्तित्व में निहित विनम्रता, शालीनता ऐसे गुण है, जिनके माध्यम से अहंकार का विलय होता है और जीवन सुविकसित बनता है।*

अहंकारी व्यक्ति अहं के दर्प में इस कदर चूर रहता है कि उसका जीवन अहंकार के दर्प में टूटता चला जाता है, और टूटने पर जुटता भी नहीं। इस बात का पता उसे तब चलता है, जब उसका अंत नजदीक होता है। इसलिए सदैव अहंकार से दूर रहें। अहंकार में चूर व्यक्ति कहीं का नहीं रह जाता। ठीक इसके विपरीत विनम्र व्यक्ति का जीवन फल से लदे हुए वृक्ष के समान होता है, जो हमेशा दूसरों के कल्याण में लगा रहता है। जिस प्रकार वृक्ष फलों से लदकर भी सीना ताने नहीं रहता, बल्कि झुक जाता है। इसका कारण है कि उसे दूसरों को देने में खुशी और आनन्द की अनुभूति तथा सुख व शान्ति की प्राप्ति होती है। आप भी उस वृक्ष से सीख लें और धन तथा ज्ञान की प्राप्ति होने पर अहंकारी नहीं विनम्र बनें। सहनशील बनें और समझदारी का पुट प्रदर्शित करें। निहित धन एवं ज्ञान से दूसरों का कल्याण कर समझदारी का परिचय दें।

शायद आपको नहीं मालूम—

> *जो व्यक्ति अपने संसाधनों एवं शक्तियों पर अभिमान नहीं, बल्कि दूसरों का कल्याण करता है, वही व्यक्ति अपने पुरुषार्थ एवं जीवन का औचित्य साकार कर पाने में सफल होता है।*

वैसे व्यक्तियों को ही दुनिया याद करती है और उन्हीं का इतिहास लिखा जाता है। यदि आप भी अपने जीवन का इतिहास लिखना चाहते हैं तो अहंकार का त्याग करें। ध्यान रखें—

> *व्यक्ति का अहंकार उसके जीवन को ऐसे नशे में डुबो देता है कि वह चाहकर भी बाहर नहीं निकल पाता।*

अहंकार रूपी नशा उसे बाहर निकालने के बजाय और डुबोता चला जाता है, और अन्ततः वह अहंकार के गर्त में डूब ही जाता है। अहंकार रूपी नशे के

दुष्परिणामों का उसे पता भी नहीं चलता है। वह सोचता है कि अहंकार ही सर्वोपरि है, और अहंकार के कारण ही उसका समाज में इतना मान-सम्मान है, लेकिन यह सच नहीं है। सच यह है कि अहंकारी व्यक्ति को कोई भी हृदय से पसन्द नहीं करता है। अन्दर से हर व्यक्ति उससे घृणा करता है। जिस तरह गुब्बारा हवा की वजह से फूलता है, स्वयं की शक्ति से नहीं, उसी तरह व्यक्ति को आगे बढ़ाने वाली शक्ति व प्रेरणा उसे परमात्मा की कृपा से मिलती है, उसके अहंकार की वजह से नहीं। लेकिन जब व्यक्ति सफल होता है तो वह परमपिता परमेश्वर की कृपा को भूल जाता है और सोचता है कि उसी ने सब कुछ किया है। ध्यान रखें—

> *व्यक्तित्व की सार्थकता खुद की सद्भावनाओं, सद्विचारों और सत्कर्मों से है, अहंकार के समुचित पोषण से नहीं।*

अत: सकारात्मक सोचें, रचनात्मक करें एवं सद्विचारों को दृढ़ करें। व्यक्तित्व को प्रभावशाली बनाने हेतु सद्विवेक को जाग्रत करना, अहंकार की ऊँचाई से उतरकर वास्तविकता के धरातल पर चलना तथा विनम्रता-शालीनता, सद्व्यवहार को जीवन का अंग बनाना ही जीवन का सार है। ऐसा करके ही हम अपने व्यक्तित्व में निखार ला सकते हैं और सही दिशा में आगे बढ़ सकते हैं। शायद आपको यह नहीं मालूम कि अहंकारी व्यक्ति कितना भी सक्षम एवं योग्य क्यों न हो वह जीवन में सफल नहीं हो पाता है। अत: अहंकार से दूर रहें और विनम्रता के साथ आगे बढ़ते हुए खुद तथा दूसरे की योग्यता को पहचानें। खुद के साथ-साथ दूसरों का कल्याण करें। इस भ्रम में न रहें कि आप हैं तो दुनिया है। इस दुनिया में हर व्यक्ति का महत्त्व है, और हर व्यक्ति का अपना मूल्य है। आप उनके मूल्य को समझें। यदि आपने खुद का और दूसरों का मूल्य समझ लिया और खुद तथा दूसरों की काबिलियत को पहचान लिया तो आप जिन्दगी की जंग आसानी से जीत लेंगे। आप जीवन का औचित्य साकार करने और अच्छे व्यक्तित्व के मालिक बनने में सफल होंगे।

आलस्य का त्याग करें

हमारे व्यक्तित्व में निहित आलस्य एक ऐसा अवगुण है, जो हमें अन्दर ही अन्दर खोखला कर देता है। किसी भी व्यक्ति की असफलता का मुख्य कारण आलस्य है। जिस व्यक्ति के व्यक्तित्व में आलस्य शामिल होता है, वह अपने जीवन में कुछ भी बेहतर नहीं कर पाता है। आलसी स्वभाव अकर्मण्यता का सूचक है, प्रगति के मार्ग में बाधक है। खुद को नकारा साबित करना है। आलसी व्यक्ति हर काम को कल पर टालता रहता है और वह कल उसके जीवन में कभी नहीं आता। हर काम को कल पर टालने की प्रवृत्ति उसकी आदत में शुमार हो जाती है। आलसी व्यक्ति कार्य

को पूरा करने में नहीं, टालने में लगा रहता है। फलतः वह समस्या के मकड़जाल में घिरता चला जाता है, और समस्या में घिर जाने पर अनेक बहाने बनाता है। दुर्भाग्य की बात यह है कि वह खुद की समस्या के लिए स्वयं को दोषी भी नहीं मानता। जबकि समस्या की जड़ वह खुद होता है, दूसरा नहीं। हर समस्या की जड़ आलस्य होता है, जिसका पता उसे बहुत दिनों के बाद होता है। आलस्य हमारे व्यक्तित्व में पाया जानेवाला ऐसा दुर्गुण है, जो हमें कहीं का नहीं छोड़ता। इस बात से हम सभी परिचित हैं, फिर भी अनजान बने रहते हैं। जैसे—काम करने का मन न होना, समय पर काम नहीं करना, बहानेबाजी करना, समय का प्रबंधन नहीं करना, कीमती समय को यों ही गुजार देना, आज का काम कल पर टालना, आवश्यकता से अधिक सोना, व्यर्थ गप्प लड़ाना आदि। यह जानते हुए भी कि आलस्य से हमारा केवल नुकसान है फिर भी हम आलस्य से अपना पीछा नहीं छुड़ा पाते। आलस्य करते समय हम अपने कार्यों की महत्ता को भूल जाते हैं और जब समय गुजर जाता है तो भाग्य का रोना रोते हैं। जब हमें अपनी गलतियों का एहसास बाद के दिनों में होता है, तो पछताने के सिवा हमारे पास कुछ भी नहीं होता। संस्कृत में एक सूक्ति है—*आलस्यं मनुष्याणां शरीरस्थ महारिपु*।

याद रखें—

आलस्य से बढ़कर घातक शत्रु दूसरा कोई नहीं।

यह हमारी जिन्दगी में ऐसे छद्मवेश में छिपा होता है, जिसे हम पहचान कर भी अनजान बने रहते हैं। उससे दूर होने के बजाय हम उसकी गिरफ्त में पड़े रहते हैं। आलस्य की गिरफ्त से बाहर निकलने की चाह होती है, लेकिन इच्छाशक्ति नहीं होती। आलसी व्यक्ति शारीरिक रूप से स्वस्थ्य होते हुए भी मानसिक रूप से बीमार रहता है। समय पर कार्य नहीं करने से उसकी समस्या और बढ़ जाती है। फलतः वह चिन्तित और उदास रहता है। समस्या से बाहर निकलने के लिए वह आलस्य का त्याग नहीं करता और असफल होने पर बहाने बनाता है। कार्य समय पर नहीं होने के कारण वह आर्थिक रूप से कमजोर तथा मानसिक रूप से बीमार हो जाता है। धीरे-धीरे उसका शारीरिक स्वास्थ्य भी गड़बड़ाने लगता है, और समय के पहले वह बूढ़ा हो जाता है। याद रखें—

गरीबी, असफलता या अन्य सभी समस्याओं की जड़ आलस्य ही है।

आलस्य मन का स्वभाव है, परन्तु हमें यह जानना होगा कि हम आलस्य क्यों कर रहे हैं और हमें आलस्य क्यों आ रहा है? आलस्य करने से हमें कितना बड़ा नुकसान हो रहा है? क्या आलस्य करना विभिन्न बीमारियों को आमंत्रित करना नहीं है? यदि हम इन कारणों को दूर कर सकें तो सम्भवतः हम आलस्य के आगोश से

बाहर निकल सकते हैं। हम आलस्य से होनेवाले दुष्प्रभावों से बच सकते हैं। ठीक इसके विपरीत यदि हम आलस्य की गिरफ्त से बाहर नहीं निकल पाते हैं तो हमारे पास रोने के सिवा कोई विकल्प नहीं होता है। अगर आप अच्छे व्यक्तित्व का मालिक बनना चाहते हैं तो आलस्य से बचें और काम को कल पर टालने के बनिस्बत आज ही पूरा करने का संकल्प लें। आपने सुना भी होगा :

काल करो सो आज कर, आज करे सो अब।
पल में प्रलय होएगी, बहुरि करेगो कब॥

आलोचना से बचें और आत्म-समीक्षा करें

जिन्दगी को सजाने-सँवारने तथा व्यक्तित्व में निखार लाने के लिए खुद की समीक्षा करना आवश्यक है। हमें अपने कृत्य एवं व्यवहार की समीक्षा प्रतिदिन करनी चाहिए, ताकि हम अपनी खामियों को जान कर उन खामियों को दूर कर सकें। व्यक्तित्व को कारगर बनाने हेतु यह एक कारगर उपाय है। जब हम खुद के कृत्य की समीक्षा नहीं करते, अपने व्यवहार की समीक्षा नहीं करते तो हम अपने अन्दर निहित खामियों को दूर नहीं कर पाते। उस स्थिति में दूसरे हमारे कृत्य एवं व्यवहार की समीक्षा करते हैं। दूसरों द्वारा की गई समीक्षा सकारात्मक और नकारात्मक दोनों हो सकती है। नकारात्मक समीक्षा को ही आलोचना कहते हैं। प्राय: व्यक्ति सकारात्मक समीक्षा पर खुश हो जाते हैं और नकारात्मक समीक्षा पर दुखी हो जाते हैं। सुन्दर व्यक्तित्व के धनी व्यक्ति दूसरे की नकारात्मक आलोचना को गम्भीरता से लेते हैं, और उन्हें दूर करते हैं। बेहतर यह है कि आप अपने कार्यों की समीक्षा खुद करें, और निहित खामियों को दूर करें ताकि आप अपने व्यक्तित्व को निखार सकें।

आप गौर करें तो पाएँगे कि अधिकांश व्यक्ति अपने कार्यों की समीक्षा नहीं करते। अपने अन्दर निहित अवगुणों को दूर नहीं करते, परन्तु दूसरों की आलोचना जरूर करते हैं। दूसरों की आलोचना करने में अपना समय एवं ऊर्जा बर्बाद न करें। अगर दूसरे आपकी आलोचना करते हैं तो सहर्ष स्वीकार करें। उनकी आलोचना पर गम्भीरतापूर्वक विचार कर समुचित कार्रवाई करें। इसी संदर्भ में संत कबीर ने कहा है :

निन्दक नियरे राखिए, आँगन कुटी छवाय।
बिन साबुन पानी बिना निर्मल करें सुभाय॥

विचारणीय बिन्दु यह है कि हम निरर्थक आलोचना करने से बचें। अगर आलोचना करना आवश्यक है तो आलोचना सार्थकता के साथ सकारात्मक रूप में करें। शायद आपको नहीं मालूम—आलोचना का महत्त्व तब है, जब आप किसी व्यक्ति की आलोचना उसके व्यक्तित्व में छिपे दुर्गुणों को उभारने में करते हैं। उसके अवगुणों को दूर करने तथा उन्हें आगे बढ़ाने के लिए करते हैं। इस प्रकार की

आलोचना सार्थक एवं रचनात्मक है। व्यर्थ की आलोचना करने से आप खुद निंदा के पात्र बन जाते हैं। दूसरा व्यक्ति आपकी आलोचना न करे, इसके लिए महत्त्वपूर्ण है कि आप आत्मनिरीक्षण करें। ऐसा करने से आपको अपने दुर्गुण सूझ पड़ते हैं, जिन्हें दूर कर आप अच्छे व्यक्तित्व के मालिक बनते हैं। दुर्गुण को साफ कर देने से व्यक्ति खुद निर्मल और प्रशंसा का पात्र बन जाता है। याद रखें—

जो अपने को धो सके, वही पराक्रमी और साहसी माना जाता है और जो व्यक्ति अपनी बुराइयों को छिपाकर दूसरों की निंदा करता है, वह खुद आलोचना का पात्र बन जाता है।

अतः बेहतर यह है कि दूसरे आपकी आलोचना न करें, इसलिए खुद की समीक्षा करें। कदापि द्वेषपूर्ण और नकारात्मक आलोचना न करें। अगर आप दूसरों की आलोचना नकारात्मक करते हैं, द्वेषपूर्ण करते हैं तो ऐसी आलोचना करना निम्न व्यक्तित्व का परिचायक है। ऐसी आलोचना कर आप खुद के लिए शत्रु की टीम पैदा करते हैं। दूसरों की आलोचना सोच-समझकर करें, और यह कार्य आवश्यक हो तो एकांत और प्रेम भरे माहौल में सद्व्यवहार के साथ करें। यदि उन्हें अवगुणों से होने वाली हानियों और सद्गुणों से होनेवाले लाभ के बारे में गम्भीरतापूर्वक बताएँ तो वह आदमी आपको आलोचक नहीं, अपना शुभचिन्तक मानता है। वह आपकी हर बात मानने को सहर्ष तैयार हो जाता है। ध्यान रखें—

लोग बदनामी से जितना डरते हैं उतना बुराई से नहीं।

अतः किसी व्यक्ति को बदनाम करने की नीयत से आलोचना नहीं करें, बल्कि उसके व्यक्तित्व में निखार लाने हेतु करें। किसी व्यक्ति की आलोचना नहीं, उसके अन्दर निहित अवगुणों की आलोचना करें, ताकि वह अपने अवगुणों को दूर कर अच्छे व्यक्तित्व का मालिक बन सके। बेहतर यह है कि पहले आप अपने अवगुणों को दूर करें, तब दूसरों के अवगुणों को दूर करने की सलाह दें।

जिस प्रकार साबुन स्वयं घिस जाता है, पर दूसरों के कपड़ों में छुपी मैल को साफ करता है, आप भी दूसरे की बुराई को दूर करने के लिए आलोचना करें। सच्चे मित्र की यही पहचान है कि वह आपकी आलोचना सार्थक ढंग से और ससमय करता है। आप आलोचना सार्वजनिक नहीं एकान्त में करें। ईर्ष्या में नहीं, मित्रता में करें, कटुतापूर्वक नहीं, प्यार भरे माहौल में करें, जिससे आप अच्छे व्यक्तित्व के मालिक बन सकें, और दूसरा भी बुरा बनने एवं बुरा करने से बच सकें। द्वेषपूर्ण आलोचना कदापि नहीं करें। सही समय पर सार्थक आलोचना करना मित्रता का भाव है, शत्रुता का नहीं। परन्तु आलोचना शत्रुता में तब बदल जाती है, जब वह सार्वजनिक रूप से की जाए, पीठ पीछे की जाए या उसमें बदनामी जुड़ जाए। अतः

हमें आलोचना से बचना चाहिए। यदि आलोचना आवश्यक है तो इस चतुराई के साथ करें कि बदनामी या विद्वेष बढ़ने की नौबत न आए।

मेरे विचार से यदि आप आलोचना का अर्थ एवं उद्देश्य नहीं समझते हैं तो आलोचना से बचें। बेहतर यह है कि आप अपनी आलोचना खुद करें। ऐसा सम्भव है। खुद के कृत्य एवं व्यवहार की समीक्षा करें। परन्तु दुख की बात है कि प्राय: लोग खुद की समीक्षा नहीं करते, दूसरों की ही आलोचना करने में लगे रहते हैं। वे अपने सम्बन्ध में अनजान बने रहते हैं। वे खुद या अपने लोगों की आलोचना सुनना नहीं चाहते, और आलोचना करने वालों से दुश्मनी तक मोल ले लेते है। बिरले लोग ही अपनी बुराई देख और सुन पाते हैं। जो लोग अपनी बुराई देखते और सुनते हैं, वही महान बनते हैं। इसी सन्दर्भ में संत कबीर ने कहा है :

बुरा जो देखन मैं चला, बुरा न मिलिया कोय।
जो दिल खोजा आपना, मुझ सा बुरा न कोय॥

उपरोक्त कथन का मर्म समझें और अपनी बुराई खुद ढूँढ़ने का प्रयास करें। दुख की बात यह है कि प्राय: व्यक्ति अपनी बुराई नहीं, दूसरों की बुराई देखता है। बहुआयामी व्यक्तित्व के धनी संत कबीर जी ने इस पंक्ति के माध्यम से यह संदेश दिया है कि सचमुच तुम अच्छे व्यक्तित्व का मालिक बनना चाहते हो तो अपने अन्दर निहित बुराई को देखो। अपनी बुराई को ढूँढ़ो और उसे दूर करो। तुम्हारा जीवन सार्थक हो जाएगा। परन्तु दुख की बात यह है कि प्राय: लोग अपनी बुराई नहीं दूसरों की बुराई देखते हैं। दूसरों की बुराई देखने में मशगूल रहते हैं। यदि उन्हें खुद की बुराई दिख भी जाती है तो उसे छुपाने का प्रयास करते हैं, और उसका दोष खुद को नहीं, दूसरों को देते हैं। वे अपने दोष को भाग्य-दोष, समय-दोष, परिस्थिति-दोष कहकर खुद और दूसरों को समझा लेते हैं, परन्तु अपनी खामियों को दूर करने का प्रयास नहीं करते हैं। ऐसे व्यक्तियों को अपने अन्दर केवल गुण ही दिखाई देता है, दोष नहीं। जिस प्रकार चापलूस व्यक्ति अपनी गोट बिठाने के लिए मुँह सामने प्रशंसा और पीठ पीछे निन्दा करते हैं, दूसरों के लिए ऐसे व्यक्ति कुछ ऐसा ही करते हैं। सामने की प्रशंसा से मनुष्य भ्रम में पड़ जाता है और अपनी प्रशंसा पर फूला नहीं समाता। उसी प्रकार निम्न व्यक्तित्व के व्यक्ति को अपनी बुराई नहीं दूसरों की बुराई दिखती है। यदि आप ऊँचे व्यक्तित्व के मालिक बनना चाहते हैं, तो दूसरों की नहीं अपनी बुराई देखें और उन बुराइयों को दूर करें। मैं तो सिर्फ इतना कहूँगा कि चापलूस व्यक्ति की प्रशंसा सुनने से ज्यादा लाभप्रद सच्चे दोस्त की आलोचना सुनना है। ध्यान रखें—

> *निष्पक्ष आलोचना आपका कोई हितैषी या शुभचिन्तक ही कर सकता है।*

मन की दुर्बलता को त्यागें

मनुष्य के मन की शक्ति अपार है। मन के विचार जैसे होंगे, वैसा ही हमारा व्यक्तित्व होगा। हम जीवन में जैसा बनना चाहते हैं और जो करना चाहते हैं, अपने विचारों की शक्ति से ही कर पाते हैं। अतः सुन्दर विचारों को जन्म दें, और उन विचारों की दृढ़ इच्छाशक्ति से परिपूर्ण करें। अगर हमारे विचार सुन्दर एवं दृढ़-संकल्पित हैं तो दुर्बलता स्वयं समाप्त हो जाएगी। मन की शक्ति अजेय एवं अपार है। इसे सिर्फ निश्चित दिशा एवं गति देने की जरूरत है। याद रखें—

> *हमारी शक्ति हमारे विचारों से अभिधारित होती है। इसलिए मन की दुर्बलता को त्यागें और अच्छे विचारों को ग्रहण करें।*

विचारणीय बिन्दु यह है कि हम क्या नहीं कर सकते? हम वह सब कर सकते हैं जिसे किसी व्यक्ति ने किया है और हम उससे बेहतर कर सकते हैं, यदि हमारे विचार उन्नत, दूरदर्शी, दृढ़-संकल्पित एवं कृत्य रचनात्मक हों। आप खुद मनन करें और बताएँ कि क्या हमारे व्यक्तित्व का निर्माण विचारों के अनुसार नहीं होता? क्या हमारी सफलता मन के संकल्प पर नहीं टिकी होती? निश्चित रूप से हमारा व्यक्तित्व कृत पर एवं सफलता हमारी इच्छाशक्ति और मन की संबलता पर निर्भर करती है। जब हमारे भाग्य को बनानेवाली शक्तियाँ हमारे अन्दर ही हैं तो फिर निराशा क्यों? मन को दृढ़ करें तथा उठ रहे नकारात्मक विचारों को सकारात्मकता में बदलें।

जिस प्रकार रंगमंच पर एक अभिनेता आकर राम का अभिनय करता है तो सभी कहते हैं—रंगमंच पर श्रीराम आए तो यही बात सांसारिक जीवन में भी लागू होती है। आप जीवन के रंगमंच पर कैसा अभिनय करना चाहते हैं, यह आपके मन की दृढ़ता पर निर्भर करता है। दुनिया के रंगमंच पर आप जैसा अभिनय करते हैं, उसी अनुरूप आपके व्यक्तित्व की चर्चा होती है। यदि आप धनी का पार्ट अदा करेंगे तो धनी कहलाएँगे, गरीब का पार्ट अदा करेंगे तो गरीब कहलाएँगे, ईमानदार का पार्ट करेंगे तो ईमानदार कहलाएँगे और बेईमान का पार्ट अदा करेंगे तो बेईमान कहलाएँगे। इस सन्दर्भ में हेनरी इरविंग के जीवन की एक घटना है। हेनरी इरविंग एक प्रसिद्ध अभिनेता थे। 'दी बैल्स' नामक नाटक की प्रस्तुति होनेवाली थी, और उनकी तबीयत बहुत खराब हो गई। डॉक्टर ने स्वास्थ्य परीक्षण उपरान्त उन्हें विश्राम करने की सलाह दी और यह भी कहा कि यदि वह रुग्णवस्था में अभिनय करेगा तो उसके जीवन को भी खतरा है। परन्तु अभिनय का समय पास आने पर इरविंग से रहा न गया और वह रंगमंच पर जा पहुँचे। अभिनय करने में वे इतने तल्लीन हो गए कि उन्हें अपने स्वास्थ्य की सुध-बुध ही न रही। परिणति, उनका अभिनय पहले से न केवल श्रेष्ठ हुआ, बल्कि डॉक्टर की भविष्यवाणी भी असत्य सिद्ध हुई। दर्शकों की

वाहवाही और अपनी सफलता से उन्हें इतना हर्ष हुआ कि उनका रोग आधा रह गया। यह है मन की शक्ति का प्रभाव। मन की शक्ति अपार है, उसकी दृढ़-इच्छाशक्ति मनुष्य को कुछ भी करने के लिए बाध्य कर देती है। यह महान अनिवार्यता ही मनुष्य की सारी शारीरिक अयोग्यता पर विजय प्राप्त करने की सामर्थ्य प्रदान करती है, और ऐसा व्यक्ति जैसा चाहता है कर दिखाता है, जैसे व्यक्तित्व का मालिक बनना चाहता है, बन दिखाता है। आप भी मन की दुर्बलता को त्यागें और मन की शक्ति को स्वीकारें।

प्राय: व्यक्ति मन की दुर्बलता त्याग नहीं पाते, और आजीवन संसाधनों की कमी और गरीबी का रोना रोते हैं। भाग्य को दोष देते हैं। ध्यान रखें—यदि मन में गरीबी का भाव है तो आप धनी नहीं बन सकते हैं। मन में असफलता का भाव है तो आप सफल नहीं हो सकते हैं। वस्तुत: गरीबी या असफलता मन की दुर्बलता है। यह मनुष्य की स्वाभाविक अवस्था नहीं, वहम है। मनुष्य प्राणी की रचना, बेबस, गरीब और शक्तिहीन बने रहने के लिए नहीं हुई। उसकी रचना खुद और दूसरों का कल्याण करने के लिए हुई है। परमपिता परमेश्वर ने जब सर्वोच्च रचना के रूप में मनुष्य बनाया है तो क्या उन्होंने अपनी सर्वोत्तम रचना को गरीबी और बेबसी में जीने के लिए बनाया है? ऐसा नहीं हो सकता और न ही कोई पिता अपने बच्चों के लिए ऐसा कर सकता है। उन्होंने मनुष्य को वह सब दिव्यता दी है कि जैसा चाहे वह बन सकता है। यदि वह गरीब है, असफल है या बेबस है तो सिर्फ अपने मन की दुर्बलता के कारण। जिस दिन वह मन की दुर्बलता का त्याग कर अपनी दिव्यता को स्वीकार कर लेगा, वह जो चाहे कर सकता है। अगर कोई व्यक्ति गरीबी में रहने से इनकार कर दे, अपने विचारों को सकारात्मक, रचनात्मक एवं व्यापक बना ले, सफल होने का संकल्प ले तथा प्रतिकूल परिस्थितियों को बदलने के लिए कृत संकल्पित हो जाए तो उसे आगे बढ़ने से कोई रोक नहीं सकता। यदि मनुष्य मन की शक्ति को स्वीकार करे और मन की दुर्बलता को त्याग कर अच्छा बनने का प्रण कर ले, और इस दिशा में जी-जान से जुट जाए तो वह क्या नहीं कर सकता? वह सब कुछ कर सकता है, जिसे किसी अन्य सफल व्यक्ति ने किया है। याद रखें—

> *जो व्यक्ति यह सोच लेता है कि वह पिछड़ा, दीनहीन, अभागा और दूसरों की दया पर जीनेवाला है, वह कभी भी अपनी दीन-हीन स्थिति से बाहर नहीं निकल सकता।*

दीन-हीन स्थिति से बाहर निकलने के लिए मन की दुर्बलता को त्यागना होगा। अपने सामर्थ्य एवं शक्ति को पहचानना होगा। आप स्वयं को जानें और अपनी शक्ति को पहचानें। अपने अन्दर छुपी प्रतिभा को बाहर निकालें। जागो, उठो और परिस्थितियों को बदल डालने का संकल्प लो। दीन-हीन स्थिति के लिए आप खुद

जिम्मेवार हैं और इसका मुख्य कारण मन की दुर्बलता है। जो व्यक्ति अपनी आवश्यकताओं को ही पूरा नहीं कर सकता, वह परिवार, समाज और देश का क्या उपकार कर सकता है? निर्धनता के कारण मनुष्य समय से पहले ही बूढ़ा दिखाई देने लगता है। उसके मुखमंडल की आभा क्षीण और सुन्दरता नष्ट हो जाती है। गरीबी के कारण मनुष्य की आकांक्षा नष्ट हो जाती है और वह तुच्छ, हीन, बौना सा बनकर रह जाता है। जो व्यक्ति बीमार है, अपंग है, विकलांग है, वह तो उसकी मजबूरी है, परन्तु आश्चर्य तो उन पर होता है, जो तन-मन से स्वस्थ और हर तरह से समर्थ होने के उपरान्त भी गरीबी के दंश को झेलते रहते हैं। यह शर्म की बात है। ध्यान रखें—

निर्धनता प्रायः मनुष्य के निकम्मेपन से आती है। लगातार कोई व्यक्ति गरीब है, इसका मतलब है कि उसने अपनी स्थिति को बदलने का प्रयत्न ही नहीं किया।

यदि कोई व्यक्ति लगातार असफल है तो इसका अभिप्राय है कि उसने सफलता प्राप्ति का प्रयास पूरे मन से नहीं किया। वास्तव में मनुष्य हीन भावना के कारण ही निर्धन रहता है। जो व्यक्ति हर समय अपने को गरीब कहता और समझता है, वह धनी कैसे बन सकता है? समृद्धि के विचारों से ही आत्मनिर्भरता और आत्मविश्वास का जन्म होता है। जिन व्यक्तियों को खुद पर विश्वास नहीं होता है, शायद उन्हें यह नहीं मालूम कि—

आत्म विश्वास ही सफलता की कुंजी है।

मन की दुर्बलता के कारण ही व्यक्ति असफल और दीन है। ऐसा व्यक्ति हर समय अपने भाग्य को कोसता है और निर्धनता को स्वीकार करता है। दोस्तो! ध्यान रखें—

जो व्यक्ति मन से निर्बल होता है, उसका शरीर स्वतः निर्बल हो जाता है और जिसका मन सबल होता है वह खुद सबल बन जाता है।

कहने का आशय यह है कि मनुष्य जैसा विचार करता है, जैसा व्यवहार करता है, और जैसा करता है, वैसा ही फल पाता है। इसलिए मन की दुर्बलता को त्यागें एवं दरिद्रता तथा असफलता से बाहर निकलें।

इस प्रकार हम देखते हैं कि हर व्यक्ति प्रभावशाली व्यक्तित्व का मालिक बनना चाहता है, परन्तु इसके लिए कारगर उपाय नहीं करता। मेरी सलाह होगी कि आप ऊपर बताए गए तथ्यों पर ध्यान दें और उसे जीवन में उतारें। मुझे पूर्ण विश्वास है कि आप प्रभावशाली व्यक्तित्व के मालिक बनेंगे।

अध्याय-6

व्यक्तित्व निर्माण कैसे करें
(How to build the personality)

व्यक्तित्व निर्माण से हमारा तात्पर्य सुन्दर व्यक्तित्व, आकर्षक व्यक्तित्व, सौम्य व्यक्तित्व एवं सहनशील व्यक्तित्व से है। सुन्दर व्यक्तित्व का अर्थ है—गुणवान होना, मूल्यवान होना, व्यवहारकुशल होना। सौम्य व्यक्तित्व से तात्पर्य उत्कृष्ट कर्म करना, बेहतर जीवन-शैली और मूल्यों की समझ होना। सहनशील व्यक्तित्व से तात्पर्य व्यवहार में विनम्रता, मधुरता, शिष्टता एवं विकट परिस्थिति में धैर्य रखना है। किसी व्यक्ति की सुन्दरता से हमारा तात्पर्य उस व्यक्ति के बाह्य रूप से नहीं, बल्कि उसमें निहित अच्छे गुणों, अच्छी आदतें, उत्तम विचारों एवं सद्चरित्र से है। जो व्यक्ति व्यक्तित्व का अर्थ एवं औचित्य समझते हैं, वे शुरू से ही सुन्दर व्यक्तित्व निर्माण पर ध्यान देते हैं। वे सुन्दर व्यक्तित्व निर्माण हेतु अच्छे-अच्छे गुणों को ग्रहण करते हैं, अच्छे लोगों की संगत करते हैं, और दूसरों के अनुभवों से सीख लेते हैं। सोच की दिशा को सकारात्मक एवं रचनात्मक बनाते हैं, और बुरे लोगों के संपर्क में आने पर भी अच्छाई ढूँढ़ते हैं। वे आत्मनिरीक्षण करते हैं। स्व के कृत्य और अपने अन्दर निहित गुणों एवं अवगुणों की समीक्षा करते हैं। गुणों में निखार लाते हैं और अपनी खामियों की पहचान कर दूर करते हैं। ऐसा करने वाला व्यक्ति ही सुन्दर व्यक्तित्व का निर्माण कर पाता है। ध्यान रखें—

> *जीवन के औचित्य को साकार करने तथा एक बेहतर आदमी बनने में व्यक्तित्व की भूमिका महत्त्वपूर्ण है। किसी भी व्यक्ति का व्यक्तित्व ही उसके जीवन का दर्पण होता है। अतः सुन्दर व्यक्तित्व के निर्माण हेतु प्रतिदिन खुद के कृत एवं आचरण पर ध्यान दें।*
>
> *बेहतर करने तथा बेहतर पाने के लिए व्यक्तित्व निर्माण का अर्थ एवं औचित्य समझना होगा।*

व्यक्तित्व निर्माण हेतु हर कारगर उपाय करने होंगे। यह सच्चाई है कि हर

संवेदनशील व्यक्ति सुन्दर व्यक्तित्व का मालिक बनना चाहता है। परन्तु दुख की बात है कि अधिकांश व्यक्ति सुन्दर व्यक्तित्व निर्माण पर ध्यान नहीं देते। व्यक्तित्व निर्माण कैसे करें, इस सन्दर्भ पर विचार नहीं करते। महत्त्वपूर्ण यह है कि हम सुन्दर व्यक्तित्व का निर्माण कैसे करें ? सुन्दर व्यक्तित्व निर्माण हेतु हमें किन-किन बातों पर ध्यान देने की जरूरत है ? किन-किन बातों को जीवन में उतारने की जरूरत है ? इत्यादि प्रश्नों पर मनन करने की जरूरत है। मनन करने के लिए ही ईश्वर ने हमें चेतना दी है। आप अपनी चेतना का सदुपयोग सुन्दर व्यक्तित्व निर्माण हेतु अवश्य करें। मेरे विचार से सुन्दर व्यक्तित्व निर्माण हेतु निम्न बातों पर गौर करने तथा उन्हें आत्मसात् करने की जरूरत है।

- सोच को बदलें।
- अच्छे लोगों की संगत करें।
- मूल्यों को समझें।
- संसाधनों का समुचित प्रबंधन करें।
- परिस्थितियों को परखने की समझ रखें।
- खुद की समीक्षा करें।
- कर्तव्य एवं दायित्व को जानें।

सोच को बदलें

प्रकृति ने हम सभी को एक समान बनाया है। किसी भी व्यक्ति के निर्माण में कोई विभेद नहीं किया है, और न ही प्रकृति प्रदत्त सुविधाओं में कोई अन्तर किया है। ईश्वर ने सभी व्यक्तियों को चलने के लिए पैर, काम करने के लिए हाथ, देखने के लिए आँखें, सुनने के लिये कान और सोचने के लिए दिमाग दिया है। लेकिन उसी व्यक्ति की प्रशंसा होती है, जिसका व्यक्तित्व सुन्दर एवं सौम्य होता है, जिसकी सोच सकारात्मक, रचनात्मक, दूरदर्शी एवं उन्नत होती है। जिसके कार्य करने की शैली एवं रहने का ढंग बेहतर होता है, जिसका कृत रचनात्मक एवं कार्य उत्कृष्ट होता है। यदि आप भी चाहते हैं कि आप सुन्दर व्यक्तित्व के मालिक बनें और आपके व्यक्तित्व की प्रशंसा सर्वत्र हो तो सोच को बदलें। सकारात्मक सोचें एवं रचनात्मक करें। सोच ही वह शक्ति है, जिसके सहारे हम जो चाहते हैं कर दिखाते हैं। जैसा चाहते हैं, वैसा बनते हैं। इस दुनिया में जितने भी व्यक्ति महान या सफल हुए हैं, केवल अपनी सोच को बदल कर। जन्म के समय सभी तो एक से होते हैं। जैसे-जैसे व्यक्ति बड़ा होता है, अपने आस-पास के परिवेश को देखकर, सुनकर, समझकर अपने सोच में बदलाव लाता है। किसी विषय-वस्तु पर वह जितनी दूर तक सकारात्मक सोचता है, सोच को व्यापक बनाता है और अपने व्यक्तित्व में अच्छे-अच्छे गुणों को समाहित करता है, वह उतना ही अच्छा आदमी बनकर

निखरता है। कार्य की उत्कृष्टता एवं सार्थकता जितनी व्यापक होती है, वह उतना ही सफल आदमी बनता है। जिस प्रकार बच्चे की लेखन-कला में सुधार लाने के लिए पहले कागज पर पेंसिल से, फिर मोटी निब वाली कलम से लिखने की कला सिखाई जाती है, उसी प्रकार व्यक्तित्व निर्माण हेतु सोच बदलने तथा सोच में प्रतिदिन निखार लाने की जरूरत है।

व्यक्तित्व की उत्कृष्टता-निकृष्टता, सफलता का ग्राफ, चरित्र निर्माण, जीवन का औचित्य आदि बातें व्यक्ति की सोच से अभिधारित होती हैं। जिस व्यक्ति की जैसी सोच होती है, उसी के अनुरूप उसका व्यक्तित्व, कृत्य, सफलता, जीवन का औचित्य निर्धारित होता है, और वैसा ही वह बन जाता है। उसी के अनुरूप उसकी पहचान बनती है। आज हम जैसे भी हैं या जो कर रहे हैं और पा रहे हैं, वह सब सोच का कमाल है। यह सच्चाई है कि जैसी हमारी सोच होगी वैसे ही कृत्य, आदतें और चरित्र। जिस श्रेणी के विचार मन:संस्थान में उत्पन्न होंगे, वैसे ही स्वभाव का निर्माण होता चला जाएगा। जीवन में उत्पन्न प्रकाश या अंधकार, प्रतिकूलता या अनुकूलता सोच के अनुरूप ही दृष्टिगोचर होते हैं। हमारे समस्त कार्य, आचरण एवं व्यवहार हमारे सोच के अनुरूप ही प्रदर्शित होते हैं। सब कुछ विचारों का ही प्रतिफल है। मनुष्य का सर्वश्रेष्ठ प्राणी होने का औचित्य, जीवन के सर्वोत्तम कर्तव्य, सुन्दर व्यक्तित्व ये क्रियाएँ व्यक्ति की बेहतर सोच, दूरदर्शी सोच एवं व्यापक सोच पर निर्भर करती हैं। अत: सुन्दर व्यक्तित्व निर्माण हेतु सोच को बदलें। हमेशा सकारात्मक सोचें, रचनात्मक सोचें, व्यापक सोचें, स्वहित एवं परहित के बारे में सोचें जिससे आपका व्यक्तित्व निखर सके और आप अच्छे व्यक्तित्व के मालिक बन सकें। याद रखें—

आपकी सोच ही आपके व्यक्तित्व का प्रतिबिम्ब है।

सुन्दर व्यक्तित्व निर्माण हेतु पहले खुद के बारे में सोचे कि आप कौन हैं? आप कहाँ आए हैं? आपको यह अनमोल जीवन क्यों मिला? इस जीवन का उद्देश्य क्या है? कृत्य कार्य के बारे में सोचें? आप जो कार्य करने जा रहे हैं, उसकी सार्थकता खुद और दूसरों के लिए कितनी महत्त्वपूर्ण है? कार्य-मूल्य के बारे में सोचें, कार्य की परिणति एवं प्रभाव के सन्दर्भ पर सोचें। समय प्रबंधन एवं परिस्थिति के बारे में सोचें। सोचने के लिए ही तो ईश्वर ने दिमाग दिया है। परन्तु सोचने के सन्दर्भ पर मेरा आपसे विनम्र अनुरोध है कि आप जब भी सोचें सकारात्मक सोचें, रचनात्मक सोचें, व्यापक सोचें। सुन्दर व्यक्तित्व का निर्माण तब सम्भव है, जब आप सकारात्मक सोचेंगे और अपने अन्दर की नकारात्मकता को सकारात्मकता में बदलेंगे। यह भी सही है कि यदि आप उपरोक्त विषय पर नहीं सोचेंगे तो सुन्दर व्यक्तित्व के मालिक नहीं बन पाएँगे। अत: सुन्दर व्यक्तित्व का मालिक बनने के

सन्दर्भ पर सोचें, बेहतर पाने के सन्दर्भ पर सोचें, अच्छे लोगों की संगत करने के सन्दर्भ पर सोचें, अच्छी आदतों एवं अच्छे गुणों को ग्रहण करने के संदर्भ पर सोचें। आप खुद सोचें और बताएँ यदि हम स्वयं के बारे में, अपने कृत के बारे में, दूसरों के बारे में नहीं सोचेंगे, अपनी प्रतिभा को निखारने के बारे में नहीं सोचेंगे, व्यक्तित्व निर्माण के बारे में नहीं सोचेंगे, जीवन में बेहतर करने तथा जीवन का औचित्य साकार करने के बारे में नहीं सोचेंगे तो हम सुन्दर व्यक्तित्व के मालिक कैसे बन पाएँगे? याद रखें—

> *सोचना जीवन की नियति है, परन्तु सकारात्मक सोचना, रचनात्मक सोचना जीवन का सार।*

इस पंक्ति को जीवन का मूल मंत्र बना लें। आप गंभीरतापूर्वक सोचें तो पाएँगे कि इस जीवन को सुन्दर बनाने का इससे बड़ा मंत्र और कोई नहीं है। जीवन के औचित्य को साकार करने का सबसे बड़ा मंत्र सकारात्मक सोच और रचनात्मक कृत्य है। दोस्तो! खुद को बदलने के लिये सोच को बदलना होगा, और दूसरों को बदलने के लिए भी सोच बदलनी होगी। खुद बेहतर करें और दूसरा भी बेहतर करे, इसके लिये भी सोच बदलनी होगी। खुद अच्छे बनें और दूसरे भी अच्छे बनें, इसके लिए भी सोच बदलनी होगी। संसाधनों के प्रबंधन एवं विकट परिस्थिति से बाहर निकलने के लिए भी सोच बदलनी होगी। जीवन के औचित्य को साकार करने के लिए भी सोच बदलनी होगी। कार्य की परिणति एवं प्रभाव बेहतर हो, इसके लिए भी सोच बदलनी होगी और सकारात्मक सोचना होगा। बड़े बुजुर्गों ने ठीक ही कहा है—

> *दूसरा हमारे बारे में क्या सोचता है, उस पर ध्यान देने की जरूरत नहीं है। तुम अपने एवं दूसरों के बारे में कितना सकारात्मक सोचते हो, उस पर ध्यान दो।*

तुम क्या करना चाहते हो और क्या बनना चाहते हो, इसके बारे में सोचो। तुम्हारे कृत्य की सार्थकता कितनी महत्त्वपूर्ण है, उसके बारे में सोचो। दूसरों की खामियों को देखने के बजाय अपनी खामियों को दूर करने के बारे में सोचो। तुम्हारा व्यक्तित्व अनमोल सुन्दर एवं जीवन अनमोल बन जाएगा।

सोच बदलने से हमारा तात्पर्य सकारात्मक सोच से है। जैसे ही हम किसी विषयवस्तु के सन्दर्भ में सकारात्मक सोचना शुरू कर देते हैं हमारे अन्दर सकारात्मक ऊर्जा प्रवाहित होने लगती है, जो हमें रचनात्मक करने के लिए प्रेरित करती है। यह हमें अच्छा करने का जज्बा एवं सन्मार्ग पर चलने की शक्ति देती है। हमारी सोच इतनी सकारात्मक होनी चाहिए कि वह हमें सदैव उत्साह, उमंग एवं साहस

से ओत-प्रोत रखे। सन्मार्ग पर चलने की सीख एवं रचनात्मक करने की शक्ति दे। खुद का मूल्य, जीवन का मूल्य, कर्म का मूल्य एवं समय का मूल्य समझाये। उपर्युक्त तथ्यों का मूल्य समझने के लिए भी हमें अपनी सोच बदलनी होगी। ध्यान रखें—

> *बदलाव प्रकृति का नियम है, बदलाव विकास एवं प्रगति का सूचक है, परन्तु हम किस बदलाव को स्वीकार करें और किसे अस्वीकार करें?*

यह प्रश्न विचारणीय है और इस पर सोचने-समझने की जरूरत है। सोचने और निर्णय लेने के लिए आप स्वतंत्र हैं और इसका निर्णय आपकी सोच से निर्धारित होता है। अतः किसी बदलाव को स्वीकार करने या अस्वीकार करने में भी सोच की भूमिका महत्त्वपूर्ण है। मैं तो सिर्फ इतना कहूँगा कि आप अपने अन्दर की नकारात्मकता को सकारात्मकता में बदलें। आप देखेंगे कि आपके अन्दर अतिरिक्त ऊर्जा एवं उत्साह का संचार होने लगेगा।

शायद आपको नहीं मालूम—

> *हम नकारात्मक सोच को सकारात्मक सोच में बदलकर ही किसी व्यक्ति में निहित अच्छाई को देख सकते हैं।*

गलत मार्ग छोड़कर सही रास्ते पर चल सकते हैं। बुराई से अच्छाई की ओर जा सकते हैं, असफलता से सफलता की सीढ़ियों पर चढ़ सकते हैं। हम सोच बदलकर ही बेहतर भविष्य की रूपरेखा बना सकते हैं और बेहतर वर्तमान की नींव रख सकते हैं। हम सही-गलत, अच्छा-बुरा, उचित-अनुचित में विभेद कर सकते हैं। अतः खुद और दुनिया को बदलने के लिए सोच को बदलना होगा। बेहतर करने और बेहतर पाने के लिए सोच को बदलना होगा तथा सोच बदलने के लिए खुद को बदलना होगा। आप इस दुनिया में जो भी बदलाव देख रहे हैं, चाहे वह व्यक्तित्व विकास की बात हो या विज्ञान एवं तकनीकी प्रगति की बात हो, वह सब सोच का कमाल है। जिन लोगों ने सोच को बदला, सफलता की ऊँचाइयों को छुआ और उत्पन्न हालात में नया अवसर ढूँढ़ निकाला, उन्हें यह जीवन सुन्दर एवं अनमोल दिखा। ऐसे व्यक्तियों को केवल अपना जीवन नहीं, बल्कि पूरी दुनिया सुन्दर दिखती है। नतीजा, वे खुद दुनिया के लिए सुन्दर बन जाते हैं। कहने का आशय है कि किसी व्यक्ति या वस्तु में निहित सुन्दरता को देखने के लिए भी सोच बदलने की जरूरत है। अगर आप सोच नहीं बदलेंगे तो आपको यह अनमोल जीवन भी बेकार लगेगा, और आप जिस हालत में हैं, वैसे ही रह जाएँगे। आपको कोई जानने वाला-पहचानने वाला नहीं मिलेगा, और न ही आपके नाम की चर्चा होगी। अगर आप चाहते हैं कि

दुनिया आपको जाने-पहचाने, आपको याद रखे, आपके व्यक्तित्व की चर्चा हो, आप आम से खास बनें, और आपका इतिहास लिखा जाए तो सोच को बदलें। सोच ही सर्वश्रेष्ठ शक्ति है केवल इस शक्ति को सकारात्मक दिशा एवं रचनात्मक कार्यों में लगाने की जरूरत है।

सोच बदलने के लिए खुद के कृत्य से, घटित घटना से, उत्पन्न हालात से, इतिहास से तथा बड़े-बुजुर्गों के अनुभव से सीख लें। अधिक से अधिक ज्ञान अर्जन करें। अर्जित ज्ञान को विवेक में बदलें। अच्छे लोगों की संगत करें, और उनमें निहित गुणों को ग्रहण करें। विकट से विकट परिस्थितियों में उलझने के बजाय परिस्थितियों से बाहर निकलने पर सोचें। सकरात्मक सोचें और रचनात्मक करने का संकल्प लें। आप उपर्युक्त बातों को जीवन में आत्मसात् करके देखें, आपका व्यक्तित्व सुन्दर बन जाएगा।

अच्छे लोगों की संगत करें

देहातों में भी यह लोकोक्ति प्रचलित है कि—जैसी संगत वैसी रंगत। कहने का आशय यह है कि आप जैसे लोगों की संगत करेंगे, वैसी ही आपकी सोच होगी। अच्छे लोगों की संगत से अच्छी सोच और बुरे लोगों की संगत से बुरी सोच। अत: सोच बदलने के लिए अच्छे लोगों की संगत करें। अच्छे लोगों की संगत करने से अच्छे विचार, अच्छी आदतें, अच्छा व्यवहार और अच्छी जीवन-शैली सीखने को मिलती है। उनके अनुभव का लाभ उठाकर हम अच्छा सोचते एवं अच्छा करते हैं। अच्छे लोगों की संगत करने से न केवल आपकी सोच बदलती है, बल्कि रहन-सहन, आचार-विचार भी बदलता है। आप उनके व्यक्तित्व में निहित अच्छे गुणों से सीख लेकर अपने व्यक्तित्व में निखार लाते हैं, और सुन्दर व्यक्तित्व के मालिक बनते हैं। अच्छे लोगों की संगत में रहने से आपके कार्य करने की शैली, रहने का ढंग एवं सोचने का ढंग बदलता है। सोच बदलने से आपका नजरिया बदलता है। नजरिया बदलने से आपका सब कुछ बदलने लगता है। ठीक इसके विपरीत आप बुरे लोगों की संगत करते हैं तो बुरी आदतें ग्रहण कर नकारात्मक सोच के मालिक बनते हैं। याद रखें—

अच्छी आदतें आपको सबल बनाती हैं, तो बुरी आदतें निर्बल।

जीवन का उद्देश्य निर्बल नहीं, संबल बनना है और संबल बनने के लिए अच्छे लोगों की संगत करनी होगी, अच्छी आदतें ग्रहण करनी होंगी। सोच बदलनी होगी और इच्छाशक्ति दृढ़ करनी होगी। यदि आप बुरी आदतों से ग्रसित हैं तो उन आदतों को छुड़ाने के लिए भी आपको अच्छे लोगों की संगत करनी होगी, अन्यथा आप गलत संगत के कुप्रभाव से निम्न व्यक्तित्व का मालिक बन बैठेंगे। बुरे लोगों

की संगत में रहने के कारण आप बुरी आदतों को ग्रहण करते हैं, और बुरी सोच के मालिक बनते हैं। नतीजा, बुरी सोच के कारण आपको अच्छी बातें भी गलत और गलत बातें भी अच्छी लगने लगती हैं। इसलिए भूलकर भी बुरे लोगों की संगत न करें। बुरे लोगों की संगत में रहकर आप सदैव नुकसान में रहेंगे, और कदापि अच्छे व्यक्तित्व के मालिक नहीं बन पाएँगे। अगर आप सुन्दर व्यक्तित्व का मालिक बनना चाहते हैं तो हमेशा अच्छे लोगों की संगत करें। अच्छे लोगों की संगत करने से आप सकारात्मक सोच के मालिक बनते हैं, और बुरी आदतों से बचते हैं। आप सही-गलत एवं अच्छे-बुरे की पहचान करने के योग्य बनते हैं। जीवन एवं कर्म का मूल्य समझते हैं तथा गलत कार्य करने से डरते हैं। आप खुदकर्म एवं समय का मूल्य समझते हैं। आप समय का समुचित प्रबंधन करते हैं, जिस कारण आपका हर कार्य अच्छा और समय पर होता है। कार्य समय पर होने से आपको सुख-शान्ति एवं धन-यश की प्राप्ति होती है। अच्छे लोगों की संगत के कारण आप व्यवहारकुशल बनते हैं। कहने का आशय यह है कि जैसे लोगों से आप संगत करेंगे, वैसे ही गुणों को धारण करेंगे। उसी अनुरूप आपकी सोच एवं कार्य करने की शैली होगी, और तदनुरूप आपके व्यक्तित्व का निर्माण होगा। यदि आप अच्छे लोगों से संगत करते हैं तो आप अच्छे गुणों को धारण कर ऊँचे व्यक्तित्व के मालिक बनते हैं। आप बुरे लोगों की संगत करते हैं तो आप बुरे सोच को धारण करते हैं, और निम्न व्यक्तित्व के मालिक बनते हैं। आप अच्छे लोगों की संगत कर अनमोल जीवन का मूल्य समझ पाने में सफल होते हैं, और कर्म एवं समय का मूल्य समझ जीवन का औचित्य स्वीकार करते हैं। ठीक उसके विपरीत यदि आप बुरे लोगों की संगत करते हैं तो बुरी आदतें ग्रहण करते हैं, और नकारात्मक सोच के मालिक बन बैठते हैं। फलतः आपके व्यक्तित्व में बुरी आदतें शामिल हो जाती हैं। संगत की परिणति ऐसी होती है कि बुरे लोग भी अच्छे लोगों की संगत में रहकर अच्छे बन जाते हैं, और अच्छे लोग भी बुरे लोगों की संगत में आकर बुरे बन जाते हैं।

कहा भी गया है—'संगत से गुण होत हैं, संगत से गुण जात।' आपने देखा या सुना होगा कि अमुक डाक्टर का बेटा शराबी बन गया, और शराबी का बेटा डॉक्टर बन गया। चोर का बेटा पदाधिकारी एवं पदाधिकारी का बेटा चोर बन गया। भिखारी का बेटा करोड़पति और करोड़पति का बेटा भिखारी बन गया। इतने बड़े अन्तर का मुख्य कारण उनकी सोच एवं संगत है। जिन व्यक्तियों ने अच्छे लोगों की संगत की और अपनी सोच को बदला उन्होंने जीवन में बेहतर किया और बेहतर पाया। जिन्होंने सोच नहीं बदला और बुरे लोगों की संगत की वे बुरे बन गए। अच्छे लोगों की संगत में रहने के कारण हमारी सोच, व्यवहार, आचरण, नजरिया सब कुछ बदलने लगता है। हम व्यवहारकुशल बनते हैं, जीवन जीने का गुर सीखते हैं, और

अच्छे व्यक्तित्व के मालिक बनते हैं। फलत: हम जीवन में अच्छा करते और अच्छा पाते हैं। याद रखें—

गलत आदतें एक बार जकड़ लेती हैं तो हमें जल्दी नहीं छोड़तीं।

अत: भूलकर भी गलत लोगों की संगत न करें। गलत लोगों की संगत किसी भी दृष्टिकोण से फायदेमंद नहीं है। इससे केवल नुकसान ही नुकसान है। प्रश्न यह उठता है कि यदि सभी लोग अच्छे लोगों की ही संगत करें तो बुरे लोग अच्छे लोग की संगत कैसे कर पाएँगे? वे अपनी बुराई को कैसे छोड़ पाएँगे? सुन्दर व्यक्तित्व का निर्माण कैसे कर पाएँगे? अगर बुरे लोग अच्छे लोगों की संगत नहीं कर पाएँगे तो फिर उनकी सोच एवं आचरण में बदलाव कैसे आ पाएगा? वे अपनी गलत आदतों को कैसे सुधार पाएँगे? इसी संदर्भ में हमारे महापुरुषों ने कहा है :

व्यक्ति से नहीं बुराई से नफरत करो।
घृणा योग्य बुराई है, व्यक्ति नहीं।

व्यक्ति तो ईश्वर रचित समस्त रचनाओं में सबसे सुन्दर रचना है। वह तो ईश्वर की सर्वश्रेष्ठ कृति है, भला वह बुरा कैसे हो सकता है? बुराई की जड़ उसकी सोच, व्यवहार और आदतें हैं। उसका गलत कार्य है, और बढ़ती उम्र के कारण गलत सोच है। ध्यान रखो—

कोई भी व्यक्ति जन्मजात बुरा नहीं होता, अगर वह बुरा बनता है तो अपनी सोच, संगत एवं परिवेश के कारण।

उम्र बढ़ने के साथ-साथ उसके जीवन में अनेक लोग आते हैं, और उन लोगों की संगत में रहकर वह अच्छा या बुरा बनता है। उसके परिवार एवं समाज का परिवेश, उसके खुद की सोच एवं कृत्य उसे अच्छा या बुरा बनाता है। बुराई की जड़ व्यक्ति नहीं उसकी सोच, संगत, परिवेश है। इसलिए बुरे लोगों से नहीं उनमें निहित बुराई से नफरत करें और उन्हें भी सुधरने का मौका दें। उन्हें सुधारने का प्रयास करें, ताकि वे भी अच्छी जिन्दगी जी सकें। अच्छे व्यक्तित्व का मालिक बन सकें। आप देखेंगे कि बुरे से बुरे लोग भी किसी महापुरुष के एक शब्द या पंक्ति को आत्मसात कर अच्छे बन जाते हैं। उनके जीवन की दिशा एवं दशा बदल जाती है। वे बुराई को छोड़कर अच्छे कार्यों में लग जाते हैं।

इस संदर्भ में मैं आपको एक प्रसंग सुनाना चाहूँगा—रत्नाकर जैसा एक दुर्दान्त अपराधी संत वाल्मीकि कैसे बन गया? रत्नाकर नाम का दुर्दान्त अपराधी, जो अंगुलीमाल के नाम से प्रसिद्ध था, वह लोगों की हत्या कर उनकी अंगुली काट लेता था और माला बनाकर गले में धारण करता था। एक दिन की बात है कि महात्मा बुद्ध को प्रवचन देने उसी राह से जाना था। लोगों ने महात्मा बुद्ध से अनुरोध किया

कि उस राह से नहीं जाएँ। कारण पूछने पर लोगों ने बताया कि उस राह में अंगुलीमाल नामक डाकू रहता है, जो उस राह से गुजरने वाले हर व्यक्ति की हत्या कर अंगुली काट लेता है। महात्मा बुद्ध नहीं माने और उसी राह से जाने का निर्णय लिया। जब वे घने जंगल में पहुँचे तो अंगुलीमाल ने जोर से आवाज दी—ठहरो! ठहरो! ठहरो! महात्मा बुद्ध आगे बढ़ते रहे, पुन: उसने और ऊँची आवाज में कहा—तुम्हें सुनाई नहीं दे रहा—ठहरो! महात्मा बुद्ध ठहर गए। पास आने पर वे विनम्रतापूर्वक अंगुलीमाल से बोले—'मैं तो ठहर गया, तुम कब ठहरोगे?' महात्मा बुद्ध की एक पंक्ति ने उसके हृदय को बदल दिया और वह बुद्ध के चरणों में गिर पड़ा। बुद्ध ने उसे दीक्षा दी कि तुम्हें यह अनमोल जीवन लूट-मार या दूसरों की हत्या करने के लिए नहीं मिला है। तुम्हारा अन्त:व्यक्तित्व दिव्य है। तुम अपनी दिव्य आत्मा को पहचानो। तुम दुनिया को बहुत कुछ देने आए हो। महात्मा बुद्ध की बातें उसके दिल को छू गईं। उसके जीवन की दिशा बदल गई। उसी दुर्दान्त डाकू ने आगे चलकर रामायण जैसे अनमोल ग्रंथ की रचना कर डाली। आज हम उन्हें संत वाल्मीकि के रूप में जानते हैं, और उनकी पूजा करते हैं। उनका लिखा ग्रंथ आज भी घर-घर में लोकप्रिय है। दोस्तो! याद रखो—

इस दुनिया में हर व्यक्ति एवं वस्तु का मूल्य है। कोई भी व्यक्ति जन्म से या मन से बुरा नहीं होता। वह परिस्थिति विशेष या कर्म से बुरा बनता है।

अत: बुरे व्यक्ति के अन्दर छुपे मूल्य को समझें। इस प्रकार आपने संगत की परिणति देखी कि एक दुर्दान्त व्यक्ति अहिंसक व्यक्तित्व का स्वामी बन गया।

मूल्यों को समझें

प्राय: व्यक्ति मूल्य का तात्पर्य कीमत समझते हैं। जबकि कीमत एवं मूल्य अलग-अलग होते हैं। जो व्यक्ति कीमत और मूल्य में अन्तर समझ पाते हैं, वे ही खुद और दूसरों का मूल्य समझते हैं। जो व्यक्ति खुद की कीमत या मूल्य नहीं समझते, उनका मूल्य दूसरा कोई नहीं समझता है। अत: मूल्य का अर्थ समझें। मूल्य से हमारा तात्पर्य किसी व्यक्ति या वस्तु में निहित गुणों से है। उसकी कर्मठता एवं सार्थकता से है। जो व्यक्ति इन बातों को समझते हैं, वे अपने व्यक्तित्व में अच्छे-अच्छे गुणों को धारण करते हैं। अगर आप खुद के व्यक्तित्व को सुन्दर बनाना चाहते हैं तो मूल्यों की महत्ता समझें। मूल्यों की समझ उन्हीं व्यक्तियों को होती है, जिनकी सोच सकारात्मक एवं कृत रचनात्मक होते हैं। ऐसे लोगों को मालूम होता है कि यह जीवन अनमोल है, और बड़े ही सौभाग्य से प्राप्त हुआ है। इसके अन्दर असीम शक्ति एवं बहुत से गुण छुपे हैं, जिन्हें निखारकर हम अच्छे व्यक्तित्व के मालिक बन सकते हैं। व्यक्तित्व

निर्माण हेतु जिन गुणों की जरूरत होती है, वे बाहर नहीं, उसके अन्दर होते हैं। जरूरत है उन्हें जानने-पहचानने एवं स्वयं का मूल्य समझने की। मैं तो सिर्फ इतना कहूँगा कि आप इस अनमोल जीवन का मूल्य समझे, और इस जीवन के हर पल का सदुपयोग बेहतर पाने में करें। आपको खुद का जीवन सबसे अनमोल एवं मूल्यवान लगेगा। मूल्यों की समझ रखने वाला व्यक्ति ही हर पल एवं परिस्थिति में अवसर की तलाश कर जीवन का आनन्द लेता है। वह विकट स्थिति में भी नए अवसर की तलाश कर दूसरों के लिए अवसर बन जाता है। लेखक ने 'जिन्दगी एक अवसर' पुस्तक में भी बताया है कि यह जीवन ही सबसे बड़ा अवसर है।

सचमुच दोस्तो!

'यह जीवन अनमोल है, सुन्दर है, सबसे बड़ा अवसर है।' इसका कारण है कि समस्त सृष्टि में मनुष्य ही एक ऐसा प्राणी है, जिसे सोचने-समझने की शक्ति प्राप्त है। यह शक्ति इतनी अद्‌भुत है कि हम इसके सहारे अनमोल जीवन के मूल्य को अमूल्य बना सकते हैं। आप खुद सोचें और बताएँ कि यदि हमें यह जीवन नहीं मिला होता तो क्या हम सुन्दर व्यक्तित्व, या प्रभावशाली व्यक्तित्व निर्माण की बात करते? जीवन में अच्छा करने एवं अच्छा बनने की बात करते? क्या हम सपने देखते और सपने को पूरा करने की बात करते? क्या हम विकास, विज्ञान एवं तकनीकी क्षेत्र में आगे बढ़ने की बात करते? क्या हम चाँद पर जाने की बात करते? आपका भी जवाब होगा—नहीं। हम ये समस्त बातें इसलिए करते हैं कि हमें यह अनमोल जीवन मिला है। इस जीवन का मूल्य अमूल्य है और इन मूल्यों को जानना-समझना सुन्दर व्यक्तित्व निर्माण के लिए आवश्यक है। शायद आप नहीं जानते—

> *इस जीवन का उद्‌देश्य खुद की सार्थकता साबित करना है, जग का कल्याण करना है, दूसरों के लिए आदर्श एवं सीख बनना है।*

यह हमारा नैतिक कर्तव्य है और मानव होने के नाते यह हमारी जिम्मेवारी भी है कि हम मानवीय मूल्यों पर खरे उतरें। जीवन-मूल्य, कार्य-मूल्य एवं समय-मूल्य को जानें। हम केवल इन मूल्यों को जानें ही नहीं, बल्कि इन मूल्यों पर खरे भी उतरें। जो व्यक्ति इन मूल्यों को जानता है, समझता है और मूल्यों पर चलता है, वही जीवन में बेहतर करता है और बेहतर पाता है। ऐसा व्यक्ति जीवन-मूल्यों के विरुद्ध कोई काम नहीं करता है। उसे मालूम होता है कि इस जीवन का मूल्य खुद बेहतर करना और दूसरों को भी बेहतर करने में मदद करना है। इस जीवन का उद्‌देश्य ही दूसरों का कल्याण करना है। ठीक उसके विपरीत जिन व्यक्तियों को जीवन-मूल्य की समझ नहीं होती, वे अपने कार्यों की परिणति पर विचार नहीं करते। वे हर कार्य बिना सोचे-समझे करते हैं। फलतः वे जीवन में बेहतर नहीं कर पाते हैं। ऐसे

व्यक्तियों को व्यक्तित्व से कोई लेना-देना नहीं होता, और न ही व्यक्तित्व का अर्थ एवं औचित्य मालूम होता है।

ठीक इसके विपरीत जिन व्यक्तियों को मूल्यों की समझ होती है उन्हें यह जीवन सुन्दर, अनमोल, अमृत एवं आनन्द का सागर दिखता है। वे मानते हैं कि यह जीवन बड़े ही सौभाग्य से प्राप्त हुआ है। यह जीवन बार-बार नहीं मिलेगा। यह पूर्व जन्म के बहुत से सुकर्मों का फल है। इसलिए वे खुद के जीवन को ही सबसे बड़ा अवसर मानते हैं। वे इस अवसर को निरर्थक कार्यों में खोना नहीं चाहते हैं। वे जीवन का औचित्य सिद्ध करना चाहते हैं, और अपना सर्वस्व जग-कल्याण में लगाना चाहते हैं। यही कारण है कि वे अपने व्यक्तित्व को सुन्दर बनाने के लिए अच्छे लोगों की संगत करते हैं, अच्छे गुणों को ग्रहण करते हैं, और प्रतिदिन व्यक्तित्व में निखार लाकर सुन्दर व्यक्तित्व का मालिक बनते हैं। उन्हें मालूम होता है कि सुन्दर व्यक्तित्व का मालिक बनने के लिये उत्कृष्ट कर्म करने होंगे, और मूल्य की महत्ता समझनी होगी। उन्हें यह भी मालूम होता है कि कोई भी व्यक्ति बिना कार्य किए जिन्दा नहीं रह सकता है। जीवन जीने के लिए कार्य करने होंगे। सफल होने, सफलता की ऊँचाई को छूने तथा महान बनने के लिए उत्कृष्ट कार्य करने होंगे। कार्य उत्कृष्ट हो, इसके लिये कार्य-मूल्य की समझ आवश्यक है। अगर हमें कार्य-मूल्य की समझ है, तो हम कार्य को ससमय एवं उत्कृष्ट रूप में निष्पादित करते हैं, और कार्य-मूल्य की समझ नहीं है तो आपका कार्य निरर्थक है। कार्य-मूल्य से हमारा तात्पर्य है—कार्य जीवन-मूल्यों पर आधारित हो और कार्य की महत्ता, खुद से ज्यादा दूसरों के लिए महत्त्वपूर्ण हो। कार्य की उत्कृष्टता, कार्य की परिणति एवं प्रभाव खुद, परिवार, समाज एवं राष्ट्र हित में हो, परन्तु दुख की बात यह है कि अधिकांश व्यक्तियों को कार्य-मूल्य की समझ नहीं होती है, और न ही वे कार्य का मूल्य समझना चाहते हैं, जिस कारण उनकी मेहनत निरर्थक एवं कार्य की परिणति दुखद होती है। याद रखें—

> *कार्य-मूल्य की समझ रखनेवाला व्यक्ति ही सफल एवं महान बनता है।*

आप जानते हैं—कृत कार्य की परिणिति एवं प्रभाव सुनिश्चित है और कार्य का प्रत्यक्ष एवं अप्रत्यक्ष प्रभाव पड़ता है। कार्य का प्रत्यक्ष प्रभाव कर्ता पर और अप्रत्यक्ष प्रभाव परिवार एवं समाज पर पड़ता है। यह भी सच्चाई है कि आप जैसा करेंगे, वैसा भुगतेंगे और जैसा करेंगे वैसा बनेंगे। आप अच्छा करेंगे तो अच्छे बनेंगे और बुरा करेंगे, तो बुरे बनेंगे। ऐसा नहीं है कि आप बुरा करेंगे तो अच्छा बनेंगे। कृत्य के अनुसार ही आपको धन-यश की प्राप्ति होगी। ऐसा नहीं है कि आप अच्छा करते हैं तो दूसरों को धन-यश की प्राप्ति होती है। अगर आप गलत करते हैं तो बुरे आप

बनते हैं, दूसरा नहीं। कहा भी गया है—अच्छे कार्य का अच्छा नतीजा एवं बुरे कार्य का बुरा नतीजा। आपका अच्छा एवं बुरा बनना आपके कृत्य पर निर्भर करता है। अत: कार्य का मूल्य समझें। जितना बड़ा काम, उतनी बड़ी पहचान। दोस्तो! याद रखो—

ईश्वर ने हमें चेतना इसलिए दी है कि हम कृत्य कार्य के बारे में सोचें-समझें और कार्य का मूल्य समझें।

प्राप्त परिणति एवं प्रभाव की समीक्षा करें। अगर आप किसी भी कार्य को सोच-समझकर और मूल्यों की कसौटी पर रखकर करते हैं तो बेहतर परिणाम पाते हैं। बेहतर आप बनते हैं और आपके कृत एवं व्यक्तित्व की चर्चा होती है। मूल्यों के विरुद्ध कार्य करने वालों की चर्चा नहीं होती है। ठीक इसके विपरीत अगर आप बिना सोचे-समझे कार्य करते हैं तो खोते आप हैं। आप बुरा करते हैं तो बुरे आप बनते हैं। निर्णय आपको लेना है कि आप अच्छा बनना चाहते हैं या बुरा? ऊँचे व्यक्तित्व का मालिक बनना चाहते हैं या निम्न व्यक्तित्व का? ये बातें आपकी सोच एवं कार्य-मूल्य की समझ पर निर्भर करती हैं। यह हमें बेहतर करने और दूसरों को बेहतर करने की सीख देता है। याद रखें—

कार्य करना जीवन की नियति है, परन्तु कार्य का मूल्य समझना जीवन का सार है। जो व्यक्ति कार्य-मूल्य की समझ रखता है, वही जीवन में बेहतर पाता है।

शायद आपको नहीं मालूम—कार्य-मूल्य समझे बिना आप जीवन में कुछ भी बेहतर नहीं कर सकते हैं, और न ही इस अनमोल जीवन का औचित्य साकार कर सकते हैं। आपका कार्य ही आपकी पहचान है। आपके कार्य का मूल्य न केवल आपको, बल्कि पूरे परिवार एवं समाज को प्रभावित करता है। आपका कृत्य आपके व्यवहार एवं आदर्श को प्रदर्शित करता है। आपके कृत के आधार पर ही आपके व्यक्तित्व की चर्चा होती है। इसलिए आप जो भी कार्य करें, उसके बारे में पहले सोचें-समझें, तदुपरान्त कार्य करने का निर्णय लें। जैसे—आपको अपनी आवश्यकताओं की पूर्ति के लिए धन चाहिए। लेकिन इसका मतलब यह नहीं है कि आप धन की प्राप्ति सद्मार्ग से नहीं, कुमार्ग पर चलकर प्राप्त करें। आप धन प्राप्ति हेतु चोरी करें या दूसरों का धन छीन लें। ऐसा कृत्य गलत, अनैतिक, विधि विरुद्ध एवं मानवीय मूल्यों के विरुद्ध है। इस प्रकार का कृत भूलकर न करें, अन्यथा आपका कृत्य आपके व्यक्तित्व को सुन्दर बनाने के बजाय निकृष्ट बना देगा। आप धन की प्राप्ति अवश्य करें, सद्मार्ग पर चलकर, शारीरिक एवं मानसिक शक्ति के बल, कड़ी मेहनत के बल पर, जिससे आपके व्यक्तित्व में निखार आए। दोस्तो! हमेशा यह

सोचो कि आपके कार्य का मूल्य न केवल आपके लिये, बल्कि दूसरों के लिए भी महत्त्वपूर्ण है। ऐसा सोचना एवं करना आपको महानता की ओर ले जाता है।

आप सुन्दर व्यक्तिव के मालिक बनें, इसके लिए भी समय-मूल्य की समझ आवश्यक है। समय-मूल्य की समझ रखने वाला व्यक्ति ही समय की कीमत समझता है, और समय का बेहतर प्रबंधन करता है। वह समय के हर पल का सदुपयोग बेहतर कार्यों में करता है और कार्य को ससमय पूरा कर नाम एवं धन कमाता है। आपको मालूम होना चाहिए कि समय पर कार्य करने का ही महत्त्व है, और कार्य की सार्थकता समय पर ही शोभित होती है। समय उपरान्त कार्य करने से उसका महत्त्व समाप्त हो जाता है। जिन व्यक्तियों को समय का मूल्य मालूम होता है, वे समय के हर पल का सदुपयोग बेहतर करने एवं बेहतर पाने में करते हैं। उन्हें समय की कीमत एवं मूल्य मालूम होता है। वे भलीभाँति जानते हैं कि जो समय हाथ से निकल जाता है, उसे किसी भी कीमत पर वापस नहीं लौटाया जा सकता है। अतः समय ही मूल्यवान है, इसका मूल्य समझें। ध्यान रखें—

> *समय ही सबसे कीमती संसाधन है और जो व्यक्ति समय की कीमत समझते हैं, वही समय का समुचित प्रबंधन कर जीवन में सफल होते हैं। समय का मूल्य समझने वाला व्यक्ति ही जीवन में बेहतर पाता है।*

आप भी जीवन में बेहतर पाना चाहते हैं तो समय का मूल्य समझें। मेरे विचार से समय ही धन है, पूँजी है, निवेश है। समय ही सब कुछ है। जो व्यक्ति समय का मूल्य समझता है वही व्यक्ति कार्य समय पर करके बेहतर पाता है। कार्य ससमय करने से कार्य की महत्ता बढ़ जाती है, और खुद को सन्तुष्टि होती है। दूसरे लोग उसे सम्मान की दृष्टि से देखते हैं और उसके व्यक्तित्व में निहित पंचुएलिटी की चर्चा सर्वत्र होती है। ऐसे व्यक्ति को समय पर कार्य करने का लाभ तथा समय पर कार्य नहीं करने का नुकसान मालूम होता है। ठीक इसके विपरीत जो व्यक्ति समय का मूल्य नहीं समझता, उसे खुद का मूल्य मालूम नहीं होता है। नतीजतन वह किसी भी कार्य को समय पर नहीं कर पाता, और कोई न कोई बहाना बनाकर कार्य को कल पर टालता रहता है। ऐसे व्यक्ति के व्यक्तित्व में आलस्य, प्रमाद, बहानेबाजी जैसे अवगुण शामिल हो जाते हैं। फलतः वह निंदा एवं आलोचना का पात्र बन जाता है। मेरा आपसे विनम्र अनुरोध है कि आप समय का मूल्य समझें, और जो काम कल के भरोसे करना चाहते हैं, उसे आज ही कर डालें। शायद आपको नहीं मालूम—आपके हाथ में केवल आज है कल नहीं। अतः कोई भी कार्य कल के भरोसे नहीं, वर्तमान को ध्यान में रखकर करें। आप हर कार्य समय पर करने की आदत डालें, इससे लाभ ही लाभ है। समय पर कार्य करने की महत्ता है, और कार्य

की सार्थकता है। समय पर कार्य नहीं करने से कार्य की महत्ता समाप्त हो जाती है। कार्य की महत्ता तब है जब आप समय पर कार्य करते हैं। समय की महत्ता समझने एवं समय पर कार्य करने से आपके व्यक्तित्व में अनुशासन, पंचुएलिटी, सीखने की प्रवृत्ति, कुछ कर दिखाने का जज्बा, बेहतर करने एवं बेहतर पाने की उमंग बनी रहती है। ध्यान रखें—

> *समय ही सब कुछ है। इसकी महत्ता स्वीकार करें और समय के साथ कदम-से-कदम मिलाकर चलना सीखें।*

संसाधनों का समुचित प्रबंधन

व्यक्तित्व निर्माण में संसाधनों की कमी बाधक नहीं है, यदि बाधा है तो निहित संसाधनों का समुचित प्रबंधन नहीं करना। व्यक्तित्व को सजाने एवं सँवारने के लिए आपके पास जो भी संसाधन हैं, उनके प्रबंधन करने की कला सीखें। प्राय: व्यक्ति संसाधनों की कमी का रोना रोते रहते हैं, परन्तु जो भी संसाधन होता है उसका प्रबंधन नहीं करते। ऐसे व्यक्ति न खुद के संसाधन और न ही ईश्वर प्रदत्त संसाधनों की महत्ता समझते हैं। केवल गरीबी या भाग्य का रोना रोते हैं। उन्हें यह नहीं मालूम होता कि उनके पास सबसे कीमती संसाधन समय और उसकी सोच है। वे अपनी सोच एवं मेहनत के बल पर समय का समुचित प्रबंधन कर किसी भी संसाधन की प्राप्ति कर सकते हैं। जिन व्यक्तियों को खुद पर विश्वास होता है, वे संसाधनों की कमी का रोना नहीं रोते, बल्कि शुरू से ही सुन्दर व्यक्तित्व निर्माण पर ध्यान देते हैं। ऐसे व्यक्ति अपने जीवन का मूल्य समझते हैं, अपने अन्दर छुपी शक्तियों पर विश्वास रखते हैं। उन्हें स्वयं की शक्ति का एहसास होता है, और खुद पर तथा ईश्वर पर विश्वास होता है। इसलिए वे गरीबी या भाग्य का रोना नहीं रोते, बल्कि निहित संसाधन के बल पर आगे बढ़ने का जज्बा रखते हैं। उन्हें यह विश्वास होता है कि गरीबी के दलदल से बाहर निकल अमीर बना जा सकता है। उनके अन्दर का आत्मविश्वास उन्हें बहुत कुछ करने की हिम्मत देता है। उन्हें मालूम होता है कि संसाधनों की कमी सफलता के मार्ग में बाधक नहीं है, अगर बाधा है तो उनके अन्दर आत्मविश्वास की कमी, सकारात्मक सोच का अभाव एवं ससमय कार्य न करने की इच्छाशक्ति। अगर ये बातें आपके व्यक्तित्व में शामिल हैं तो आप कुछ भी नहीं कर सकते हैं। ठीक इसके विपरीत जिन व्यक्तियों के अन्दर सकारात्मक सोच, खुद पर विश्वास एवं कुछ कर दिखाने की इच्छाशक्ति है, वे किसी भी संसाधन को प्राप्त करने का जज्बा रखते हैं।

इस दुनिया में बहुत से ऐसे लोग मिल जाएँगे, जिनके पास खाने के लिये दो जून की रोटी, रहने के लिये घर तथा पहनने के लिये अच्छे कपड़े नहीं थे लेकिन उन्होंने खुद का इतिहास रच डाला। दूसरों के लिये सीख एवं उदाहरण बन गए। इसका

कारण है कि उन्होंने इस जीवन का मूल्य समझा तथा अपने अन्दर छुपी शक्ति को जाग्रत कर सोच को बदला एवं समय का बेहतर प्रबंधन कर दूसरों के लिये उदाहरण बन गए। उन्होंने अपने व्यक्तित्व में अच्छे-अच्छे गुणों को समाहित कर मूल्यों की महत्ता को समझा और समाज के लिये नूर बन गए। आपने ऐसे व्यक्तियों को भी देखा या सुना होगा जिनका जन्म अमीर परिवार में हुआ था परन्तु उनके अन्दर संसाधन प्रबंधन की क्षमता न थी, परिस्थितियों को परखने की समझ न थी, कुछ बेहतर करने का जज्बा न था। नतीजा, वे अमीर परिवार में जन्म लेने के उपरान्त भी जीवन में बेहतर नहीं कर पाए।

मेरा भी मानना है कि आपके पास कुछ हो या न हो, समय आपके पास है। सबसे बड़ी शक्ति सोच आपके पास है। किसी विषय पर चुनाव करने एवं निर्णय लेने की शक्ति आपके पास है, और आपके पास है आपका यह अनमोल जीवन। आप अपनी सोच को बदलें और समय रूपी कीमती संसाधन का बेहतर प्रबंधन करें। जीवन रूपी श्रेष्ठ अवसर का सदुपयोग करें। चेतन शक्ति का सदुपयोग सकारात्मक दिशा एवं रचनात्मक कार्यों में करें। आपके व्यक्तित्व में चार चाँद लग जाएँगे। इतने मूल्यवान संसाधन अपके पास हैं, जिनका सदुपयोग कर आप दुनिया का हर संसाधन प्राप्त कर सकते हैं तो फिर चिन्ता किस बात की ? हमारे पास तो अनमोल संसाधन है हमारी सोच एवं अनमोल समय। ऐसा नहीं है कि सफल व्यक्ति के लिए दिन-रात 24 घंटे से ज्यादा होते हैं। आप भलीभाँति जानते हैं कि हर व्यक्ति के लिए दिन-रात मिलाकर 24 घंटे ही होते हैं। ऐसा नहीं है कि अमीर व्यक्ति के लिए, सफल व्यक्ति के लिए, महान व्यक्ति के लिए दिन-रात 24 घंटे से ज्यादा होते हैं। फिर भी कोई व्यक्ति सफल होता है, कोई व्यक्ति महान बन जाता है, और कोई गरीबी का रोना रोता है, कोई आजीवन असफलता का दंश झेलता है। इतने बड़े अन्तर का मुख्य कारण समय रूपी संसाधन का उचित प्रबंधन है। जिन व्यक्तियों ने समय का मूल्य समझा और समय का बेहतर प्रबंधन किया, अनमोल जीवन में छुपी चेतन शक्ति का सदुपयोग रचनात्मक कार्यों में किया, वे सफलता का इतिहास रचने और गरीबी के दंश से बाहर निकलने में सफल रहे। वे ऊँचे व्यक्तित्व के मालिक बने और जीवन का औचित्य साकार किया। ठीक इसके विपरीत जिन व्यक्तियों ने समय का महत्त्व नहीं समझा, समय का प्रबंधन नहीं किया, प्राप्त संसाधन का सदुपयोग नहीं किया वे आजीवन गरीबी एवं भाग्य का रोना रोते रह गए। आप भी सुन्दर व्यक्तित्व का मालिक बनना चाहते हैं तो खुद का मूल्य समझें। खुद के अन्दर अच्छे गुणों को निखारें। स्वयं पर विश्वास रखें और जो भी संसाधन आपके पास है, उनका समुचित प्रबंधन करें। ऐसा करके देखें, आपके व्यक्तित्व में दृढ़ता, इच्छाशक्ति, आत्मविश्वास, साहस, कुछ कर दिखाने का जज्बा शामिल हो जाएगा और आप एक अच्छे व्यक्ति के रूप में जाने जाएँगे।

परिस्थितियों को परखने की समझ

व्यक्तित्व निर्माण में परिस्थितियों की भूमिका महत्त्वपूर्ण है। परिस्थितियाँ हमें बहुत कुछ सिखाती हैं। ये हमें परिपक्व बनाती हैं, और बहुत कुछ करने को मजबूर करती हैं। परन्तु दुख की बात है कि प्राय: व्यक्तियों के अन्दर परिस्थिति को परखने की समझ नहीं होती है। वे विकट परिस्थिति आने पर ही घबड़ा जाते हैं, परेशान हो जाते हैं, हिम्मत हार जाते हैं। कुछ ही व्यक्ति होते हैं, जिन्हें परिस्थितियों को परखने की समझ होती है और उत्पन्न हालात से निबटने का साहस। आप जानते हैं कि हर व्यक्ति के जीवन में विभिन्न प्रकार की परिस्थितियाँ आती हैं—दुखद-सुखद, अनुकूल और प्रतिकूल। जिन व्यक्तियों में परिस्थिति को परखने की समझ नहीं होती है, वे व्यक्ति विकट परिस्थिति में धैर्य खो देते हैं, हिम्मत हार जाते हैं, और परिस्थितियों के झंझावात में उलझकर रह जाते हैं। उनके अन्दर परिस्थितियों को परखने की समझ एवं उत्पन्न हालात से निबटने का साहस नहीं होता है। नतीजा, वे निम्न व्यक्तित्व के मालिक बन बैठते हैं। ठीक इसके विपरीत जिन व्यक्तियों में परिस्थितियों को परखने की समझ होती है, वे विपरीत परिस्थिति में भी धैर्य नहीं खोते हैं, हिम्मत से काम लेते हैं और विकट परिस्थिति में भी नए अवसर की तलाश करते हैं। ऐसे व्यक्ति के अन्दर हालात से निपटने का साहस होता है। नतीजा, वे परिस्थितियों से बाहर निकलने में सफल होते हैं। दोस्तो! याद रखो—

> *हम किसी भी परिस्थिति से बाहर निकल सकते हैं और किसी भी परिस्थिति में अच्छा कर सकते हैं। किसी भी परिस्थिति में नए अवसर की तलाश कर सकते हैं। प्रतिकूल परिस्थिति को अनुकूल परिस्थिति में बदल सकते हैं, बशर्ते हमारे व्यक्तित्व में हिम्मत, धैर्य आत्मविश्वास शामिल हो, और सकारात्मक सोच एवं रचनात्मक कार्य करने की इच्छाशक्ति हो।*

परस्थितियाँ तुच्छ हैं। हम परिस्थितियों के दास नहीं, स्वामी हैं। हम किसी भी परिस्थिति से बाहर निकल सकते हैं। हम परिस्थिति से हार मानने नहीं, उस पर जीत हासिल करने आए हैं। हमारे अन्दर इतनी शक्ति है, जिसे हमें पहचानना होगा एवं स्वयं पर विश्वास रखना होगा। हमें अपने व्यक्तित्व में इन गुणों को शामिल करना होगा। अगर हमारे व्यक्तित्व में दृढ़ इच्छाशक्ति, साहस, विश्वास एवं धैर्य शामिल है तो किसी भी विकट परिस्थिति से हम बाहर निकल सकते हैं। कुछ कर दिखाने की दृढ़ इच्छाशक्ति हमें परिस्थिति से बाहर निकलने का संबल देती है। शायद आपको नहीं मालूम परिस्थितियाँ हमारे मार्ग में केवल बाधा बनकर नहीं आती हैं, बल्कि बहुत कुछ सिखाने आती हैं। सीख लेकर हम बहुत कुछ कर सकते हैं। ये हमारे लिए बहुत सारे अवसर लेकर आती हैं। जिन अवसरों को पहचान कर हम

इतिहास रच सकते हैं। मेरा भी मानना है कि विपरीत परिस्थिति आने पर धैर्य न खोएँ, हिम्मत रखें, परिस्थितियों से सीख लें और हर परिस्थिति में अवसर की तलाश करें। परिस्थितियों से बाहर निकलने की यह सबसे सुन्दर राह है। आप इस राह पर चलकर व्यक्तित्व को सुन्दर बना सकते हैं। आप गौर करें तो पाएँगे कि जिन व्यक्तियों के अन्दर परिस्थिति से उत्पन्न हालात को परखने की समझ एवं लड़ने का साहस होता है, वे उसी अनुरूप कार्य योजना बनाते हैं। ऐसे व्यक्ति उत्पन्न हालात से विचलित नहीं होते, बल्कि उत्पन्न हालात में उलझने के बजाय परिस्थिति से बाहर निकलने की बात सोचते हैं। वे हालात की समीक्षा धैर्यपूर्वक कर समुचित निर्णय लेते हैं, और बड़ी सहजता से उत्पन्न हालात पर विजय प्राप्त करने में कामयाब होते हैं।

खुद की समीक्षा करें

अगर आप सुन्दर व्यक्तित्व का निर्माण करना चाहते हैं तो खुद की समीक्षा करें। अपने अन्दर निहित गुणों एवं अवगुणों की समीक्षा करें। खुद के कृत्य एवं आचरण की समीक्षा करें और यह देखें कि आपके व्यक्तित्व में क्या खूबियाँ और खामियाँ हैं। आपके व्यक्तित्व में जो खूबियाँ हैं, उनमें और निखार लाएँ तथा जो खामियाँ हैं उन्हें दूर करें। जो व्यक्ति खुद के कृत्य एवं गुणों की समीक्षा करता है वह अपनी खामियों को दूर कर पाता है। व्यक्तित्व सुन्दर बनाने का सबसे अच्छा फॉर्मूला है खुद की खामियों को दूर करना। समस्त बातों का सूत्रधार आपकी सोच है। आप जैसा सोचते हैं वैसा करते हैं, और जैसा करते हैं वैसा पाते हैं। अत: सोच को बदलें। सकारात्मक सोच वाले व्यक्ति शुरू से ही व्यक्तित्व निर्माण के प्रति सजग रहते हैं और मूल्यों की सार्थकता समझते हैं। उन्हें मालूम होता है कि किसी व्यक्ति का सबसे कीमती आभूषण उसका व्यक्तित्व है। इसलिए वे व्यक्तित्व निर्माण हेतु खुद की समीक्षा करते हैं, और प्रतिदिन निहित खामियों में सुधार लाकर सुन्दर व्यक्तित्व का निर्माण करते हैं।

मेरे विचार से :

> *जीवन का सबसे बड़ा प्लस प्वाइंट, खुद का माइनस प्वाइंट जानना है।*

दोस्तो! जिस दिन आदमी अपने अन्दर की खामियों को जान लेगा और उन खामियों को दूर कर लेगा, उस दिन वह दुनिया का सबसे सुन्दर व्यक्ति बन जाएगा। अपने अन्दर का माइनस प्वाइंट जानना और उसे दूर करना ही तो सुन्दर व्यक्तित्व है। आप अपने कृत्य की समीक्षा करें और देखें कि आपका कृत्य खुद और दूसरों के लिए कितना सार्थक है? आपके कृत्य का प्रभाव, खुद, परिवार, समाज एवं राष्ट्र को

किस दिशा में ले जा रहा है? क्या आपके कृत का प्रभाव खुद के लिए सार्थक और दूसरों के लिए गर्व है? क्या आपका कृत्य समाज एवं राष्ट्र हित में सार्थक है। कहीं आपके कृत्य से दूसरों की भावनाओं को ठेस तो नहीं पहुँचती इत्यादि बातों की समीक्षा करें। समीक्षोपरान्त ही आप यह जान पाएँगे कि आपका कृत्य सार्थक एवं रचनात्मक है या नहीं। आपका कृत्य मूल्यवान है या नहीं। याद रखें—

> *आपके कृत्य के आधार पर ही आपकी पहचान बनती है, और लोग आपके व्यक्तित्व की चर्चा करते हैं। आप चाहते हैं कि सुन्दर व्यक्तित्व के मालिक बनें तो अपने कृत्य की समीक्षा प्रतिदिन करें और जो भी खामियाँ परिलक्षित हों उन्हें दूर करें।*

आप सुन्दर व्यक्तित्व के मालिक बनने के लिए केवल कृत्य की ही नहीं अपने व्यवहार की भी समीक्षा करें कि आप कितना व्यवहारकुशल हैं? क्या आपके व्यवहार में मधुरता, सहनशीलता एवं समझदारी शामिल है? क्या आपका व्यवहार सौम्य, शालीन एवं सहिष्णु है? क्या आपके व्यवहार से दूसरों को दुख तो नहीं पहुँचता? क्या आपके व्यवहार से दूसरे खुश हैं? अगर आपके व्यवहार में उपरोक्त बातें शामिल हैं तो आपका व्यक्तित्व सौम्य एवं सुन्दर है। आप अपने अन्दर निहित गुणों की समीक्षा करें और देखें कि आपके व्यक्तित्व में दया, क्षमा, त्याग सहनशीलता, विनम्रता जैसे गुण शामिल हैं? अगर ये गुण आपके अन्दर नहीं हैं तो इन गुणों को अपने व्यक्तित्व में शामिल करें। आप अपने अन्दर निहित खामियों की भी समीक्षा करें, और देखें कि क्या आपके व्यक्तित्व में ईर्ष्या, द्वेष, क्रोध, अहंकार जैसे अवगुण तो शामिल नहीं हैं। अगर ऐसा है तो उन्हें दूर करें। दूसरे की आलोचना सुनने की शक्ति आप में है कि नहीं, इस पर विचार करें। आप दूसरों की आलोचना सुनें और उससे सीख लें। अपने अन्दर की खामियों को दूर करने का यह सबसे अच्छा मार्ग है। आप खुद के प्रति और दूसरों के प्रति संवेदनशील बनें। उपर्युक्त तथ्यों से स्पष्ट है कि अगर आप अपने कृत्य, व्यवहार एवं निहित गुणों तथा अवगुणों की समीक्षा करते हैं, और समीक्षोपरान्त खामियों को दूर करते हैं तो आप सुन्दर व्यक्तित्व के मालिक बनते हैं।

अत: व्यक्तित्व निर्माण हेतु सबसे महत्त्वपूर्ण फॉर्मूला है—'खुद के आचरण, खुद का कृत्य एवं निहित गुणों की समीक्षा करना और समीक्षोपरान्त उन खामियों को दूर करना।' जब हम खुद के कृत्य एवं आचरण की समीक्षा करते हैं तो हमें अपनी खामियों का पता चलता है। जब हम निहित खामियों को दूर करते हैं तो दूसरे व्यक्ति को आलोचना करने का मौका नहीं मिलता है। जब आप अपने कृत्य एवं गुणों की समीक्षा नहीं करते हैं तो दूसरे आपकी समीक्षा करते हैं और उस स्थिति में आपको आलोचना का शिकार होना पड़ता है। ध्यान रखें—

व्यक्तित्व निर्माण एक दिन में नहीं होता, यह एक लगातार होनेवाली प्रक्रिया है। जो व्यक्ति प्रतिदिन अपने व्यक्तित्व में अच्छे गुणों को शामिल करते हैं और खुद के कृत्य की समीक्षा करते हैं, वे सुन्दर व्यक्तित्व के मालिक बनते हैं। किसी भी व्यक्ति का सुन्दर व्यक्तित्व उसके सकारात्मक सोच एवं रचनात्मक कृत्य का नतीजा है।

आप गौर करें तो पाएँगे कि एक ही समाज में रहने वाले कुछ लोगों का व्यक्तित्व खिला-खिला, आकर्षक होता है। उनके चेहरे पर लाली एवं होंठों पर मधुर मुस्कान होती है। उनके कार्य करने की शैली, उनका व्यवहार एवं कृत्य लोगों को प्यारा लगता है। ऐसे लोगों से हर कोई दोस्ती करना चाहता है। उनका हर कृत्य दूसरों के लिये आदर्श होता है। उसी समाज में आपको ऐसे भी लोग मिलेंगे, जिनका कृत्य, आचरण, व्यवहार दूसरों के लिए दुखदायी होता है। उसी समाज में ऐसे भी लोग मिलेंगे, जिनके चेहरे पर उदासी और चेहरा बुझा-बुझा सा रहता है। उनसे आप बात करें तो वे अपना दुखड़ा लेकर बैठ जाते हैं। उन्हें कुछ करने के लिए प्रेरित करें तो वे गरीबी का रोना रोने लगते हैं। अपने भाग्य को कोसते हैं। उपर्युक्त उदाहरण में आपने देखा कि कोई व्यक्ति अपने जीवन को अनमोल मानता है और कोई बोझ। इतने बड़े अन्तर का मुख्य कारण सोच है, खुद के कार्यों की समीक्षा करना नहीं है।

कर्तव्य एवं दायित्व को जानें

सुन्दर व्यक्तित्व निर्माण में कर्तव्य की भूमिका महत्त्वपूर्ण है। जो व्यक्ति खुद के प्रति, परिवार के प्रति, समाज के प्रति, राष्ट्र के प्रति अपने कर्तव्यों एवं दायित्वों को जानते हैं, उनका अनुसरण करते हैं वे खुद अच्छे आदमी बनते हैं। उन्हें सभी प्यार करते हैं एवं सम्मान देते हैं। ध्यान रखें—

अगर आपकी सोच अच्छी है, आप अच्छे लोगों की संगत में रहते हैं, आपको मूल्यों की भी समझ है, परन्तु आप अपने कर्तव्यों को नहीं जानते और दायित्वों का निर्वहन नहीं करते हैं तो आपके व्यक्तित्व में बहुत सारे अवगुण समाहित हो जाते हैं।

जैसे—पंक्चुएलिटी की कमी, अव्यावहारिकता एवं अनुशासनहीनता। आप अनुशासित, व्यवहारकुशल एवं नियमित नहीं बन पाएँगे। अनुशासित, नियमित एवं व्यवहारकुशल बनने के लिए आपको अपने कर्तव्य एवं दायित्व को जानना होगा। इन्हें जानना ही नहीं होगा, बल्कि उस मार्ग पर चलना होगा ताकि आप सुन्दर व्यक्तित्व के मालिक बन सकें। इस अनमोल जीवन की सार्थकता साबित करने के लिए भी आपको अपने कर्तव्य एवं दायित्व की जानकारी होनी चाहिए। कर्तव्य-पथ पर चलकर ही आप अनुशासन के धागे में बँध पाएँगे। दूसरों की नजर में प्यारे बन पाएँगे, और आप

दूसरों को समुचित सम्मान दे पाएँगे। जब आप दूसरों को सम्मान देंगे तो दूसरे आपको स्वतः सम्मान देंगे। कर्तव्य पथ पर चलने के लिए आपको अपने दायित्वों का निर्वहन करना होगा। हर व्यक्ति के कुछ दायित्व होते हैं, और दायित्व का निर्वहन करने वाला व्यक्ति ही जीवन में बेहतर कर पाता है। इस दुनिया में ऐसा कोई भी व्यक्ति नहीं है, जिसका अपना परिवार एवं समाज न हो। हर व्यक्ति का अपना परिवार एवं समाज होता है, और हर व्यक्ति किसी न किसी समाज में रहता है। वह किसी का भाई, किसी का पुत्र, किसी का पति, किसी का मित्र होता है, अर्थात वह विभिन्न रिश्तों की डोर में एक-दूसरे से बँधा होता है। ये बंधन, आपसी प्यार, सहयोग, सद्भाव, क्षमा, त्याग की डोर से बँधे होते हैं। यह डोर इतनी मजबूत होती है कि दूसरों के चाहने से नहीं टूटती। परन्तु इन गुणों के अभाव में जब टूट जाती है तो फिर जुड़ती नहीं है।

इसी सन्दर्भ में रहीम ने कहा है :

रहिमन धागा प्रेम का, मत तोड़ो चटकाए।
टूटे पे फिर ना जुड़े, जुड़े गाँठ परि जाए॥

आप भी अच्छे व्यक्तित्व के मालिक बनना चाहते हैं तो कर्तव्यों को जानें। कर्तव्य पथ पर चलें और अपनी जिम्मेवारियों को समझें। आप खुद सोचें कि आपका कर्तव्य क्या है? क्या आप अपने कर्तव्यों को जानते हैं और कर्तव्य पथ पर चलते हैं? क्या आप अपनी जिम्मेवारियों का निर्वहन करते हैं? मेरे विचार से कर्तव्य और दायित्व एक-दूसरे के पूरक हैं। यदि आप कर्तव्य को जानते हैं, इसका मतलब है कि आपको अपने दायित्वों की भी जानकारी है। आप कर्तव्य-पथ पर चलकर खुद अच्छा आदमी बनते हैं और दायित्वों का निर्वहन कर समाज के लिए अच्छा आदमी बन जाते हैं। जैसे—बड़ों का सम्मान करना, बड़ों की बातों को मानना हमारा कर्तव्य है परन्तु समय पर कार्य करना हमारा दायित्व है। अच्छा सोचना एवं अच्छा करना हमारा कर्तव्य है और अच्छा करना हमारा दायित्व है। नियम-कानून की जानकारी रखना हमारा कर्तव्य है, परन्तु कानून का पालन करना दायित्व है। माता-पिता की सेवा करना हमारा कर्तव्य है। हम इन कर्तव्यों का पालन कर एक अच्छा आदमी बनते हैं और दायित्वों का निर्वहन कर अच्छा नागरिक। खुद बेहतर करना कर्तव्य है, परन्तु समाज के लिए कुछ करना दायित्व है। जैसे—समाज हित में समय दान, श्रम दान, विद्या दान। अगर हम ऐसा करते हैं तो हमारी अच्छाई का दायरा बढ़ जाता है। हमारे व्यक्तित्व की चर्चा समाज के लोगों की जुबान पर होती है। जब हम दायित्वों की बात करते हैं तो पाते हैं कि हर व्यक्ति के कुछ न कुछ दायित्व हैं जिनका निर्वहन करना हमारा कर्तव्य बनता है। इन बातों को वही व्यक्ति जीवन में उतार पाता है, जो सुन्दर व्यक्तित्व का मालिक होता है। मेरे विचार से हर व्यक्ति के मुख्यतः चार दायित्व होते हैं—

- खुद के प्रति।
- परिवार के प्रति।
- समाज के प्रति।
- राष्ट्र के प्रति।

जो व्यक्ति इन दायित्वों को समझता है तथा इनका निर्वहन करता है, वह दूसरों के लिए सीख, आदर्श एवं उदाहरण बन जाता है। क्या आप नहीं चाहते कि आप लोगों के लिए उदाहरण बनें, समाज के लिए सीख बनें? अगर आप ऐसा चाहते हैं, तो कर्तव्य पथ पर चलने एवं दायित्वों के निर्वहन करने का संकल्प लें। याद रखें—

कर्तव्य पथ पर चलने वाला और दायित्वों का निर्वहन करने वाला व्यक्ति महान बनता है।

यदि आप भी और सुन्दर व्यक्तित्व का मालिक बनना चाहते हैं तो कर्तव्य एवं दायित्वों को जानें, इनका महत्त्व समझें। कर्तव्य पथ पर चलने का संकल्प लें। दायित्वों से मुँह न मोड़ें, उन्हें स्वीकार करें। दायित्व स्वीकार करने का मतलब साहसी होना है, चुनौतियों को स्वीकार करना है। बेहतर कर दिखाने का जज्बा रखना है। बहुत से लोगों के नजरिये में कर्तव्य एवं दायित्व एक ही है लेकिन गम्भीरता से देखें तो दोनों में अन्तर है। यह बात सही है कि दोनों में अन्योन्याश्रय सम्बन्ध है। जो लोग कर्तव्य को जानते हैं, उन्हें अपने दायित्वों की समझ हो भी सकती है और नहीं भी। जैसे—माता-पिता का कर्तव्य है कि बच्चों को अच्छी शिक्षा दें लेकिन बच्चों का पालन-पोषण सही तरीके से हो यह उनका दायित्व है। बच्चे मन से शिक्षा प्राप्त करें यह उनका दायित्व है, और प्राप्त शिक्षा की सार्थकता खुद और दूसरों के लिए सिद्ध करें, यह उनका दायित्व है। माता-पिता की सेवा करना बच्चों का कर्तव्य है परन्तु बूढ़े या बीमार माता-पिता की सेवा करना उनका दायित्व है। यदि वे स्वस्थ माता-पिता की सेवा नहीं करते तो उससे माता-पिता की सेहत पर कोई अन्तर नहीं पड़ता लेकिन यदि वे अस्वस्थ माता-पिता या बूढ़े माता-पिता की सेवा नहीं करते हैं, इसका मतलब है कि वे अपनी जिम्मेवारी से भाग रहे हैं। दूसरे शब्दों में हम कह सकते हैं कि उन्हें अपने दायित्व की समझ नहीं है। ध्यान रखें—

कर्तव्य पर चलना सुन्दर व्यक्तित्व का परिचायक है, और दायित्व से मुँह मोड़ना कायरता है।

रिश्ते कर्तव्य से नहीं, दायित्वों के निर्वहन से चलते हैं। रिश्तों की डोर को मजबूत बनाने के लिए दायित्वों को समझें और उनका निर्वहन करें। इससे आपके

व्यक्तित्व में निखार आएगा। आपकी सर्वत्र प्रशंसा होगी और आपका नाम होगा। व्यक्तित्व निर्माण हेतु कर्तव्य को जानें तथा दायित्वों को स्वीकार करना सीखें। आपका जीवन सुन्दर एवं अनमोल बन जाएगा, और सर्वत्र आपके व्यक्तित्व की चर्चा होगी।

इस प्रकार हम देखते हैं कि व्यक्तित्व निर्माण में सोच की भूमिका महत्त्वपूर्ण है। जैसी हमारी सोच होती है, उसी अनुरूप हमारा व्यक्तित्व बनता है। इस दुनिया का हर माता-पिता चाहता है कि हमारा बच्चा बेहतर आदमी बने, सुन्दर व्यक्तित्व का मालिक बने लेकिन कुछ ही माता-पिता अपने बच्चों के व्यक्तित्व निर्माण पर ध्यान देते हैं। उन्हें व्यक्तित्व का अर्थ एवं औचित्य समझाते हैं। अत: महत्त्वपूर्ण यह है कि हम बच्चों को उन बातों की जानकारी दें, जिनसे उनके व्यक्तित्व में निखार आए। उनकी जिन्दगी सँवरे और वे एक योग्य नागरिक बनें। मेरा मानना है कि बच्चों के व्यक्तित्व निर्माण पर बाल्यावस्था से ही ध्यान दें। उन्हें जीवन जीने की कला सिखाएँ और अच्छी शिक्षा दें। उन्हें सिर्फ सैद्धान्तिक शिक्षा नहीं, व्यावहारिक शिक्षा भी दें, ताकि वे जीवन का अर्थ एवं औचित्य समझ सकें। उन्हें अच्छा माहौल उपलब्ध कराएँ, और अच्छे लोगों की संगत में रहने की सीख दें। उन्हें अनमोल जीवन का मूल्य समझाएँ। जीवन के औचित्य के बारे में बताएँ तथा कार्य-मूल्य एवं समय-मूल्य की महत्ता समझाएँ। अगर आपने बच्चों को इन मूल्यों की शिक्षा दी है और वे इन मूल्यों की महत्ता समझते हैं तो सुनिश्चित है कि वे सुन्दर व्यक्तित्व के मालिक बनेंगे।

इस दुनिया में ऐसा कोई भी व्यक्ति नहीं है, जो सुखद एवं सफल जिन्दगी जीना नहीं चाहता हो, ऊँचे व्यक्तित्व का मालिक नहीं बनना चाहता हो, बेहतर जीवन जीना नहीं चाहता हो। हर व्यक्ति चाहता है कि वह अच्छा करे और अच्छा पाए। सुखद एवं सफल जिन्दगी जिये। उसका भी नाम एवं यश हो। उसका भी इतिहास लिखा जाए और उसे लोग अच्छे व्यक्ति के रूप में याद करें। ये सारी बातें आपकी सोच एवं कर्म पर निर्भर करती हैं। जैसे—कोई व्यक्ति शुरू से सोचता है कि वह अच्छा आदमी बनकर, समाज में नाम एवं यश अर्जित करेगा तो वह शुरू से ही व्यक्तित्व निर्माण पर ध्यान देता है। अपने व्यक्तित्व में अच्छे गुणों को शामिल करता है। अच्छा कर्म करता है, कार्य को उत्कृष्ट तरीके से समयबद्ध करता है। महापुरुषों की जीवनी से सीख लेता है और अच्छे लोगों की संगत करता है। नतीजतन वह अच्छा और सफल आदमी बनता है। अपने जीवन का इतिहास खुद लिखता है। ऐसे व्यक्ति के व्यक्तित्व की चर्चा सर्वत्र होती है। यदि आप भी सुन्दर व्यक्तित्व के मालिक बनना चाहते हैं तो उपर्युक्त बातों को जीवन में उतारें।

उपर्युक्त तथ्यों से स्पष्ट है कि आप सुन्दर व्यक्तित्व का निर्माण करना चाहते हैं तो सोच को बदलें, सकारात्मक सोचें और इस अनमोल जीवन का मूल्य समझें।

कृत्य कार्य की परिणति एवं प्रभाव की समीक्षा करें। समय का मूल्य समझें एवं जो भी संसाधन आपके पास हैं, उन संसाधनों के बल पर ही आगे बढ़ने का संकल्प लें। अच्छे लोगों की संगत करें तथा खुद की समीक्षा करें। आप ऐसा करके देखें आपको सुन्दर एवं प्रभावशाली व्यक्तित्व का मालिक बनने से कोई भी रोक नहीं पाएगा।

✪✪✪